文化價值的衡量

Measuring the
Value of Culture

Jeanette D. Snowball

李康化

譯 著

五南圖書出版公司 印行

推薦序

　　本書從文化經濟學的角度探討如何利用不同方法來瞭解文化的價值，包含劇院、文化活動、博物館、考古學及圖書館。本書有別以往著重質化方法研究文化的價值與社會影響力，以不同量化方式、數據工具討論文化價值的測量方式，以及各測量工具的優勢與劣勢。

　　在全球化的影響下，民眾的消費習慣也開始有所轉變，除了購買物品外，也購買物品背後所代表的意象、價值與立場等。文化的價值從無形的社會價值延伸發展至經濟價值，文化意象的發展也因而逐漸往產業化的方向發展。

　　藉由本書從理論面向出發，討論文化財、文化價值可以如何從經濟產品的角度來測量。透過探討不同測量方法，從質性研究、經濟效益法、願付價格法到選擇實驗法，比較不同方法可以衡量的內容，以及各方法的優缺點。透過本書，文化產業界專業人士也可使用不同測量方式與角度更加精確地檢視各種文化、藝術等相關活動所能帶來的效益以及影響力。

林詠能

英國萊斯特大學博物館學博士

臺北教育大學文化創意產業經營學系教授

譯後記

　　文化與經濟之間，具有共生、同構和互動關係。文化經濟學目前實際上已然形成兩種邊界清晰的學科方向：以文化藝術、文化商品和文化市場為研究物件的「狹義文化經濟學」和以文化與經濟發展之間的關係為研究對象的「廣義文化經濟學」，前者如美國經濟學家威廉‧鮑莫爾（William Jack Baumol）提出的「成本病」理論，後者如德國社會學家馬克斯‧韋伯（Max Weber）提出的「新教倫理與資本主義精神」。這兩種不同演進路徑的文化經濟學在方法論和理論體系上有著明顯區別：狹義的文化經濟學實際上是文化產業、文化產品和文化市場的經濟學分析；廣義的文化經濟學則探討文化作為重要變數如何影響經濟系統的運行。

　　就狹義文化經濟學而言，又存在兩種不同的研究範式：以人文科學學者為代表的質性研究和以社會科學學者為代表的量化研究。這兩種研究範式當然不是截然分開的，《文化經濟學雜誌》（*Journal of Cultural Economics*）上刊發的論文就都有這兩種類型。但就中國而言，由於較早介入文化產業研究的學者大都具有人文學科背景，因此學術成果大抵以質性研究為主，如胡惠林、李康化合著的《文化經濟學》（上海文藝出版社，2003 年）。隨著文化產業的迅猛發展，近年來一些原來從事經濟學研究的學者開始涉足該領域，貢獻了不少新成果，如厲以甯《文化經濟學》（商務印書館，2018 年）、魏傑《文化經濟學》（企業管理出版社，2020 年）。

　　上海交通大學作為中國第一所開設文化產業管理專業的高校，在人才培養（文化產業管理專業是辦學歷史最久的國家一流專業）、學術刊物（《中國文化產業評論》是中國最有影響的文化產業領域學術刊物）、國際合作（「全球文化管理論壇」是與聯合國教科文組織合辦的學術論壇）

等方面都具有示範效應。2014 年，上海交通大學、澳大利亞莫納什大學以及英國華威大學聯合舉辦「文化產業國際暑期學校」，旨在推動研究生培養的國際合作與學術交流。由於師資與生源具有很高的國際化水準，該項目產生了巨大影響，南非斯泰倫博斯大學（ Stellenbosch University）也於 2016 年有意加盟。這是我第一次瞭解到非洲高校對於文化經濟的關注，並注意到南非羅德斯大學 Jeanette D. Snowball 教授的著作《Measuring the Value of Culture: Methods and Examples in Cultural Economics》。

2017 年，我申請的國家社科基金藝術學重點項目「國有文化企業的社會責任研究」獲得立項。在此後的研究過程中，深感文化價值的衡量、社會責任的測度極為困難，於是有翻譯 Jeanette D. Snowball 教授著作的設想。因為該書綜合運用經濟效益研究、條件評估法、願付價格研究法、選擇實驗法、案例分析法等多種方法，系統而深入地探討文化價值的衡量與評估問題，具有較強的理論意義和現實價值。

該書主要包括四大部分。第一部分內容包括導言和第一章，主要引出文化及其製品的價值評估問題，並從理論視角對藝術、經濟學和價值評估等相關概念爭辯話題進行了系統梳理。第二部分內容包括第二章和第三章，主要分析了在藝術價值評估中使用經濟效益的利弊，認為文化價值的衡量不應完全拒絕將經濟效益作為一種評估方法，更好的實踐途徑應該是改進評估方法。第三部分內容涵蓋了第四章和第五章，主要討論了願付價格法可證明文化資源確實產生了顯著的正外部性或非市場效用。具體而言，本部分透過案例分析，概述了條件估值研究與新古典經濟理論在假設性偏誤、範圍非敏感性等方面的異質性，並以南非國家藝術節為例，描述了如何設計 WTP 研究以使偏誤量最小化並產生有效且可靠的價值估計。更進一步地，以南非國家藝術節為例的 WTP 研究表明，來自舉辦城鎮低收入地區的受訪者的確從藝術節獲得了顯著的非市場效益。第四部分內容即為第六章，主要討論了選擇實驗法的方法論及其在文化經濟學中的應

用，並將其與願付價格法進行了比較分析。

　　與其他文化經濟學論著相比，該書具有三大特色。其一，學術規範性強、理論水準較高，是一部真正意義上從現代經濟學視角系統研究文化經濟學領域（文化價值評估）的高品質專著。其二，綜合運用經濟效益研究、條件評估法、選擇實驗法、案例分析法，研究方法運用得當，在文化經濟學領域具有重要的方法論應用前景，可為藝術與文化經濟活動的價值評估等相關研究提供思路和啟發。其三，規範分析與實證分析相結合，開闢了文化經濟學理論研究的「藍海」。該書所涵蓋的文化經濟理論主要有文化價值評估理論與方法（如質性研究、經濟效益研究法、願付價格法、選擇實驗法等）、藝術作為一種特殊財（Merid Good）、文化資本新理論等，利用這些理論與方法，以南非國家藝術節為案例進行實證分析，從而有機地將規範分析與實證分析相結合，為中國文化經濟學理論研究，提供了新視野和新借鑑。

　　譯作得以在臺灣出版，要特別感謝臺北教育大學林詠能教授的傾力相助。與林教授相交二十年，深為感佩其學識和人品。2017 年，我在臺灣遊學時寄居於他的陽明山寓所；2018 年，共同撰文參加在愛沙尼亞塔林舉辦的第十屆文化政策研究國際學術研討會；2019 年，一道參加在義大利威尼斯舉辦的第十五屆世界文化藝術管理雙年會。此次，林教授不但審定了譯文，而且落實了出版。在譯作出版之際，我要向林教授深致謝忱！此外，我還要感謝上海交通大學鄧林教授和廣東金融學院陳柏福教授，以及我的博士生曾澄和碩士生王若冰，是他們的幫助才使譯文更臻完善。

李康化

2021 年元旦於上海

致謝

　　如果沒有各位朋友和同事的幫助與鼓勵，此書斷然無法成型。我特別要感謝我的導師與合作者，羅德斯大學的 Geoffrey Antrobus 教授，多年來對我的熱情鼓勵。感謝 Arthur Webb 教授提供的建議和有建設性的評論。南非國家藝術節的主席 Lynette Marais，以及其他工作人員，無私地提供數據支持和中肯的建議。感謝紐卡斯爾大學的 Ken Willis 教授，引領我進入選擇實驗法，並且為南非個案研究提供協助。我還要向文化經濟國際協會的各位同仁，獻上誠摯的謝意。感謝您們在不同階段給予鼓勵性評論。也感謝羅德斯大學婦女學術支持協會的支持和友誼。

目錄

導言

「這部電影告訴我們：爲你的國家而戰，即使這是一場註定失敗的戰爭。此外，要爲遊客提供足夠的刀劍和飯店房間。」

（希臘財政部次長 Petros Doukas 對《300 壯士：斯巴達的逆襲》影片的評論）

有關文化、其表現方式，以及藝術，其有趣之處在於它幾乎總是存在著爭議。不同於那些本身就具有價值的環境商品（environmental goods），文化及其製品對某些人來說，總是特別有價值。正如 Brooks（2006）所說，同一件藝術品可以有積極的價值，也可以有消極的價值，這取決於誰在觀看。我們談論的不僅僅是發展中國家，或那些表面上存在政治和社會衝突的地方。藝術家們爲藝術自由和逃避審查而進行的鬥爭，甚至在最發達的國家也發生過，圍繞著美國國家藝術基金會的資金如何使用的激烈辯論就是明證。

反事實研究（counter-factual studies），即我預測的「假設」科學，很可能會成爲愈來愈有用的分析工具。它點出歷史上的決定性時刻，幾乎總是會產生戲劇性的文化後果。有一部《300 壯士：斯巴達的逆襲》（英文片名：300）電影探討了這樣一個時刻：西元前 480 年，300 名斯巴達勇士抵擋住入侵的波斯帝國龐大軍隊，其堅守時間之久，足以說服 Xerxes 放棄進攻。如果斯巴達人待在家裡呢？如果波斯帝國征服了希臘，那麼今天的「西方」文化將大不相同。在偉大的古典時期，希臘文化就不會繁榮，巴特農神殿（Parthenon）和蘇格拉底也不會出現。也就不會有後來的亞歷山大大帝，希臘建築、詩歌、歷史和哲學也不會在當時的世界廣泛傳播。如果我現在正在書寫，那麼我寫的可能是古波斯語的衍生語言，因爲這裡可能沒有我們現在所熟知的大學了。

在此，想像的目的是爲了說明文化對我們生活所產生的巨大且持續的影響。當發生文化衝突與融合的時候，正如現在新南非所經歷的那

樣，有關藝術價值的問題會不可避免地出現，特別是價值總是因人而異。
正如經濟合作暨發展組織（Organisation for Economic Co-operation and
Development, OECD）有一份研究報告所指出，藝術和文化，特別是以
「文化產業」為代表的藝術和文化，無論在國內生產毛額（GDP）的貢
獻，還是在創造就業方面，都證明其對許多國家的經濟產生重大的影響
（Gordon & Beilby-Orrin, 2007）。

表 1　文化產業的 GDP 與就業貢獻

經濟合作暨發展組織估算的文化產業對國家 GDP 的貢獻			
國家	參考年分	價值（百萬）	占經濟總量的百分比
澳大利亞	1998-9	17,053（Aus$）	3.1%
加拿大	2002	37,465（Can$）	3.5%
法國	2003	39,899（€）	2.8%
英國	2003	42,180（£）	5.8%
美國	2002	341,139（US$）	3.3%
經濟合作暨發展組織對選定的城市其文化就業的估算			
城市	參考年分	就業人數（千）	城市文化就業占全國文化就業的百分比
倫敦	2002	525	23.8%
蒙特利爾	2003	98	16.4%
紐約	2002	309	8.9%
巴黎	2003	113	45.4%

（Gordon & Beilby-Orrin, 2007:6-7）

　　這些資料的價值有助於從經濟效益的角度衡量文化的價值。不過，在
Gordon 與 Beilby Orrin（2007）所制定的可靠文化部門指標，以促進國際
比較的可行性報告中，其中也承認非市場的社會價值。他們的建議（至少
在一開始）是把重點放在收入、國內生產毛額和就業率的衡量上。但是愈

來愈多關於文化商品、活動和機構的經濟效益研究，也開始論及它們的社會和文化價值。就像開頭引用的希臘財政部次長在評論電影《300 壯士：斯巴達的逆襲》時所開的玩笑那樣。用麥卡錫等人的術語來說，文化和藝術可以產生本質和工具價值（2004）。本質價值，如藝術作品中的精神或情感，往往比工具價值更難衡量，工具價值則包括旅遊和旅遊消費的增加。

因此，經濟效益研究是衡量藝術價值的一種方法，但只是一種方法，其方法論也並非毫無問題。衡量文化非市場價值更好的方法，可能是使用條件價值（願付價格）評估或選擇實驗（也稱為聯合分析）等新興方法。本書旨在記錄可專門用於藝術與文化活動，包括市場和非市場兩個面向價值的評估方法。這些藝術與文化活動可能包括藝術節、博物館、社區藝術中心、非盈利藝術產業、圖書館、劇院、管弦樂隊等等。所選擇的方法或方法的組合，基本上取決於特定文化資源或活動目的，以及人們試圖衡量什麼樣的價值。

有些人認為當價格被用作計算的單位時，像這樣「重視」文化和藝術的想法令人厭惡。雖然我們可能會認為有些東西「無價」，因而不應對其進行可量化的估價過程，但經濟學的定義是研究如何分配稀少資源以滿足無限的需求。這一定義意味著選擇和機會成本，而現實是當涉及到分配這些稀少資源時，我們將採用某種方法來比較相互競爭的「需要」價值。在這種情況下，為什麼不把最好的情況變成可能呢？

本書旨在幫助藝術活動主辦單位、其他文化資源管理者和那些進行評估者盡可能真實和公正地為他們的活動或設施設定一個價值。另一方面，也旨在讓那些做融資決策的人知道最常用的方法是什麼，以及他們需要盡最大努力以尋找的虛假陳述和偏見在哪裡。

其次，本書旨在為研究者提供文化價值理論的現狀回顧和進一步研究的起點。這些理論背景對估算價值的從業人員也很重要。許多研究證明，

在沒有仔細考慮基本原理的情況下，而倉促採用某種特定的方法，其結果總是令人失望或具誤導性。本文所討論內容包括圍繞文化資本理念的新理論發展，以及對當前使用的方法（如經濟效益或條件評估）的辯論。

最後，對於那些希望將價值理論應用於特定文化商品的實踐者，本書為怎樣做提供了實用的方法。這些問題包括哪些方法最合適、潛在的問題、問卷設計以及結果的分析與解釋等。

除了成為衝突的場所，文化也可以融合並創造出奇妙、多層次的豐富感。例如，本書封面照片顯示了羅馬女神密涅瓦（Minerva，源自希臘神話雅典娜）。她是智慧女神，同時也是工藝和戰爭的女神。有人可能會說，放在一個非洲人寫的書上更能體現出其高度歐洲化的形象，但她也有隱藏的深度。希羅多德（Herodotus）是最早的古代遊記作家之一，他告訴我們，傳說中她「出生」在古利比亞的特里托尼斯湖（今突尼斯，位於突尼西亞）。他傾向相信這個故事是因為利比亞當地婦女穿的斗篷很像雅典娜的盾牌。因此，在我看來，她是一本討論文化價值書籍封面的好選擇：具有猛烈氣勢、有創造力、睿智，並能體現她與我們之間的聯結。

參考文獻

Brooks, A. (2006) The Economics of Controversial Art. Paper presented at the Association for *Cultural Economics International Conference*, 6-9 July, Vienna.

Copetas, C. (2007) Movie catches Sparta unprepared for a craze. *International Herald Tribune*, Europe. [On line] Available: www.iht.com/articles/2007/ 05/15/europe/letter.php [Accessed 01/06/07].

Gordon, J. C. and Beilby-Orrin, H. (2007) International measurement of the economic and social importance of culture. STD/NAFS (2007) 1. *Organisation for Economic Co-operation and Development* (OECD). [On line] Available: http://www.oecd.org/ dataoecd/56/54/38348526.pdf [Accessed 08/06/07].

Herodotus: *The Histories, Book IV*: 180. English translation by De Selincourt, A (1972) Penguin Classics: Hammondsworth, Middlesex.

McCarthy, K, Ondaatje, E., Zakaras, L. and Brooks, A. (2004) *Gift of the Muse: Reframing the debate about the benefits of the arts*. Rand Corporation: Santa Monica, Arlington and Pittsburgh.

第一章　藝術、經濟學和價值評估

　　本書中所有的核心術語，藝術、文化、價值，甚至經濟學（或至少在其範圍），都具有爭議。本章概述了文化經濟學中這些術語的定義及其關係的現狀。有人認為，除了更常見的量化價值評估技術（這也是本書的重點），全面衡量藝術和文化的價值也需要更偏向質性、不屬於新古典經濟學的效益理論之評估方式。

1.1 定義文化與藝術

　　大多數經濟學家都已有共識，文化和藝術不像市場上的正常財（甚至是普通的公共財）那樣運作。文化有其特殊之處，但要定義它是什麼卻很困難。Klamer（2004a）和 Throsby（2001）都區分了文化作爲一種生活方式或作爲一種身分認同的廣義概念，與文化作爲藝術形式的表達。藝術作爲一種文化身分的表達，或者說文化財，是本書主要關注的議題。Throsby（2001:4）在功能性的定義中，指出文化財是「人們從事的某些活動及這些活動的產品，這些活動與人類生活的智識、道德和藝術領域相關」。但這樣的定義似乎過於廣泛、難以適用，他補充，文化財有三個特徵：它們在生產中具有某種形式的創造力；它們關注符號意義，如 Klamer（2004a）指出符號意義是文化財的特徵；它們的輸出是某種形式的智慧財產權。

　　從近期的一些包容性較強的定義中不難發現，藝術文化經濟學的研究發生了有趣的轉變。早期的研究幾乎完全集中於高雅（歐洲）文化形式，正如 Fullerton（1991）所指出，「大衆」文化商品在市場上運作良好，不需要干預。而誰有權定義高雅文化及與其他文化形式的關係呢？這一問題在 20 世紀 20 年代由 Antonio Gramsci 在他的文化霸權理論（Turner, 1990）中首次提出。Gramsci 用「霸權」這一詞來說明，高雅或占主導地位的文化形式強加於社會上，並被經濟實力強大的統治階級賦予了更大的感知價值。這群人往往占總人口的少數，但卻有閒暇時間與手握金錢和多數財富。許多社會理論評論家，如布迪厄（1984），也注意到文化偏好、教育與社會出身密切相關。由於社會菁英有閒又有錢，能夠負擔並控制教育和思想——因此他們將高雅文化置於其他文化形式之上。

　　因此，大衆文化被視爲「主流觀點獲得霸權的戰場，其影響範圍部分

由經濟條件決定，但更是一種在意識形態和代表性層面上的政治鬥爭。」
（Turner, 1990:211）從這個角度來看，不應先假定所謂高雅文化的優越
性。事實上，文化理論家可能會爭辯，補貼高雅文化可能只是保護主流觀
點。這是由 Peacock（1992:14）提出的觀點，他認為，經濟學家拒絕討論
藝術可能的定義，損害了我們的客觀性和可信度，因為被動地接受一個特
定的定義，可能無意中支持了「經濟學家可能成為文化機構的傭兵」的意
識形態。

　　然而，早在 1980 年，Cwi 等評論人就在抗議經濟學家不願以更廣泛
的形式討論藝術。Frey 和 Pommerehme（1989:6）總結道：「什麼是藝術？
是幾個世紀以來美學的主題，但我們卻並未達成共識。他們認為，對經濟
學家而言，重要的不是一個領域是否具有多面性和複雜性，而是是否有可
能觀察到相關人群的行為規律；只要這種規律明顯，藝術的供求經濟概念
就恰當。」

　　經濟學家們的普遍共識是，他們不需要精確地定義商品，就可以用
市場價格對其進行評估。儘管（或因為）目前對於藝術有著廣泛的定義，
這種共識似乎仍然存在。作為世界上最權威的文化經濟學家之一，Arjo
Klamer 提出，藝術需要一種新的經濟價值評估方法，而不是簡單地將文
化商品納入新古典主義框架。

1.2 有關公共支持藝術的贊成觀點

在環境經濟學中，人們可以區分人類中心價值和非人類中心價值，即對人類的價值和不依賴於人類判斷或使用的價值。就文化經濟學而言，所討論的商品是社會的產物，也是與人類價值相關的各種形式的產物。這意味著當談到藝術和文化的價值時，一個必須要問的問題即：「對誰有價值？」由於人們對文化商品的品味基本上取決於社會經濟因素，比如家庭出身和教育水準，因此，關於哪種藝術可以削減的爭論與「對誰有價值」的問題密不可分。

Lewis 和 Brooks（2005）發表了一篇引人入勝的論文，利用美國 8 項綜合社會調查的資料，探討了一般民眾、藝術家、藝術捐贈者和藝術贊助者間的信仰和價值差異。他們發現藝術家與其他人群的顯著不同之處在於，他們不太有宗教信仰，更偏自由主義者，「當這些自由與傳統道德發生衝突時」，他們更傾向於維護個人自由（Lewis & Brooks, 2005:12）。因此，當他們擁有為哪種藝術提供資金的決定權時，尤其是這些資金來自政府、來自於一般民眾的稅收，就不可避免地會與一般民眾發生衝突。

關於為什麼藝術應該由政府資助，存在兩種不同角度的思考。第一種基於新古典主義經濟學框架，認為藝術的目的是提供非市場利益或外部性利益（需求方的論點）以及 Baumol 提出的獨特的成本結構（供給方的論點）；第二種觀點相對較新，透過引入文化資本這一概念，試圖重新定義藝術和文化的評估框架。

1.2.1 需求方的討論

藝術作爲一種具有正外部性的公共財

　　公衆對藝術的支持基本上源於這樣一種觀點，即藝術雖然不是一種純粹的公共財，但確實具有一些公共財的特徵，如同教育和健康。Samuelson 將公共財定義爲「一些人可以同時使用而不會降低其價值的商品（非競爭性），一旦提供了這些商品，就不可能將其他人排除在其使用之外（非排他性）。」（Duncombe, 1996:31）

　　藝術具有公共或公私混合財的特質，對社會而言，有許多效益。許多研究指出，藝術參與者（特別是高雅文化）往往代表著社會中受過教育且富裕的少數群體（Morrison & West, 1986; Dobson & West, 1990; Hendon, 1990; Blaug, 2001; Borgonovi, 2004; Snowball, 2005 等）。這並不出人意料，因爲（正如前面所指出）品味的形成是由教育和社會出身所決定。如果藝術純粹是一種私有財，那麼政府補貼將被視爲支持社會中少數富人的享樂。

　　在自由市場經濟中，商品的最優配置要求一切都可以買賣，未付款的人可被排除在商品的使用之外（Fullerton, 1991）。由此，生產商至少可以負擔其商品的成本，並試圖盈利。然而，如果商品不具有排他性——任何人都可以消費它，無論他們是否支付過——那麼市場機制就會因爲「搭便車」問題而走向失敗。Arrow（1963:945）在他關於醫療保險的開創性論文中把這個問題稱爲非市場性問題，將其定義爲「現有市場未能提供一種方式，透過支付價格既獲得服務又產生對服務的需求。」如果太多的消費者試圖消費他們沒有支付的商品，市場將會失靈，無論這種商品是否被普遍需要。

　　另一個對商品的市場性很重要的要素是其競爭性或非競爭性。競爭商

品是指消費時就已被消耗的商品，而非競爭商品則在使用後沒有減少其原有價值。技術發明市場也具有這一特質，Romer（1990:97）評論說：「非競爭商品投入生產第一單位成本高，生產第二單位成本為零。」

正如 Throsby（1994:23）所指出，「藝術在展現個人消費所帶來的個體福祉的同時，也展現了公共財的特性」，這顯示藝術存在非市場需求，可以透過公共財政來填補。然而，就入場費和門票價格而言，藝術可以被認為是一種私有財，至少在初級階段是具有排他性（Fullerton, 1991）。

以劇院座位為例，它既可以被認為有競爭性，也可以被視為排他性，因為消費它——購買門票——阻止了其他人在同一時間同一座席上消費，但其產生的藝術性所帶來的社會利益，則沒有競爭性，也未具排他性（Abbing, 1980）。這一區別也適用於教育等商品，儘管大學裡的一個名額有競爭性和排他性，但教育被視為具有公眾利益性質，這是因為受過教育的群體能夠提供一般性社會福利。如果從狹義上理解這一論點（劇院席位或者進入博物館的資格），就會明白商品具排他性，並且只有在一定的容量下才具有非競爭性。藝術透過提供任何人都不能被排除的正外部性而表現出的公共利益特徵，也是公共資助論點的基礎。

外部性是指某一特定活動所產生的有形或無形的溢出效應。這些意想不到的成本或利益影響到的不是商品的直接消費者，因此無法有效地銷售。這些是市場之外的利益（或成本）（Swindell & Rosentraub, 1998）。

Throsby 和 Withers（1985:1）指出對於藝術的補貼似乎引發了極端的觀點：「一種極端是對藝術持批判態度，認為戲劇、歌劇、芭蕾等是少數人的興趣，只有富人和受過良好教育的人才能欣賞；他們認為，將公共資金用於補貼這種奢侈品味是錯誤的。另一極端則把藝術對社會的重要性看作是不言而喻的事實，彷彿這就證明了幾乎不受限制地投入資金是合理的……」這兩種觀點的核心都是關於藝術排他性的爭論。如果藝術品主要是一種私有財，是透過按市場價格由顧客付費而消費，那麼市場失靈理論

就不能得到公眾的支持，除非存在大量的正面溢出效應，而且這些溢出效應可以被公眾消費、不具排他性。

早期的評論家，如 Peacock（1969:330）承認，「他發現很難追溯『文化狂熱分子』（culture vulture）[1] 參加現場演出的溢出效應是如何產生的。」他對參加管弦樂隊演出等活動的高收入群體給公眾帶來的利益表示相當大的懷疑。

Abbing（1980:39）則持完全不同的觀點。他認為，藝術遠比我們意識到的更像公共財，其排他性微不足道。換句話說，藝術基本上是一種公共財，如果它們有正面的外部性，就應該得到公共補貼。他的論點值得我們更深入地瞭解：

「此時此刻，我正坐在一家三流酒店的房間裡。桌布是由交替的正方形組成，風格自然而抽象。前者借鑑了日本花卉繪畫藝術；後者讓人想起了布拉克（Braque）[2]，儘管有些模糊。臉盆前面的塑膠窗簾的設計完全是仿照瓦薩雷里（Vasarely）[3] 的一幅畫。我面前有兩個記事本。其中一幅的封面圖案借鑑了蒙德里安（Mondrian）的風格，但填充了當今流行的綠色和粉色……背景音樂來自合成器，它有一個低音讓我想起德國近期流行的音樂形式之一，Kraftwerk。我可以一直講下去……」

Abbing（1980）認為藝術不能被視作混合財，因為它塑造了社會對事情的理解和理解方式。即使是那些從未見過或聽過原作的人也會多多少少

---

[1]　Culture vulture：文化禿鷹，即文化狂熱分子。

[2]　喬治·布拉克（Georges Braque）：法國畫家。與畢卡索早期作品屬印象派和野獸派。與畢卡索合作，直到1914年，共同發起立體主義繪畫運動。最早將字母糅合進繪畫，將顏料與沙子混合作畫和使用拼貼畫法。晚年作品包括靜物畫和風景畫，風格漸趨現實主義。

[3]　維克多·瓦薩雷里（1908-1997）：光效應繪畫的奠基人之一，也是歐普藝術的傑出代表，被譽為「歐普藝術之父」。

受到它的影響──或透過其他藝術家對這一思想的改編，或透過社會習俗的發展路徑。「意識的問題，可以透過各種潛在方式重新進行表達和傳播。」（Abbing, 1980:39）這種寬泛的論述為文化資本等思想的發展指明了道路，下文將進一步探討。

藝術作為一種殊價財 （Merit Good）

Cwi（1980:39）將殊價財定義為「部分人士認為應當具有可獲得性的商品，他們認為這些商品的消費和分配非常重要，所以不能留給私人市場」──這一定義不可避免地涉及到一些針對社會的價值判斷。Musgrave（1959:13）將「殊價欲望」（merit wants）定義為公共財，它們受排他性原則約束，在有效需求的範圍內得到市場某種程度的滿足，但「如果被認為有價值，那麼它們的滿足是透過公共預算來提供，而不是透過市場提供。」

Ver Eecke（1998）則認為，殊價財與公共財的區別在於殊價財不必考慮消費者的意願，且其資金與使用權分開（因此，為某一商品付款並不意味著購買者擁有了使用權）。儘管殊價財不能直接滿足消費者的需求，但卻會促使理性公民目標的實現。因此，只有當人們能夠看到支持殊價財的論證可促使或需要實現某些普世價值的目標時，才會接受這一論證。

Ver Eecke 提出國防（需要實現安全的目標，而不是根據使用或價值判斷而收費）和教育（需要有理性、知情的個體來完善自由市場的運作）的例子。他確立了殊價財相較於公共財是一個獨立的類別，接著又指出，有些商品同時具有以下兩種特徵：

> 「因此，在我看來，詢問一種特定的商品屬於私有財、公共財還是殊價財是錯誤的。應該思考的是，某一特定商品的哪些方面表現出私有財、公共財和殊價財的典型特徵。」（Ver Eecke, 1998:149）

　　Ver Eecke（1998）認為，對公共資金的探討應當圍繞財貨的各個面向，而不是簡單地將其歸類為一個特定財貨。因此，支持藝術資助的論述可從不同的角度入手：私有財（經濟效益研究）、公共財（條件估值研究）和殊價財（包括價值判斷的質性歷史研究）。

　　Musgrave（1959）和 Throsby（1994）都意識到，支持殊價財的論點基本上是規範性的，涉及一些價值判斷，因此對消費者偏好產生了一些干擾。將藝術視為一種殊價財的論點是：藝術增強國家認同感、自豪感和國際聲譽，為兒童和成人提供持續的教育，同時也批判社會政策，促進個人發展，幫助個體更好地融入社會（Cwi, 1980）。

　　Hutter 和 Shusterman（2006）提出了十種非經濟的藝術價值類型，包括：藝術的道德或宗教願景；藝術作為「自我表達」的媒介；藝術提倡「簡單、快速、有力和廣泛的交流」，這與其體現社會理想（或打破傳統普世理想）的社會與政治價值相聯繫。藝術具有經驗價值，有時與令人愉悅的娛樂價值有關，有時帶著令人震驚或不愉快的經歷，儘管如此，這些經歷也擁有價值。此外還有審美價值、技術價值、歷史價值和狂熱崇拜價值。這些非經濟價值之所以會引發爭議，是因為它們基本上是無形的，且可能在個體或群體間存在顯著差異，因此難以衡量。

　　正如 Klamer（2004a）指出，新古典主義經濟學家不願深入研究「價值」問題，而傾向於將市場（或條件市場）作為衡量經濟價值和代表個人偏好的工具。因此，Peacock（1969:323）認為，任何「基於社區不知道什麼對它有好處」而試圖證明公眾支持藝術正當性的嘗試，都帶有「文化父權主義」（cultural paternalism）的味道，這代表著一部分人僅考慮社區應該擁有什麼，而不是社區想要什麼。市場應允許消費者用他們的消費來投票，避免任何「老大哥」式的做法。Peacock（1992）隨後又重申這點，他呼籲消費者主權原則，即公共資金當給予消費者更多地接觸文化的自由，而不必為他們選擇正確的文化形式。這主要是透過提供消費者補貼，

而不是透過藝術品供應商，從而保護消費者的選擇權；否則，一旦市場被認爲效率低下，一些主導聲音或觀點就不可避免地出現。

　　然而，Throsby（1994）認爲，可以將藝術作爲殊價財進行補貼。首先，消費者可能缺乏必要的資訊從而做出明智的市場選擇。正如 Peacock（1992）所指出，品味決定了對藝術的需求，而對高雅文化的需求基本上取決於能夠接觸到這種文化教育，從這個意義上說，這一點是正確的。早在1959年，Musgrave（1959:14）等評論家就贊同了這一觀點，他們指出，「雖然消費者主義是普遍規律，但在民主社會的背景下可能出現這一現象：即有見識的團體將其決定加於他人之上。」

　　Throsby（1994）還認爲，我們需要進一步擴展消費者主義的概念，因爲「誤解、意志薄弱或偏好不穩定性」等原因，消費者的行爲與其潛在價值會出現偏差。因此，長遠來看，政府在選擇文化財進行補貼以保護其生命力的過程中，那引導之手亦可理解爲在擴大而非限制消費者的選擇。

　　Throsby（1994）也指出，爲了後代的福祉，藝術應該得到補貼的保護，特別是當它在引導兒童參與藝術時。正如 Cwi（1980:42）所說：

　　「那些關心後代的人認爲，保護當下藝術創作的權利及其未來的延續性，是我們的責任。然而若沒有補貼，部分創作一定會走向消亡，或者以很有限的數量、品質和種類存在。」

　　然而，他認爲這是假定後代與我們對文化的觀念一致，而一種特殊的藝術形式一旦消失，它就不可挽回了。Brooks（2004b）的一篇論文試圖用代間模型（intergenerational model）來檢驗這一理論，該模型考量了預期壽命因素，以及美國政府和私人資助藝術的可感知收益。研究發現，這一模型並未推翻人們「代際自我中心主義」的無效假設，即在投票支持藝術補貼或私人捐贈時沒有考慮到後代。Peacock（1969:331）還指出，考慮

到經濟增長水準，增加公眾投資，將這一代人的收入再分配至下一代人，這可能代表著財富從較貧窮的一代轉移到較富裕的一代。

Throsby（1994）的第三個論點是，在有社會價值的商品（如藝術）中，只承認個人效用的社會福利功能可能過於有限，而公共資金對「不可減少的」社會商品（即效用不能歸屬於任何一個個人的商品）的資助不應受到有限理論的限制。此後，Throsby（2003）和 Klamer（2004b）都擴展了這一觀點——也就是說，我們需要一個新的理論框架來構建具有社會價值的文化財。

正如 Fullerton（1991:68）所言，藝術可以被視爲殊價財，這一事實並不足以證明公共資助的正當性；「對成千上萬的營利電影院來說，僅因爲他們提供的商品是好的就補貼並不合理。」Rosen（1995）支持這一論點，他在援引 Baumol 和 Baumol（1981）的觀點時認同「殊價財方法實際上並不能提供公眾補貼的正當性——它只是發明了一些術語來表達這樣做的願景。」

關於藝術作爲一種殊價財的討論，非常清楚地帶出了下文所述的文化資本概念，但由於經濟學家不願接受價值是由市場價格以外的任何東西來代表，所以我們經歷了很長一段時間才得以用這種形式來表達。然而，爲了維護對藝術的公共補貼，殊價財的論點清楚地顯示，人們必須證明它們能夠提供獨有的利益與價值。此外，僅證明藝術是一種殊價財並不夠，還必須說明爲什麼市場在提供這類商品時缺乏效率，也就是說，我們需要預設市場失靈這一前提。

1.2.2 供給方的討論：Baumol成本病

Baumol（1965）的成本病理論（cost disease theory）指出，一般來說，文化藝術的生產成本相較於其他行業上漲得更快。Baumol 和 Bowen（1965）在隨後發表的一篇重要的文章中指出，儘管技術進步可能會顯著並持續地降低其他經濟領域的生產成本，但某些領域的生產率是穩定的——藝術就是其中之一。一個常被援引的例子是，一段音樂演奏需要的時間和人力與一百年前相同，而生產一輛汽車或一支手錶所需的時間和勞動力在上個世紀已大大減少（Brooks, 1997）。

成本病導致了表演藝術票價的明顯飆升和藝術家工資的相對下降。Baumol（1995:2）認為，所有的手工藝服務（handicraft services）都是如此，比如醫生和員警這類勞動密集型而非資本密集型行業：「工資在上漲，生產效率無法抵消成本的上升。因此，這些東西的成本和價格上漲的速度遠遠快於任何工業化國家的一般商品或服務。」Baumol（1995）預估，英國藝術成本每年上升的程度大約高出通貨膨脹 2%。

然而，Baumol（1987）自己也指出，藝術存在成本問題這一事實並不能使其具備獲得公眾支持的資格。不過，如果納稅人認為藝術作為一種殊價財值得支持，例如它擁有正面的溢出效應，可以造福後代，那麼成本病就可以作為一個強有力的支持論據。在 1995 年的一次公開採訪中，Baumol 重申了他最初的觀點，沒有足夠的公眾支持，藝術的數量和品質都會下降。

然而，其他學者（例如 Fullerton, 1991; Cwi, 1980; Peacock, 1969; Abbing, 2004）對成本病的假設提出了一些質疑，他們認為儘管 Baumol 提出了邏輯清晰的理論，但藝術作品的數量和品質並沒有顯著下降，「雖然成本病的基本邏輯就其本身而言無可爭議，但將現場藝術創作的某些特徵與表演藝術公司不斷增加的收入差距聯繫起來的因果邏輯，絕不像許多

人想像的那樣堅固。」（Throsby, 1994:15）因此，他們也就此提出了一些論據。

反對成本病理論首要、或許也是最令人信服的論據與新興再生產技術相關。早在 1969 年，Peacock 就指出，那個時代的新媒體如廣播、電視和留聲機的發展，極大地拓展了人們對藝術的接觸管道。隨著今天的新媒體：衛星電視、網際網路、網路廣播、影片錄製、光碟和 MP3 播放機的問世，這種接觸層面再次大幅度拓展。即使有人認為現場表演沒有真正的替代品，但毫無疑問的，新技術能夠提升藝術商品的可及性。Fullerton（1991）認為這不僅適用於視覺藝術，也適用於表演藝術，「正如我們從支持更清晰的音樂複製新技術中獲益……我們亦可從高品質的藝術複製品、廉價的印刷品或安全的展覽參觀中獲益。」

Abbing（2004）的研究發現，成本病存在三個已知的原因：(1) 藝術領域的技術進步低於其他行業；(2) 藝術生產是勞動密集型，而非資本密集型；(3) 藝術領域從業者的工資漲幅與其他行業相仿。Abbing（2005）還指出，當研究沒有顯示出這種成本病的跡象時，要麼是因為藝術領域的技術進步比預期的要快，要麼是因為藝術行業的工資增長沒有其他行業那麼多。然而，他也揭示了成本病理論的一些基本假設：偏好給定，品質不變，成本不可避免。「即使這些假設和命題被事實證明錯誤，成本病理論仍然是個一致性的理論，但藝術業是否總是存在成本病這一結論就需要再進一步探討了。」（Abbing, 2004:8）

例如，Abbing（2004）指出，歐洲大陸國家藝術生產成本的上升可能是成本病的結果，但也可能是由於品質的提升（這自然會導致成本上升）或效率的提高，而補貼的增加在一定程度上抵消了效率的提高。他認為，總的來說，成本病理論沒有考慮到非市場收入（捐贈和補貼）的大幅增長，以及隨著藝術消費者（至少在已開發國家）變得更為富有，藝術品味變化、價格和需求彈性等相關因素。

Cowen 和 Grier（1996）認為與其他經濟領域相比，藝術並不是特別的勞動密集，藝術生產可以涉及大量的資本。他們還指出，藝術和工業之間的關聯比 Baumol 的理論所顯示的要緊密得多：例如，19 世紀法國印象派畫家的創新基本上依賴於錫管的發明，錫管的問世得以讓畫家在戶外光源下創作，而合成材料製成的新型顏料使得更為明亮的色彩成為可能。如果再加上藝術家的訓練和旅行成本，藝術生產的資本勞動比率可能與其他行業不相上下。

新技術也影響了這一種觀點：隨著藝術家相對工資的縮水（面對不斷上漲的成本，他們必須這麼做），未來的藝術家更傾向於選擇其他收入更高的職業，從而可能減損藝術的品質和數量（Baumol & Bowen, 1965）。Cowen 和 Grier（1996:4）認為這種觀點過於簡化；首先，隨著經濟增長工資會普遍提升，更多的人將能夠在藝術等領域工作，在這些領域，對於自我享受的追求有時可替代金錢利益。其次，財富的增加能夠支持愈來愈多「有利可圖的藝術利基市場」，進一步增加非金錢回報，因為藝術家能夠專注於他們熱愛的領域。

Throsby（1994）和 Tiongson（1997）提到衍生品銷售可能是增加藝術組織收入的一種重要方式，例如「百老匯襯衫、海報和其他紀念品帶來的巨大收入」。Tiongson（1997:120）還激烈地駁斥了 Baumol 的理論，因為它極大地低估了表演藝術與製造技術之間的關聯重要性，Tiongson 認為藝術的許多非競爭消費的品質取決於技術發展：「我們需要重新評估技術的能力，它可以將單場表演的消費擴大數百萬倍。」此外，Tiongson（1997）也援引了 Brooks（1997:2）正在進行的研究，認為雖然非現場表演藝術總是不如現場，但一場管弦樂隊演出的廣播和錄音也會促進樂團的發展，提高其聲譽。

Tiongson（1997）也認為 Baumol 將表演藝術與製造業進行比較是一種誤導，且不恰當，因為藝術具有非競爭性。像汽車那樣的製成品，可能

需要愈來愈少的時間和勞動力來生產，但只有少數人能從它的使用中受益。一場藝術表演卻可使更廣泛的群體獲益——不論直接透過廣播（其規模基本上取決於技術狀況），還是透過有形和無形的溢出效應。

Cowen 和 Grier（1996）的結論是，成本病的統計證據可疑。和 Tiongson（1997:2）一樣，他們指出，「當表演實際上透過電子複製技術已然成為一種公共財時」，將其視為私有財（從購買門票獲得進入許可的層面來說）來衡量並不準確。他們認為，成本病的研究往往集中在那些式微的表演藝術領域，例如歌劇、戲劇和古典交響音樂會，如電影和爵士樂等新興領域則不在研究範圍之內。這個論點再次印證了對藝術定義的重要性。Baumol 的研究傾向於關注高雅文化藝術形式，而 Cowen 和 Grier（1996）則認為這個定義應該包括大眾文化的藝術形式。

透過以上因素及其他抑制因素，Throsby（2001:119）的報告得出結論：無法證明成本病的存在。

「這些研究顯示，生產調整、需求增加和總體預收收入水準上升的綜合影響，抵消了藝術公司赤字長期上升的趨勢。這顯示，儘管成本病無疑將繼續給這些公司帶來難題，但它不會是終結性的問題。」

由於缺乏支持與反對成本病理論的論據，Abbing（2004）就質問為什麼它仍是文化經濟學的一個重要議題。Blaug（2001:124）指出，文化經濟學缺乏「一種單一的主導典範或將所有要素結合在一起、包羅一切的知識主題」，這就是為什麼 Baumol 成本病理論能夠吸引如此廣泛的關注。Abbing 還補充了一個更具爭議的觀點——文化經濟學家往往對藝術感興趣，具有先入為主的傾向，因此自然會抓住一個用來為這些產業爭取更多的公眾支持的理論。然而，隨著技術進步和藝術機構及活動的增加，這一理論變得愈來愈不可信。也許文化資本和價值創造的新理論將能為這一主

題提供更好、更具包容性的理論框架。

1.2.3 文化資本新理論

　　Throsby（1999, 2001）最早在經濟學中引入了文化資本的概念。「經濟意義上來看，文化資本可以作爲一種表現文化的方式，將有形和無形的文化表現形式解釋爲長期的價值儲蓄，以及個體和團體福利的供給。」（Throsby, 2001:44）與 Klamer（2003b）一樣，他強調經濟資本應區別於文化資本，但指出文化資本既可以產生經濟價值（「普通」資本），也可以產生文化價值這一特質。在涉及到文化財價值的相關問題時，這一區別是極其重要：「文化資本和物質資本在文化產出方面的可替代性幾乎爲零。」（Throsby, 2001:52）

　　將文化資本看作一種經濟價值的認知，可以爲公共資助文化提供一套全新的論據。Throsby（2001）將保護生物多樣性（自然資本）和文化多樣性（文化資本）進行了比較，就此得到與在保護自然資本領域類似的暢行多年的道德論據。例如，如果任由投資不足導致當前的文化資本存量下降，我們的後代將被剝奪文化資本的權益，因爲其權益沒有反映在當前的市場上。Throsby（2001）贊同 Klamer（2002）的論點，當前對經濟效率的關注可能會破壞公平的原則，即「對於不同社會階層、收入群體、地域類別等群體而言，當代人在獲得文化資源和文化資本流動等權益層面的公平權利。」（Throsby, 2001:56）

　　與維護生物多樣性一樣，文化資本多樣性的維護也有充分的合理性，因爲兩種情況下，新資本的形成都與現有資本存量息息相關。更具說服力的是，在自然界中，沒有一個系統是孤立的，它們相互聯繫，我

們長期可持續的存在就取決於這些系統，包括自然生態系統和文化資本
（Throsby, 2001）。不同於 Klamer 主張徹底擺脫用傳統經濟術語衡量文
化成果，Throsby（2001:58）則認為這種關聯很重要：

　　「愈來愈明顯的是，文化『生態系統』支撐著實體經濟的運行，影響
著人們的行為方式和做出的選擇。忽視文化資本，聽任文化資產退化，無
力維持人們認同的文化價值，不再維持和增加有形和無形文化資本存量所
需的投資，同樣會使文化系統處於危險之中，並可能導致其崩潰，從而造
成福利和經濟產出的損失。」

　　Klamer（2002）認為，除了經濟和社會資本，文化資本也應被算作個
人財富的一部分。他將經濟資本定義為「創造經濟價值的能力」，通常在
市場上得到充分表達，並透過經濟核算方法得到體現。只要人力資本和自
然資本能夠產生經濟資本，它們就屬於這一類。第二類資本是社會資本，
即「產生社會價值的能力」，如友誼和信任。從某種意義上說，這些資本
需要資源來建立和維護，此外，它除了能產生經濟價值，本身也具有不太
能在市場上體現的本質價值（intrinsic value）。最後，文化資本被定義為
「激發和被激發發現意義的能力」（Klamer, 2002:465- 7）。
　　Streeton（2006）指出了發展經濟學的轉變：從完全忽視文化或將其
視為經濟增長的障礙，轉向了以人為中心的取徑。「另一種觀點認為，增
長是我們實現自由、過上我們珍視的生活方式的手段，而我們重視和珍
惜的正是文化。從這一角度看，文化是理想的歸宿：它賦予我們生存的意
義。」（Streeton, 2006:402）
　　在 McCain（2006）看來，藝術商品的顯著特徵就是藝術家的意義創
造與消費者之間的雙向溝通。因此，對於藝術作品來說，不僅僅是藝術
家的創造力在發揮作用，「藝術的觀眾或消費者（解讀者），需要瞭解

藝術家自身的技巧和創作時的心路歷程……藝術的創造和消費將藝術家和消費者聯繫在一起，形成相互關聯的創造行為的統一體。」（McCain, 2006:161）在 Nozik 的基礎上，他提出藝術品的三種價值：本質價值、文化價值（作為特定文化群體的象徵）和經濟價值（消費者的付費意願）。

　　Klamer（2002）承認雖然衡量社會和文化資本存在困難，但它們不可或缺，相反的，正是它們賦予了生活的意義和目的。「財富」應該用三種資本共同衡量，而非僅僅用容易衡量的經濟價值。事實上，Klamer 認為，經濟資本根本沒有本質價值，它的價值在於它能說明個人實現怎樣的目標。但他（2002:471）並不是說衡量市場的經濟價值毫無用處，而是說我們也應該承認無形商品的價值：「當我們考慮經濟價值之外的社會和文化價值時，對市場制度的不同意見就變成了對不同價值領域權重的不同意見。」

　　然而，儘管他們的文化資本理論為公共資助藝術提供了重要的（或許也是最令人信服的）理由，但在實踐中卻因難以衡量而受到重重阻礙。Blaug（2001:132）在他對文化經濟學的發展回顧中評論，關於藝術是否應該由公共資助的問題幾乎存在「普遍共識」，「但是，真正的問題不在是否應該資助，而是資助多少，以什麼形式資助……」為了回答這些問題，我們有必要對藝術進行某種更為質性的評估，無論是條件評估法還是其他更為質化的形式。

1.3 衡量文化財及其經濟範疇

　　正如上一節所討論，經濟學家早就認識到，文化藝術之所以在市場上運作不順，是因爲它們公共財的性質，因爲它們是一種殊價財，也因爲它們的成本結構（Baumol 成本病）。因此，爲了有效論證政府干預藝術市場的必要性，需要採取條件評估法去證明並衡量這種外部性。然而，像 Klamer 這樣的評論家認爲，即使藝術品是一種私有財，它們的市場價值也不能很好地反映它們的眞實價值，這也是條件評估法的狀況。因此，爲完善目前市場的評估技術，我們需要一套全新的方法和指標來研究文化財，在 Klamer 和 Throsby 看來這更接近經濟學研究的初衷。

　　Klamer（2003a:3）認爲，「占主導地位的經濟典範嚴重阻礙了經濟學家對價值的討論」，因爲它過於關注效用和理性選擇理論。Goodwin（2006）追溯了藝術和文化經濟學的歷史發展脈絡，贊同這是邊沁（Bentham）對於私人效用強調創造出的一種「眞空」，這也導致了經濟思維多年來與文化經濟學的疏遠。所有經濟學家都認同這個事實：個體的效用是不可知的——也就是說，一個人從一件商品中獲得的滿足感高度個人化，且會受到偏好的影響。然而，理性選擇理論（rational choice theory）認爲，雖然一個人無法知道另一個人選擇的原因，但是對選擇行爲本身的觀察卻提供了足夠的資訊。一般來說，消費者做出選擇是爲了最大化它們的效用（無論是什麼），考慮到預算有限，人們就可透過觀察他們對各種商品的消費來推斷出這些商品對消費者的價值。關鍵的一點是，效用的概念不受這一觀察的影響——觀察者不一定會得出消費者選擇消費一種商品而非另一種的動機、道德或理由的結論，但是，理性的假設下，我們可以說，被消費的商品提供了比未被消費商品更大的替代選擇效用。換句話說，決定市場價格的消費和生產是一種有效評估商品價值的方法，

而無須觀察或討論選擇背後的原因。

　　Klamer（2004, 2004a）和 Throsby（2001）都發現，理性選擇理論在評估商品（甚至是在市場上運行良好的私有財）的方式上十分有限，而且經濟學的原始範圍並未規定如此狹窄的領域。例如，凱恩斯將經濟學稱爲一門「道德科學」，更早時，馬歇爾對經濟學的定義是「研究人類在日常生活事務中的行爲」（Klamer, 2002:458-9），二者都沒有規定價值只能由市場決定。Throsby（2001:20-23）的理論與早期的生產成本和個人效用理論一脈相承，二者結合起來就導致了市場價格的均衡，也導致許多經濟學家相信，「價格理論就是價值理論」。

　　然而，McCain（2006:150）認爲新古典經濟典範（the neoclassical paradigm）拒絕非經濟價值的觀點是一種誤解，「經濟學與任何特定的價值領域無關，而是與不同價值和不同價值領域的平衡有關。」於是如何定義文化非經濟價值就成爲了難題。

　　對於在市場上流通的商品，市場價值是否構成一個完備的價值衡量標準？理性選擇理論的支持者已經認識到這一領域的問題，並開始使用條件評估方法（contingent valuation methods）來解決這些問題——透過構建一個假設的市場來達到某一價格。

　　在消費者剩餘的情況下，也就是說，消費者可能願意爲某一商品支付遠高於市場的價格，而價格可以捕捉消費者對該商品的最低貨幣價值，但不能捕捉總價值（即使人們接受價格就是價值）。對於未在在市場上交易的商品，我們仍然可以透過創建一個市場情境，詢問消費者的預期願意支付或接受多少錢來改變或實現該情境，以構建出市場結構。暫且不談與假設市場相關的所有問題，對這種願付價格問題的誠實、公正的回答會產生眞正的價值嗎？對於願付價格（willingness to pay, WTP）的數字，問題在於（誠實的）答案將受到預算的限制，因而可能根本不代表眞正的價值。對於不受預算限制的接受意願（willingness to accept, WTA）資料，眞正

的價值可能仍然難以捕捉，因爲有些東西確實是無價，比如健康、宗教，或者說文化（Epstein, 2003）。

例如，假設我們想知道一個孩子對他／她父母而言的「價值」，可以透過計算出孩子給父母帶來的經濟成本來估算，但大多數父母可能會辯稱，這嚴重低估了孩子的價值，因爲價值還包含了一些被忽視的非市場外部因素。你可以詢問這個家庭願意支付多少錢，來防止孩子從他們身邊被帶走。答案可能是他們的全部收入，但這仍然不是眞正的價值。如果問題改成是願接受價格（WTA），那他們的回答將不再受預算限制，但他們仍然無法用金錢數額來完全體現孩子的重要性。

當然，這個想法由來已久。Sen（1977）在其極具里程碑意義的文章 *Rational Fools* 中，對經濟主體作爲支撐福利經濟學的理性效用最大化的假設提出了質疑：

「最近，一些關於消費者決策和生產活動的深入研究有力地揭示了選擇背後的複雜心理問題。福利最大化的方法所依賴的一致選擇範疇內，是否能夠完全體現這些行爲特徵，仍是一個未知的問題。」（Sen, 1977:324）

Sen 還反對將效用作爲價值的衡量標準，並認爲自由和可用的選擇非常重要（1985）。他也承認效用理論確實有其用途，但問題在於它不能被視爲唯一的價值。

許多與文化財價值相關的問題，尤其是藝術，以及它們所根植的文化，基本上是社會的產物，而不是邊際效用理論所圍繞的個體。Klamer（2003a）和 Throsby（2003）都提到了社會作爲一種群體而非個體，之於文化財價值的複雜性。Klamer（2004b）指出藝術是一種「共同利益（common goods）而不是公共財，因爲非成員可以藉由很多種方式被排

除在群體之外，但藝術也非私有，因爲價值被社會建構之處，個人所有權沒有任何意義。文化財的價值或價格補貼的社會建構（Klamer, 2003a）才是問題的癥結所在。

Klamer 也給出了一些例證，說明對文化財的評價會影響其價值：

「如果外國人告訴當地土著，他們堆起的這些古老石頭實際上是文化財，而他們願意花錢保護它們，土著對這些石頭的看法就會改變，甚至可能開始重視它們。而把文化財列入聯合國教科文組織世界文化遺產名錄，人們就會加倍珍惜它。」（Klamer, 2003:11）

社會建構的價值觀也會隨著時間而改變。例如，在殖民時代，歐洲商人用珠子付款購買非洲商品，而非洲人之所以重視珠子，是因爲它們是外國商品，無法在當地生產。然而，從那時起，非洲珠飾就成爲了文化的組成成分，被用於傳統服飾的裝飾，也用來代表階級和部落關係等。Klamer（2004a）評論說，傳統的非洲珠飾在那裡存在了很長時間，以致於如今歐洲人認爲它是「外來的」。

Klamer（2004a:11）指出，對文化財進行市場評估可能會損害它們或使它們貶值。「商業領域的行爲，例如衡量、比較、討論、定價和具體行爲，都會像影響其他商品一樣，影響其（文化財）隨後的評估。」也就是說，商品的價值會因爲市場評估而改變，可能是提升也可能是貶損。拿人與人之間的友誼來看，如果你問某人願意爲友誼付出什麼，那麼他／她的友誼可能已經消逝了。

有趣的是，作爲解釋休閒活動在社會學中的價值而發展起來的社群主義理論，似乎與這一理論殊途同歸；「對社群主義者來說，社群是社會關係的背景；這不僅僅是滿足私人目的的功利主義語境。」（Arai & Pedlar, 2003:187）由於社群主義者創造的社交網絡與「共享意義」，而非個人效

用，他們非常重視參與式休閒活動，或者像藝術這樣的焦點實踐（focal practices）。「休閒實踐在此處被描述爲公共休閒，作爲社區共享或慶祝的焦點實踐……這會被當作一種共同利益或公共財來創造和保存。」（Arai & Pedlar, 2003:190）

　　但是，社群主義者並不認爲這種公共休閒能產生統一的聲音或廣泛的共識，相反，他們認爲，正是這種參與式休閒激發了關於共同價值和目標的爭論，而參與式休閒對於發展健康社會所需的「社交自我」（social self）非常重要。「關鍵的是，要獲得眞正的自由，個體必須首先關心他／她所生存的社會，只有這樣個體才能夠在這一文化或社會中獲得並保持自己的身分。」（Arai & Pedlar, 2003:195）

　　在確定了市場價格作爲價值衡量標準的問題之後，下一個問題是，人們還可以如何衡量這些價值。這一議題上理論的進展已暫時陷入停滯。Throsby（2003:279-80）指出，雖然包含估算得出的非市場價值在內的經濟價值，是可以用量化表達。「文化價值……是多元、不穩定、有爭議、缺乏共同計算單位，並且可能無法以量化或質化來表達。」Klamer（2002, 2003, 2004）承認測量存在困難，但他並不認同這是將文化價值排除在經濟研究之外的充分理由。他指出，「經濟學人（De Economist）出現時，還沒有收入的概念，像經濟增長這樣的規模只不過是一個概念，不存在數字內涵。」（Klamer, 2002:453）

　　事實上，有關「文化指標」（cultural indicators）的重要文獻正處於上升發展期，特別是來自藝術政策決策者和宣導者。Madden（2004）在爲國際藝術理事會和文化機構聯合會（International Federation of Arts Councils and Culture Agencies, IFACCA）進行的一項研究中指出，目前有近 200 篇關於這一主題的英文論文，集中探討了藝術對社會價值的各個面向。他也發現，該領域「仍基本上處於發展階段」，豐富的理論尚未轉化爲實用的藝術資助政策。

　　然而，在討論識別與衡量文化指標的可能性時，Throsby（2001）確實提出，如果有足夠的共識，研究個體的反應可能會得出共同的文化價值指標。Scott 在 2004 年的國際 Fuel4arts 網際網路大會上發表了文章，探討了公眾與專家就德爾菲法技術（Delphi technique）對博物館產生的社會影響所達成的共識的應用。這項技術的工作原理是透過網際網路向個人提問，根據他們的知識和經驗進行選擇。然後將答覆分發給所有與會者，在第二輪「討論」中加以評論和使用，以「建立共識」（Scott, 2004:6）。而有關博物館的目的和義務的研究結果顯示，即使在完全不同的群體之間，也有可能就一般的文化指標達成共識。

　　另一種觀點是，Throsby（2001, 2003）認為文化價值和經濟價值具有正相關關係，因此，儘管我們普遍認為經濟價值不足以捕獲文化價值，但兩者可以高度相關，因為這兩種價值都是「透過類似於簡單市場交換的協商過程所形成」（2003:281）。對於 Klamer（2002）來說，這是一種背叛——一切都退回到新古典主義的框架中，而他所做的一切就是想要打破這個框架——但在文化資本或價值理論能夠投入實踐前，即使是贊同他的觀點的經濟學家也會繼續使用市場和非市場評估方法，因為經濟學的另一個定義是：研究稀缺資源的分配以滿足無限的需求。在某個階段，我們必須對非市場商品的支出做出決定，而對這些商品的評估，無論多麼不完善，都提供了做出分配決定的方式，或許說是一種比完全由政治家和專家決定更為民主的方式。

　　雖然文化價值的量化測量似乎不太可能，但質性評估可能更有成效。Throsby（2001:29-30）討論了幾種方法，包括繪圖、態度分析、內容分析、專家評估和深度分析等。後者的定義是：「對文化物件、環境或過程的解釋性描述的一種手段，透過揭示工作中的潛在文化系統等，使原本無法解釋的現象合理化，並加深對觀察到的行為的上下文和意義的理解。」

　　Snowball 和 Webb（2007）嘗試對文化財南非國家藝術節（South African National Arts Festival, NAF）進行長期的質性評估。從 1974 年至今，這一藝術節橫跨了南非政治和經濟史上的動盪時期，因此，人們必然要問，它在多大程度上反映、協助或阻礙了這一進程。如果文化處於霸權控制的中心，那麼我們有理由假設該藝術節在爭取自由和平等的鬥爭中會發揮作用，這種假定的作用肯定會構成一種重要的價值，儘管它不太可能從標準的經濟評估技術中產生，且可能無法被量化。

1.4 結論

　　本章旨在從理論的視角介紹關於價值和藝術定義的爭論。許多工作仍在發展當中，而且日新月異，但爲未來的研究的確描繪了鼓舞人心的前景。

　　剩下章節會圍繞基於效用和理性選擇理論的價值評估方法來討論，這也是本章大部分內容所批判的。有人會說，如果把它們理解爲部分價值，它們仍然可以成爲非常有用的藝術評估方法，在某些情況下，甚至可以成爲激發公共資金的有力工具。然而，更重要的是我們要記住本章提出的爭論，特別是在選擇和證明某一評估方法的合理性時。

參考文獻

Abbing, H. (1980) On the rationale of public support to the arts. Towse, R. (ed) *1997 Cultural economics: the arts, the heritage and the media industries*. Vol. 2 Edward Elgar: Cheltenham.

Abbing, H. (2004) *Let's forget about the cost disease*. Paper presented at the Association of Cultural Economics International, 13th conference, Chicago: 2-5 June.

Arai, S. and Pedlar, A. (2003) *Moving beyond individualism in leisure theory: A critical analysis of concepts of community and social engagement*. Leisure Studies 22: 185-202.

Arrow, K. (1963) Uncertainty and the welfare economics of medical care. *American Economic Review* 53,5:941-973.

Baumol, W. and Bowen, W. (1965) On the performing arts: the anatomy of their economic problems. *American Economic Review* 55,2:495-509.

Baumol, W. (1987) Excerpt from The New Palgrave: A Dictionary of Economics, Towse, R. (ed) *1997 Cultural economics: the arts, the heritage and the media industries*. Vol. 2 Edward Elgar: Cheltenham.

Baumol, W. (1995) *The case for subsidizing the arts: interview with economics professor William Baumol*. [On line] Available: http://web1.infortrac.london.galegroup [Accessed 14/12/99].

Blaug, M. (2001) Where are we now on cultural economics?. *Journal of Economic Surveys* 15, 2123-143.

Borgonovi, F. (2004) *Performing arts attendance: and economic approach*. Applied Economics 36,17:1871-1885.

Bourdieu, P. (1984) *Distinction: A social critique of the judgment of taste*. Harvard University Press: Cambridge, Massachusetts.

Brooks, A. (1997) Towards a demand-side cure for cost disease in the performing arts. *Journal of Economic Issues* 31,1:197-208.

Brooks, A. (2001) Who opposes government arts funding? *Public Choice* 108:355-367.

Brooks, A. (2004a) In search of true public arts support. *Public Budgeting and Finance* 24,2:88-100.

Brooks, A. (2004b) Do people really care about the arts for future generations? *Journal of Cultural Economics* 28:275-284.

Cowen, T. and Grier, R. (1996) Do artists suffer from a cost disease? Rationality and Society 8.1.

Cwi, D. (1980) Public support of the arts: three arguments examined. *Journal of Cultural Economics* 4,2:39-62.

Dobson, L. and West, E. (1990) Performing arts subsidies and future generations. *Journal of Behavioral Economics* 19,1:23-34.

Duncombe, W. (1996) Public expenditure research: what have we learned? *Public Budgeting and Finance* 16,2:26-59.

Epstein, R. (2003) The regrettable necessity of contingent valuation. *Journal of Cultural Economics* 27:259-274.

Frey, B. and Pommerehme, W. (1989) Art, the economic perspective. Towse, R. (ed) *1997 Cultural Economics: the arts, the heritage and the media industries*. Vol. 1 Edward Elgar: Cheltenham.

Fullerton, D. (1991) On justification for public support of the arts. *Journal of Cultural Economics* 15,2:67-82.

Goodwin, C. (2006) *Art and culture in the history of economic thought*. Handbook of the Economics of Art and Culture. Ginsburgh, V. and Throsby, D. (Eds.) North Holland, Amsterdam.

Hendon, W (1990) The general public's participation in art museums. *American Journal of Economics and Sociology* 49,4.

Hutter, M. and Shusterman, R. (2006) *Value and the valuation of art in economic and aesthetic theory*. Handbook of the Economics of Art and Culture. Gins- burgh, V. and Throsby, D. (Eds.) North Holland, Amsterdam.

Klamer, A. (2002) Accounting for social and cultural values. De Economist 150,4:453-473.

Klamer, A. (2003a) A pragmatic view on values in economics. *Journal of Economic Methodology* 10,2:1-24.

Klamer, A. (2003b) *Handbook of Cultural Economics*. Towse, R. (ed) Edward Elgar.

Klamer, A. (2004a) *Cultural goods are good for more than their economic value*. [On line] Available: www.klamer.nl/art/htm [Accessed 13/9/04].

Klamer, A. (2004b) *Art as a common good*. Paper presented at the Association of Cultural Economics International, 13th conference: 2-5 June 2004.

Lewis, G. and Brooks, A. (2005) A question of morality: Artists' values and public funding for the arts. *Public Administration Review* 65,1:8-17.

Madden C. (2004) *Statistical indicators for arts policy*. Report for the International Federation of Arts Councils and Culture Agencies. [On line] Available www.ifacca.org/ifacca2/en/organsation/page09_BrowseDart.asp [Accessed 20/09/04].

McCain, R. (2006) *Defining cultural and artistic goods*. Handbook of the Economics of Art and Culture. Ginsburgh, V. and Throsby, D. (Eds.) North Holland, Amsterdam.

Morrison, W. and West, E. (1986) Subsidies for the performing arts: Evidence of voter preference. *Journal of Behavioral Economics* 15, Fall:57-72.

Musgrave, R. (1959) *The Theory of Public Finance*. McGraw-Hill: New York.

Peacock, A. (1969) Welfare economics and public subsidies to the arts. *Journal of Cultural Economics* 18,2:323-335.

Peacock, A. (1992) Economies, cultural values and cultural policies. Towse, R.(ed) *1997 Cultural economics: the arts, the heritage and the media industries*. Vol. 2 Edward Elgar: Cheltenham.

Romer, P. (1990) Are nonconvexities important for understanding growth? *American Economic Review* 80,2:97-103.

Rosen, H. (1995) *Public Finance*. Irwin: Chicago.

Scott, C. (2004) *Museums and impact*. Presented at the Fuel4arts Internet conference on Measuring the Impact of the Arts 17 September-1 October.

Sen, A. (1977) Rational Fools: A critique of the behavioral foundation of economic theory. *Philosophy and Public Affairs* 6,4:317-344.

Sen, A. (1985) Well-Being, agency and freedom: The Dewey lectures 1984. *The Journal of Philosophy* 82,4:169-221.

Snowball, J. (2005) Art for the masses? Justification for the public support of the arts in developing countries-two arts festivals in South Africa. *Journal of Cultural Economics* 29:107-125.

Snowball, J. and Webb, A. (2007) *Breaking into the conversation: Cultural value and the role of the South African National Arts Festival from apartheid to democracy*. International Journal of Cultural Policy (forthcoming).

Streeton, P. (2006) *Culture and Economic Development. Handbook of the Economics of Art and Culture*. Ginsburgh, V. and Throsby, D. (Eds.) North Holland, Amsterdam.

Swindell, D. and Rosentraub, M. (1998) Who benefits from the presence of professional sports teams? The implication for public funding of stadiums and arenas. *Public Administration Review* 58,1:11-21.

Throsby, D. (1994) The production and consumption of the arts: a view of cultural economics. *Journal of Economic Literature* 32,3:1-28.

Throsby, D. (2001) *Economics and Culture*. Cambridge University Press: Cam- bridge.

Throsby, D. and Withers, G. (1985) What price culture? *Journal of Cultural Economics* 9,2:1-33.

Tiongson, E. (1997) Baumol's cost disease reconsidered. *Challenge* 40,6:117-123.

Turner, G. (1990) British cultural studies: an introduction. Routledge: London.

Ver Eecke, W. (1998) The concept of a 'merit good': The ethical dimension in economic theory and the history of economic thought of the transformation of economics into socio-economics. *Journal of Socio-Economics* 27,1:133-154.

第二章　使用經濟效益研究爲藝術
評估價值

　　經濟效益研究（economic impact studies）可以用來評估各種文化商品的價值，尤其是那些吸引大量來自外地的遊客（及遊客支出）的文化商品。如 Frey（1998）討論的明星級博物館和超級藝術特展（Skinner, 2006），經濟效益研究毋庸置疑是最常被應用在文化活動與特定地區的非營利文化部門的經濟價值評估。

　　針對文化商品的經濟效益研究包括歌劇、受補貼的劇院、管弦樂隊、地方電影院、美術館與博物館、音樂學院、非營利性藝術和文化組織、文化資產等主題。格拉斯哥大學文化政策研究中心的效益資料庫（Impact Database）提供了有助於這類研究的資源。雖然這種方法可以很容易地擴展至任何文化商品或服務，但本章我們將特別關注近年有大幅成長的藝術節慶上。

　　自 1980 年代以來，各式各樣的節慶數量激增，不僅有藝術節，還有民間節慶、豐年祭、美食節、家庭節慶、嘉年華、文學節慶等等，不勝枚舉。據估計，英國有 300 多個節慶（British Federation of Festivals, 2004），澳大利亞有 1,300 個節慶（Johnson et al., 2005），美國有 5,000 多個節慶（Blumenthal, 2002）。Quinn（2005）和 Liu（2005）認為，這種變化是因為人們對經濟領域的服務行業的看法發生了變化——服務業不再僅僅是對製造業的支持或依賴，而是一個能夠創造財富的重要行業。這種變化對節慶（尤其是藝術節）的影響是，許多城市視其為將平淡無奇的地方打造成利潤豐厚的永久性旅遊勝地標的手段（Liu, 2005:3）。換句話說，人們愈加認為藝術節慶是經濟利益的創造者——僅添增文化即可促進城市再生的方法（Gibson & Stevenson, 2004 in Quinn, 2005）。

　　隨著世界各地藝術節慶的數目增加，人們逐漸對利用經濟效益研究來評估藝術節慶的價值產生興趣。正如 Frey（2005）指出，這給文化經濟學家帶來了一個有趣的困境。一方面，各種評論家（Seaman, 1987; Madden, 2001）表達了他們對使用這種純粹以市場為基礎的方法來評估藝術的擔

憂。另一方面，藝術機構和從業人員對非市場評估方法（如願付價格研究）興趣不大，而愈來愈依賴經濟效益的數據作爲爭取公共和私人贊助的手段。

正如 Tyrrell 和 Johnson（2006）所指出，經濟效益研究本身並不複雜。然而，關於遊客數量、乘數的大小、資料蒐集時間和方法等關鍵輸入所作的假設和決定的數量和範圍，會使經濟效益的結果更容易受到操縱和產生偏誤（Crompton, 2006）。非專業的讀者很少具備評估這種方法細節的能力，往往會將最終數據視爲科學結果。

經濟效益研究一直在試圖回答這樣一個問題，「如果活動沒有如期進行，影響區域的經濟損失會是多少？」換句話說，研究者旨在衡量由研究的活動或設施在影響區域發生的所有額外經濟活動。這類研究透過市場交易衡量藝術的私人利益，而非價值或公共利益。

因此，評論家對經濟效益研究在評估文化財價值的作用存在嚴重分歧。一方面是學術圈關於該研究使用的爭論；他們認爲，就藝術宣傳而言，這一方法沒有用處，甚至可能有害，因爲它鼓勵與其他部門進行不恰當的比較，而淡化了文化的整體目的（Seaman, 1987; Madden, 1998, 2001等）。另一方面，大多數從業人員和藝術組織認爲經濟效益研究可以提供關於文化和文化活動的有用資訊，而且在遊說公眾和社區支持方面非常有效（Vogelsong et al., 2001; Heaney & Heaney, 2003; Crompton, 1995, 1999, 2001等）。然而，該方法的反對者和支持者都認識到了這一方法的可能潛在危險。

本章介紹在文化價值研究中使用經濟效益研究的各方理論爭議。第3章則提供了如何進行可靠的研究建議與實際案例。

2.1 使用經濟效益研究的有利之處

　　正如 Cohen 等人（2003）所指出，支持在藝術領域使用經濟效益研究的理由主要是基於實用主義，而不是理想主義。換句話說，這樣的研究可以得出一個易於理解和比較的「底線」數據，這也是最重要的支持論點。很多評論家也認為這些數據很重要，因為它們通常是籌資的決定因素，「政府官員、藝術支持者和媒體都認同體現現實的可量化數據，從而為理想的項目辯護。」（Johnson & Sack, 1996:370）

　　Goldman 和 Nakazawa（1997）也支持這一觀點，他們指出，當我們必須對一些需要資助的專案做出艱難選擇時，經濟效益的數據能夠發揮重要的作用。當資金是由社區居民提供或部分提供時，「他們（期望）獲得回報，無論是新的工作還是更多的家庭收入」（Crompton, 1999:143），而這些回報也可體現在經濟效益的數據當中。因此，學界進行了大量的藝術領域的經濟效益研究。Madden（2001）指出，從 1973 年到 1993 年，僅在美國就有 200 多項藝術的經濟效益研究。在此之後，這個數字一直增長，儘管很少有學術期刊發表研究結果，但許多藝術理事會的網站提供了一份長長的藝術效益研究清單，甚至為希望使用這項技術的藝術經理人和活動組織者提供自己動手的工具包（Jackson et al., 2005）。當然還有一些電腦輸入輸出模型，如 IMPLAN 和 RIMMS II 等。

　　在更具體的層面上，經濟效益研究可以提供關於如何最大化利用資金來改善活動的資訊。這樣既可以為社區帶來經濟收益，如改善遊客消費最高的地區收益（Vogelsong et al., 2001），也可以強化活動品質和內容，以吸引新遊客並保持舊遊客的忠誠度（Heaney & Heaney, 2003）。

　　Heaney 和 Heaney（2003）對美國史蒂芬斯角（Stevens Point）一個為期兩週的夏季音樂學院進行了經濟效益分析。他們認為，直接影響參與

者的資料可以用來擴大或改善遊客認爲重要的活動內容。例如，在音樂
學院的案例中，因爲史蒂芬斯角（Stevens Point）相當偏遠，人們發現遊
客在旅遊上的花費很大。因此作者建議可以改進旅遊路線、地圖和網站
的訊息，因爲這可能是遊客一個重要的決策因素，也會影響遊客滿意度
（Heaney & Heaney, 2003:260）。他們還認爲，間接和誘導的經濟效益數
據可以用來獲得社區的支持和贊助，特別是從那些在經濟效益中獲益的行
業（如住宿和餐飲），以吸引大量的遊客支出。此外，他們指出，經濟效
益數據有助於提高機構的地位和信譽，並有助於遊說地方政府的支持，因
爲活動增加了該地區的經濟活動。

　　許多經濟效益研究者（Herrero et al., 2004; Cohen et al., 2003）認識
到，他們只是衡量目標商品或活動的部分價值，也就是說，藝術也會產生
其他重要的效益。Seaman（2003）指出藝術產生三種類型的影響：（i）消
費價值，由使用價值和非使用價值組成，最好用條件評估方（contingent
valuation methods）來衡量；（ii）生產和經濟發展的長期增長，最好用特
徵價格模型（hedonic pricing models）來衡量；（iii）經濟活動的短期淨增
長，最好用經濟效益研究（economic impact studies）來衡量。Guetzkow
（2002）認爲藝術對社區的效益存在多個層面（例如，透過直接參與、觀
衆參與以及藝術家和藝術組織的參與），也存在於個人和社區層面。經濟
效益研究雖然是最流行的價值衡量方法之一，但它只反映了藝術對社區和
個人的部分效益。

　　Herrero 等人（2004）對 2002 年在西班牙西部的薩拉曼卡（Salamanca）
舉辦的歐洲文化之都（European Capitals of Culture）節慶活動進行了經濟
效益分析。研究發現節慶爲 Castilla y Leon 帶來了 5.561 億歐元，爲西班
牙其他地區帶來了 2.472 億歐元，總金額爲 8.033 億歐元（2004:15）。他
們認爲，這是評估藝術節慶的重要方式，因爲被提名爲歐洲文化之都的城
市，從長遠來看必須在財務上具備可持續性（盈利），因爲「除了文化組

織本身，還需爲城市中創建新的文化設施、城市再設計、旅遊設備和交流做出努力。」（Herrero et al., 2004:3）

　　Cohen 等人（2003）對非營利藝術組織在 91 個美國社區的經濟效益進行的一項研究指出，觀衆和組織本身的支出每年會爲美國經濟增加 1,340 億美元。當 Cohen 等人（2003）質疑用這些財務數據來證明政府支持藝術的合理性時，他們指出，這項研究在政治辯論中被多次引用，並在市長論壇中促成了新的決議，以鼓勵對非營利性藝術組織的支持，促成衆議院於 2002 年透過向國家藝術基金增加 1,000 萬美元撥款的決議，這也是近 20 年來增長最多的撥款。他們由此得出結論，「在現今，經濟發展可能是向地方、州和國家領導人提供支持（藝術）最具說服力的內容。」（Cohen et al., 2004:31）

　　毫無疑問，旅遊業是一個龐大的行業，它可能是世界上最大的產業，甚至包含交通運輸業，市場規模每年達 4.4 萬億美元（Liu, 2005），並以每年 5% 左右的速度成長（McGuigan, 2005）。在這樣的背景下，節慶被視作一種提升城市形象與差異性的手段，不幸的結果是，衡量藝術節慶的價值已被簡單地歸爲城市旅遊研究（Visser, 2005）的一個分支。城市旅遊研究只關注藝術節慶作爲經濟發展戰略的潛力，而不是藝術節所生產的商品——藝術的價值。

　　這基本上得益於 Richard Florida 和他頗具影響力的著作《創意新貴》（*The rise of the creative class*, 2002）。簡而言之，他的論點是，城市中創意階層的群聚與更高水準的人力資本和經濟增長呈正相關。儘管其論點存在許多爭議與批評，但他的研究仍非常重要，他的論點受到近期許多研究強而有力的支持（Rushton, 2006）。另一方面，Rushton（2006:10）指出，有別於遊客花費的不明確的經濟效益研究，這爲藝術支持者提供了不一樣的角度。然而，它加深了藝術和藝術家意味著金錢的觀點，而這種聯繫一旦在支持者和政策制定者的腦海中形成，就很難被改變。

　　針對有關資金增加與削減的媒體報導的全面梳理也證實了這一觀點，在許多國家，藝術主要被視為經濟增長和發展的動力，其本質的文化價值被忽略了。例如，Back Stage（2003）發表的一份高度批評加州藝術委員會經費大幅削減的報告，批評幾乎完全基於預期的經濟效益下降，而不是藝術可能提供的美學或品質價值的喪失。同樣，在南非，當宣布省級政府對全國藝術節慶的贊助時，發言人的言論都集中在經濟效益、增加旅遊吸引力和提供就業機會等面向。

　　Crompton（2006）有一篇文章也提供了廣泛的案例，說明可以成功地使用（往往是誇大地）經濟效益研究來為各種旅遊活動（包括文化活動）爭取更多的資金。而諷刺的是，正是這些成功案例鼓勵了 Crompton 所說的「狡猾」行為（直白地說應該是「不誠實」），這些行為將在下一章詳細討論。然而，他在總結時警告，由於人們開始對這些數據持懷疑態度，這些被大幅誇大的經濟效益數據開始失去作為宣傳工具的成效。如果經濟學家希望這些研究被認真對待，就必須以更嚴謹的方式進行研究。

2.2 使用經濟效益研究的流弊

　　對於藝術經濟效益研究的質疑可分為方法問題（第 3 章將會討論）和概念問題。後者一般認為，即使是最複雜的效益研究也不會是促進公共資金支持的最好方法，而且這種對財務指標的關注，對於藝術擁護者的觀點沒有助益，甚至有害。

　　首先，任何經濟效益研究都對影響區域或區域劃分的問題高度敏感。由於經濟效益取決於來自該區域以外的遊客消費，某些情況下，還取決於該區域內當地人的額外消費，因此機會成本的問題必然會出現。也就是說，資金從何而來，而其他行業或地區又因為這個活動遭受了什麼損失？正如 Seaman（1987:731）所言，「當提及這些近乎神祕的『外生』總體支出增長的來源時，人們往往會發現，它們可能不構成淨增長，而只是支出需求構成的變化。」這一點並不新鮮，Baade 和 Dye（1988:41）在分析體育場館公共補貼的理由時也提出了這一觀點。他們認為，「淨新活動」（net new activity）往往包括「重新分配當地居民現有的支出水準」。

　　Madden（2001）對此進行了闡述，指出僅證明影響區域的乘數效應是不夠的，還必須證明受益區域或部門的乘數效應要大於活動轉移資金的行業或領域。將政府資金轉用於藝術商品的情況亦是如此：

　　「政府支出的增長最終必有出處——要麼從替代政策支出中轉移，要麼透過稅收從公民支出中轉移。淨效應取決於額外資金被轉移地區的反向影響。」（Madden, 2001:167）

　　Madden（2001:172）認為，根據某一地區預期的財政收益，透過將支出從其他地區轉移出去，為該地區爭取公共資金，這一行為並不是政治

中立的遊戲。事實上，他認為這帶有保護主義色彩，「是戰爭，一場關於活動的戰爭」。利用財務數據來遊說藝術支持是危險的，因為這類研究鼓勵與其他目的和藝術完全不同的行業或活動進行數字比較。Crompton（2006:79）在他所稱的「經濟效益軍備競賽」中的個人經驗證實了這一點。當委員會得知為期三週的節慶經濟效益數字為 1,600 萬美元時，他們會拒絕接受該結果，理由是（另一位顧問）計算出為期 3 天的牛仔競技活動的效益接近 6,000 萬美元。

Madden（2001）和 Seaman（1987）都指出，藝術不太可能產生像石油和煤炭等基礎產業的影響，而且這種比較在任何情況下都是謬誤的。即使藝術可以被證明具有相當大的經濟效益，這仍然不是遊說公眾支持的好理由。Gazel 和 Schwer（1997）的研究指出，三場「Grateful Dead」搖滾音樂會對拉斯維加斯的經濟效益在 1,700 萬美元到 2,800 萬美元之間，但沒有人會想到用這些數據來為搖滾樂隊爭取公眾支持。

聚焦於藝術經濟效益的另一個議題是，在貧富差距較大的地區，大部分金錢都流向了社區中較富裕的居民，他們有辦法利用遊客創造收入。例如，在 Grahamstown 的經濟結構（南非的一個小主辦城市）中，儘管較貧窮社區的留存收入比例更高，從藝術節慶獲得的家庭收入比較中，較富裕的歐洲裔（白人）居民遠遠高於較貧窮的非裔（黑人）社區（Antrobus et al., 1997）。Seaman（1987:746）總結道：「因此，當藝術支持者訴諸效益研究時，他們就捲入了一場危險的遊戲。從某種意義上說，他們選擇打出自己最弱的一張牌，同時又保留了自己的王牌。」換句話說，藝術對社會的積極溢出效應是市場失靈的主要原因，它應該用來激勵公眾支持藝術，而不應引用經濟效益。

在 McGuigan（2005）關於歐洲文化之都（European Capital of Culture）城市選擇的討論中，舉了一個例子，說明藝術節慶的經濟效益比社會效益更重要。他的論點是，儘管競賽的標準可能起初與文化層面有

關，但已愈來愈關注節慶可能帶來的潛在經濟效益。「利物浦在 2008 年
歐洲文化之都的英國評選中獲勝一點也不奇怪。這是一個以文化導向再造
的完美測試案例。」（McGuigan, 2005:239）

　　Quinn（2005; 2006）提出了一個有力的論點，他反對將藝術和藝術節
慶視爲經濟增長的驅動力。理由有兩個，首先，把藝術活動作爲商品出售
給遊客的做法，削弱了節慶作爲社區聚會的傳統作用。在社區聚會上，人
們可以一起建立新的或重建舊的人際關係網絡和聯繫。節慶可以是與日常
生活分開的一片天地，在那裡我們能分享和考慮不同的觀點和價值觀，可
以表達對主導政權的反抗，可以評估和分享文化資本（Throsby, 2001）。
當然，藝術活動也可以是關於氛圍和氣氛、美食和娛樂，但正如 Peter
Aspden（Aspden & Clark, 2004）所言，這不應該是它們唯一或主要的功
能。

　　Quinn（2006）的第二個論點是，如果藝術節慶主要被當作商品來對
待時，它們很可能會失去吸引遊客的能力，從而難以產生經濟或文化效
益。Liu（2005:4）談到了「麥當勞化」對傳統文化的威脅以及美國統一文
化的傳播：

　　2002年夏天，我在蒙古烏蘭巴托目睹了遊行者第一次穿著迪士尼服
裝出現在傳統的納達爾節（Nadaam festival）。毫無疑問，米奇、米妮和
唐老鴨將與成吉思汗的馬車、摔跤手、雜技演員和馬匹一起，成爲年度慶
典的常客。這一現象給我們的警示也十分清晰。除非我們能夠重視並培
育傳統文化，否則它無法在下一代MTV、電子遊戲和生存節目中留存下
來。

　　Aspden（Aspden & Clark, 2004）也認同這一觀念，許多現代藝術節
慶只是以更高的價格展示那些早已在其他地方演出過的作品。「彷彿在

一個超市，付費的公眾被說服批量購買加工文化。」隨著觀衆和藝術家之間競爭的加劇，以及一些節慶企劃人員體會到的擠出效應（Blumenthal, 2002），我們不難看出，對此類活動的金錢收益關注，很可能會破壞文化和經濟效益。

在這樣的背景下，Quinn（2006）認爲藝術節慶可能無法滿足主辦社區的文化或經濟期望。對短期經濟利益的關注就排除了長期價值，比如藝術節慶會強化此地的特色和發展潛力（就基礎設施、全年對藝術商品需求的增加、社會福利的增加等）。爲了佐證她的觀點，Quinn（2006）對愛爾蘭兩個節慶的研究結果進行說明，一個是韋克斯福德歌劇節（Wexford Festival Opera），該節慶一直致力於提供高品質的歌劇並吸引外國遊客，另一個是高威藝術節（Galway Arts Festival），這更像是一個以社區爲基礎的企業。調查結果顯示，兩個藝術節的參與者均對藝術節所提供的非市場價值有所瞭解，例如提高藝術意識、發展藝術場地基礎設施、協助建立主辦城市的聲譽，以及每年舉辦更多的藝術活動等。

然而，高威藝術節愈加關注節慶帶來的經濟效益，並將更多的注意力放在遊客身上，從而偏離了以社區爲基礎的初心。當地社區開始抱怨這一舉動，因爲節慶和社區之間的原有關係並未得到維護，他們感到被排斥和不滿。Quinn（2006）認爲，一個節慶想要長期持續下去，它的目標必須從一開始就很明確，而且需要認識到不同的目標會產生不同的回報。例如，一個平衡本土與國際的節慶可能會有利於發展主辦城市的文化基礎設施和提高對藝術的欣賞與參與，但在吸引遊客需求方面，它不會像一個側重國際（而不是當地）遊客和藝術家的節慶那樣成功。

Madden（2001）甚至認爲，基於經濟效益數據的政府干預弊大於利，因爲政府的目標很少與藝術的目標一致。Cohen 和 Pate（2000:109）從藝術家的角度進行了討論，他們支持這一觀點：「藝術家聲稱，在沒有充分認識到商品的審美價值情況下，就做出關於未來資金安排很荒謬。」同

樣，Tusa（1999 年引用於 Reeves, 2002:36）指出：

「莫札特之所以成爲莫札特，是因爲他的音樂，而不是因爲他在薩
爾斯堡（Salzburg）開創了旅遊業，也不是因爲以他命名的頹廢的薩爾
斯堡（Salzburg）巧克力和杏仁軟糖。畢卡索之所以重要，是因爲他教
給人們一個世紀以來看待事物的新方法，而不是因爲他在古根漢博物館
（Guggenheim Museum）的畫作正在重塑一個原本被遺棄的西班牙北部港
口……在對藝術進行評估時，絕對品質最重要；所有其他因素的確都很有
趣、有用，但都是次要。」

McCarthy 等人（2004）確定了兩種文化價值類型：與藝術商品本身
有直接關係的本質價值（如愉悅和認知能力增長）；以及工具價值，包括
經濟效益，是藝術生產的副商品，可以透過替代品產生。他們認爲，上世
紀 90 年代初美國的「文化戰爭」使得證明藝術的價值成爲必要，這一舉
措不合理地提高了藝術的工具價值，僅僅是因爲工具價值比本質利益更容
易衡量。Matarasso（1997）在英國也發現了同樣的模式，他指出，對藝術
效益的研究往往側重於經濟利益，而不是社會利益，從而忽視了藝術的眞
正目的。

這種方法還存在詮釋上的問題，因爲經濟效益研究並非爲此目的而
設計。活動規劃者在提交最終報告時的懷疑和失望的個人經歷，促使我們
進一步思考該如何看待和使用這些數字。第一個反常現象是，將已確定的
活動目標與使用財務數據來宣布節慶的「成功」。一個文化活動的公共財
特徵愈多，經濟效益研究所能評估的效益就愈小，而消費者剩餘和非市場
商品的價值就愈大，這些都根本無法透過經濟效益研究來衡量。Madden
（2001）認爲，經濟效益研究衡量的是在活動上的支出，換句話說，是成
本，而不是收益。如果藝術是免費的，它們無疑會因爲機會成本的降低而

大大提高我們的幸福感或效用。因此，經濟效益研究在這些情況下的用處值得懷疑，無論這些研究進行得多麼好。

　　當藝術活動組織者試圖從遊客消費數據中得出各種活動的相對重要性結論時，經濟效益研究解釋的另一個問題就出現了。2001 年，南非國家藝術節的規劃者委託進行了一項消費者調查研究，主要目的是建構消費者的消費模式和觀點，以便利用這些資訊爲該活動的贊助進行遊說。儘管主流和非主流表演的觀衆普遍看好演出，對於活動品質與價格的評價平均高達 4 分（滿分 5 分），但門票支出僅排在總支出的第三位，住宿排在第一位，購物排在第二位，很多規劃者都對此表示失望（Snowball & Antrobus, 2001:18）。乍看之下，這一結果似乎是矛盾，或者顯示節慶遊客對活動其他方面的興趣超過了對表演本身的興趣。然而，如果你考慮到音樂節的演出得到了高額補貼——平均來說，音樂節之外同樣的節目的票價要高出 41%（Snowball, 2004）——而住宿和購物則不然，僅用支出數據來體現興趣或價值就會出現明顯的錯誤。

　　然而，即便是那些指出效益研究只是作爲爭取公衆支持的工具者，也承認它們可能有用。Seaman（1987）指出，如果對經濟效益研究的方法可靠，就可以用這些研究來檢視經濟各面向的關係，並對收入和產出的變化做出預測。Madden（1998）也同意這一觀點，並補充說，除了資金流動，經濟效益研究可以提供關於供求衝擊對區域經濟影響的重要資訊，以及比較不同活動產生的資金再分配的方法。然而，Madden 和 Seaman 都指出，經濟效益研究鮮少被用於這些用途，他們都激烈地爭辯說，大多數情況下，藝術和文化的經濟效益研究是對經濟分析的濫用（Seaman, 1987:725）。

2.3 結論

考慮到在藝術價值評估中使用經濟效益研究的利弊，我們可以做兩個一般性的觀察。首先，效益研究作爲部分分析，如果能結合其他更適合衡量活動或設施的美學或文化價值的研究，它在一定程度上有用，特別是在遊說資金方面。其次，經濟學家在進行此類研究時，發現自己是處在一種尷尬的角色中。一方面，像 Madden（2001:174）這樣的評論家認爲進行這樣的研究是「經濟學的賣淫」，因爲經濟學家必定知道這樣的研究背後的推理有多麼可疑。另一方面，就像 Madden（2001）也承認，試圖讓藝術管理者相信概念上更爲複雜的價值評估方法是一項緩慢的工作。

儘管存在理論問題，但在爭取公衆和私人支持方面這一方法還是卓有成效，藝術從業者很可能會繼續委託學者進行經濟效益研究。在這樣的環境下，反對使用這些工具的經濟學家很可能被視爲古代特洛伊（Troy）的卡珊卓拉（Cassandra）──註定會說出眞相，卻不被世人相信。所以，更好實踐的途徑是改進評估方法，並確保方法問題始終排在研究議程之前，而不是完全拒絕將經濟效益作爲一種評估方法。

參考文獻

Antrobus, G., Williams, V., Fryer, D., Khumalo, B., Streak, J. & Webb, A., (1997) *The economic impact of the 1996 Standard Bank National Arts Festival*. Department of Economics, Rhodes University: Grahamstown.

Aspden, P and Clark, A. (2004) High brow, low blows. *Financial Times Magazine* 19/06/04.

Blumenthal, R. (2002) Festivals, festivals everywhere: Summer arts events multiply, testing the limits of growth. *New York Times* 30/07/02.

Cohen, C. and Pate, M. (2000) Making a meal of arts evaluation: can social audit offer a more balanced approach? Managing Leisure 5:103-120.

Crompton, J. (1995) Economic impact analysis of sports facilities and events: Eleven sources of misapplication. *Journal of Sports Management* 9:14-35.

Crompton, J. (1999) The economic impact of sports tournaments and events. *Parks and Recreation* 34,9:142-151.

Crompton, J., Lee, S. and Schuster, T. (2001) A guide for undertaking economic impact studies: The Springfest example. *Journal of Travel Research* 40:79-87.

Crompton, J. (2006) Economic impact studies: Instruments for political shenanigans? *Journal of Travel Research* 45:67-82.

Florida, R. (2002) *The Rise of the Creative Class*. Basic Books, New York.

Frey, B. (2005) *What values should count in the arts? The tension between economic effects and cultural value*. Institute for Empirical Research in Economics, University of Zurich. Working paper no. 253.

Goldman, G. and Nakazawa, A. (1997) Determining economic impacts for a community. *Economic Development Review* 15,1:48-52.

Gazel, R. and Schwer, K. (1997) Beyond rock and roll: The economic impact of the Grateful Dead on a local economy. *Journal of Cultural Economics* 21:41-55.

Guetzkow, J. (2002) *How the arts impact communities*. Taking the Measure of Culture conference, Center for Arts and Cultural Policy Studies, Princeton University Working Paper Series.

Heaney, J. and Heaney, M. (2003) Using economic impact analysis for arts management: An empirical application to a music institute in the USA. *International Journal of Nonprofit and Voluntary Sector Marketing* 8,3:251-266.

Herrero, L., Sanz, J., Devesa, M., Bdate, A. and Del Barrio, M. (2004) *Economic impact of cultural macrofestivals: the case study of Salamanca 2002*, European capital of culture. Presented at the 13th International Conference on Cultural Economics, Association for Cultural Economics International.

Johnson, A. and Sack, A. (1996) Assessing the value of sports facilities: the importance of non-economic factors. *Economic Development Quarterly* 10,4:369-382.

Liu, J. (2005) Tourism and the value of culture in regions. *The Annals of Regional Science* 39:1-9.

Madden, C. (1998) *Discussion paper: The economic benefits of art*. Creative New Zealand. [On line] Available: www.creativenz.gov.nz [Accessed 13/08/04].

Madden, C. (2001) Using economic impact studies in arts and cultural advocacy: a cautionary note. *Media International Australia incorporating Culture and Policy*. Feb, 98:161-178.

Matarasso, F. (1997) *Use of Ornament? The social impact of participation in the arts*. Comedia [On line]

Available: http://www.comedia.org.uk/pages/pdf/downloads/use_or_ornament.pdf [Accessed 18/05/07]

McCarthy, K, Ondaatje, E., Zakaras, L. and Brooks, A. (2004) *Gift of the Muse: Reframing the debate about the benefits of the arts*. Rand Corporation: Santa Monica, Arlington and Pittsburgh.

McGuigan, J. (2005) Neo-liberalism, culture and policy. *International Journal of Cultural*

Policy 11:229-241.

Quinn, B. (2005) Arts festivals and the city. *Urban Studies* 42:927-943.

Quinn, B. (2006) Problematising 'festival tourism': Arts festivals and sustainable development in Ireland. *Journal of Sustainable Tourism* 14:288-306.

Rushton, M. (2006) *The creative class and urban economic growth revisited.* Paper presented at the 14th International Conference of the Associated for Cultural Economics International, Vienna.

Seaman, B. (1987) Arts impact studies: A fashionable excess. Towse, R. (Ed.) *1997 Cultural economics: the arts, the heritage and the media industries.* Vol. 2 Edward Elgar: Cheltenham.

Seaman, B. (2003) *The economic impact of the arts in Handbook of Cultural Economics.* Towse, R. (ed) Edward Elgar.

Snowball, J. D. and Antrobus, G. (2001) *Consumer Research: A survey of visitors at the 2001 National Arts Festival,* Grahamstown. Department of Economics, Rhodes University: Grahamstown. Commissioned by the Grahamstown Foundation.

Tyrrell, T. and Johnson, R. (2006) The economic impacts of tourism: A special issue. *Journal of Travel Research* 45:3-7.

Visser, G. (2005) Let's be festive: Exploratory notes on festival tourism in South Africa. *Urban Forum* 16:155-175.

Vogelsong, H., Graefe, A. and Estes, C. (2001) Economic impact analysis: A look at useful methods. *Parks and Recreation* 36,3:28-33.

第三章　計算經濟效益

　　在《旅遊研究》（*Journal of Travel Research*，2006 年第 45 卷）的序言中，Tyrrell 和 Johnson 將經濟效益分析定義爲「評估與旅遊政策、活動、設施或目的地相關的地區支出、產出、收入和／或就業的變化」。正如前一章所討論，經濟效益數據在評估一項藝術活動或文化設施時會非常有用。只要它是以部分價值的形式呈現，也就是說，只要人們能夠認識到經濟效益數據並未代表文化所有的價值，這類資料就可以強有力地展示特定項目的價值。

　　Crompton（2006）認爲，重要的是不要將經濟效益研究視爲只適用於主辦的市政府的成本效益分析。例如，如果市政府在某活動上的支出超過其直接產生的收入，就不應該是停止該活動的充分理由，因爲它沒有考慮到社區居民的利益，而社區居民首先要向市政府繳納稅款。下圖（圖 3.1）是他提供的圖表，該圖展示了吸引外來遊客的文化活動或設施的基本邏

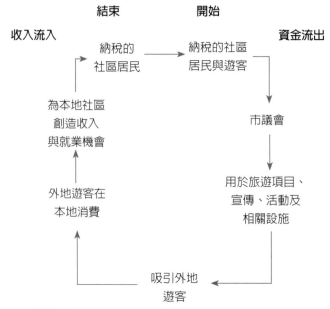

圖 3.1　經濟效益循環（Crompton, 2006:68）

輯。

　　如前一章所述，雖然經濟效益研究也可用於評價當地永久性的文化設施或藝術組織，但最常還是被用於遊客在該地區產生的新消費。當用這一方法來評估整個地區的文化產業或非營利性藝術組織時，我們主要考慮的往往是這些組織本身所推動的當地經濟活動（例如，他們在設備和勞動力上的支出），而不是該地區以外的遊客所帶來的很小的影響。正如下文進一步討論，效益通常不包括受影響地區的當地居民開支，因為這種開支在任何情況下都可能發生。

　　圖 3.1 對文化活動的經濟效益研究顯示，僅僅追蹤主辦單位或主辦城市的支出和收入不夠，還必須考慮到文化活動對當地居民創造就業和收入方面的間接影響。本章將針對如何開展研究等提供實用性建議，特別是吸引遊客進入影響區域的文化活動和節慶方面。

3.1 直接淨經濟效益

　　任何經濟效益研究的第一步，都是確認該活動對影響區域的淨投入，通常被稱為直接效益或首輪支出。其中一種方法是透過配額或概率抽樣、訪談或自助問卷等蒐集遊客的支出數據。然而，Tyrrell 和 Johnston（2001）認為，除了遊客的花費、製造商的花費外，志願者的時間和媒體的花費也應包括在內。辨識重要的消費群體將取決於被評估的活動類型。例如，2004-2005 年愛丁堡藝術節（Edinburgh Festivals）的經濟效益研究就確認了觀眾、表演者、記者和藝術節主辦單位的四項支出，如下圖（圖3.2）所示。

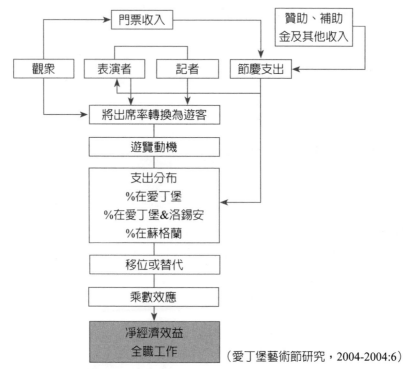

（愛丁堡藝術節研究，2004-2004:6）

圖 3.2　計算愛丁堡藝術節的經濟效益

　　淨直接支出不應包括在任何情況下都會發生的支出，例如，當地人的支出可以被視作該地區其他商品的「支出轉移」（diversions of spending）（Seaman, 2003），以及「臨時」遊客（"casual" visitors）或「時間切換者」（time switchers）[1]的支出，這些人無論有沒有活動都有可能出席。這就是為什麼在計算經濟效益的過程中要考慮「訪問動機」（"motivation for visit"）和「遷移和替代效應」（"displacement and substitution effects"），如圖 3.2 所示。

　　由於短期的藝術活動有時會有國外業者參與，因此直接效益總額可能非常大，但直接效益的淨額可能是負數。這是因為在當地的消費從本地商品轉向了國外業者，後者帶走了大部分利潤。因此，在藝術節慶或依賴於本區域以外的許多表演者和供應商的活動中，淨直接經濟效益和總直接經濟效益很可能會大相逕庭。經濟效益範圍的定義（圖 3.2 中的「支出分布」）及資料蒐集的方式也可能影響結果。下一節將討論計算淨直接效益的方法問題。

3.1.1 資料蒐集方法及抽樣

　　當參與節慶的群體在語言、旅行次數和停留時間方面存在高度差異時，遊客消費數據的蒐集方式可能會對經濟效益的計算產生巨大影響。大多數研究不是依賴隨機或分層抽樣的遊客訪談，就是依賴於透過郵件或在活動定點蒐集的自助式問卷。使用訪談的優點是抽樣更可控，數據通常更可靠、品質更好。不過，這種方法很昂貴，因此，可以透過在例如節慶表演、餐館和其他設施附近或與文化資源有關的藝術展覽、紀念品商店、

---

[1]　3.1.2節對此有解釋

工藝品市場等處發放自助式問卷進行補充。雖然增加樣本量是一種經濟有效的方法，但將兩種方法結合起來（或僅依賴一種方法）可能會產生偏誤。

　　這裡有個實例能夠說明數據蒐集方法產生的差異。兩個團隊分別使用不同的計算方法衡量南非國家藝術節的經濟效益，一組研究人員用 Antrobus 法（Antrobus method）研究多年來南非國家藝術節的經濟效益（Antrobus et al., 1996, 1997; Snowball & Antrobus, 2001, 2003; Antrobus & Snowball, 2004; Snowball & Antrobus, 2006）；另一組獨立的團隊（Saayman et al., 2005）僅在 2005 年採取了 Saayman 法（Saayman method）進行了類似研究。

　　2005 年 Saayman 的研究使用英語自助式問卷。2006 年 Antrobus 的研究（以及同一團隊過往年分的研究）結合了英語自助式問卷與配額抽樣的面對面訪談。此一配額係根據過去的研究選取，目的是防止訪員產生任何無意識的偏見。Saayman 的方法產生了一份遊客檔案，顯示 73% 的電影節觀眾是歐裔（白人）、且說英語，但 Antrobus 的結果中這類群體只占大約 64%。可能的原因為，相較英語僅作為第二語言者，兼具英語讀寫能力的群體更能填寫自助式問卷。此外，如果不同種族間收入差異大（南非正是如此），更富有的白人提交的自助問卷資料所占比例更高，那麼由此產生的遊客支出資料可能高估。2006 年的研究也證實了這點，在整個逗留期間，每組遊客的平均花費約 3,204 南非蘭特，而僅使用訪談的那組平均支出只有約 2,167 南非蘭特。因此，如果在各組參與者中，語言和財富特徵之間具有高度相關，除非使用一種以上的語言提供問卷調查，否則自助問卷資料就會出現偏誤（Bragge & Snowball, 2007）。

　　Loomis（2007）指出了兩種抽樣偏誤會導致偏高的經濟效益數據。第一種是活動性偏誤，也就是說，那些經常光顧被選中做樣本的地區（比如工藝品市集或與活動相關的其他設施）的人，更有可能被納入樣本。第二種是停留時間偏誤——也就是說，停留時間較長（因此可能花費更多）的

遊客比短期遊客更有可能被納入樣本。

　　根據所要評估的活動類型，應當調整抽樣過程以減少這些形式的偏誤。例如，使用出口處攔截面談可以減少停留時間偏誤，但可能會增加活動性偏誤（Loomis, 2007:43）。另一種方法是在多個地點對訪問者進行抽樣。例如，同一個節慶中，可以在工藝品市集、展覽和售票隊伍、藝術展覽與其他設施等不同地點進行抽樣，以盡可能地豐富樣本類型。然而，那些花費更多時間並停留更長時間的人被抽中的可能性仍然偏高。

　　Loomis（2007:43）在 Nowell 等人的理論基礎上（1988），提出建議修正停留時間和活動性偏誤的方法：分別用抽樣遊客的停留時間（以天為單位）和旅行次數的倒數作為樣本，對它們進行加權。因此，停留時間偏誤可透過以下方法來修正：

$$\mu_{LS} = N/\Sigma\ (1/LSi) \tag{1}$$

　　"μ_{LS}" 修正後的停留時間，"N" 遊客抽樣總數，"LS_i"i 遊客的停留天數。同樣的，活動性偏誤也能因此修正：

$$\mu_{Trips} = N/\Sigma\ (1/Trips_i) \tag{2}$$

　　"μ_{Trips}" 修正後的旅行次數，"$Trips_i$"i 的旅行次數（Loomis, 2007:43）

　　Loomis（2007:45）透過位於懷俄明州 Snake River 的泛舟旅行案例發現，修正後和未修正的估算值存在顯著差異：每張竹筏旅行次數（42%的高估未被修正）、旅行長度（高估 17%）。因此透過旅行長度和旅行次數相乘得到的每日遊客總數（高估 52%），修正後的累積效應使得遊客經濟效益比未修正的數字低 58%。

　　遊客所填寫的消費準確性也取決於數據的蒐集方式。例如，有研究

指出，遊客消費的數據如果在消費行為發生後不久蒐集，就會更準確。因為記憶不準確或將研究領域以外但在行程內的花費納入進去，實際消費和遊客提供數據之間過長的時間間隔可能導致偏誤（Wilton & Nickerson, 2006）。對於博物館、歌劇院和劇院等永久性旅遊景點的影響研究這類問題更為嚴峻，但偏誤不太可能出現在文化活動的研究中，因為數據通常是在遊客參觀期間所蒐集。然而，如果要求遊客提供整個行程的資料（而不是只在採訪當天的支出），就必須承認存在預測偏誤，因為研究者很可能要求遊客在行程結束前預測總支出。

南非國家藝術節觀眾消費數據蒐集

請預估您將在藝術節中花費的金額。

（Grahamstown本地居民只需計算正常月支出以外的支出。）

這些花費來自： □您自己？ □您的整個旅行團體／家庭？

□住宿：＿＿＿＿＿＿＿ □表演：＿＿＿＿＿＿＿

□飲食：＿＿＿＿＿＿＿ □購物：＿＿＿＿＿＿＿

□其他（請具體描述）

這些是多少人的花費？

（Snowball & Antrobus, 2006）

Crompton 等人（2001）認為，在住宿方面，群體支出的數據可能比個人支出更為準確。這也可能適用於團體票銷售，特別是在可以提前預訂的活動當中。然而，群體成員不太可能為所有成員提供其他支出類別（如紀念品支出和食品飲料支出），因此需要謹慎行事。解決這個問題的一種方法是讓遊客選擇填寫團體或個人消費，如上圖所示的南非國家藝術節慶研究。但是，一旦如此，就必須對填寫的數據類型（群體或個人）進行非

常仔細的記錄。

布萊克本「藝術在公園」觀眾消費數據蒐集

請估算您的整個旅行團體／家庭在「藝術在公園」中花費的金額。
（包括與參加節慶相關的所有支出，如在布萊克本的飲食等。）

項目	週六的花費 £	週日的花費 £
A. 食物（餐廳、外賣、小吃等）		
B. 飲料（無酒精飲料、酒、茶／咖啡等）		
C. 交通（公車、計程車、火車、汽油、停車費等）		
D. 禮物／紀念品（玩具、工藝品、節目冊）		
E. 其他（請具體描述）		
F. 估計一天的總花費		

請估算您的團體／家庭在布萊克本度過一個普通週末的花費。

週六	£
週日	£

（Wood, 2005:42）

最後，我們需要仔細考量支出類別的數量。如果忽略一個或多個潛在的主要類別，可能會導致對受影響地區遊客支出的低估。例如，在 2006 年南非國家藝術節的研究中，其他類別中經常填寫是交通花費。然而，這些支出中有多少實際發生在受影響的區域內卻令人懷疑。另一方面，過多的類別會導致受訪者很快地倦怠，並可能因加總和不完整的回憶而

高估總支出。對於較短的節慶，比如在蘭開夏郡布萊克本（Blackburn, Lancashire）舉行的「藝術在公園」（Art in the Park）活動（Wood, 2005），遊客可以回憶每日花費金額、消費模式和時間等有用資訊給活動主辦單位。

3.1.2 研究區域和當地觀衆

　　Crompton（1995;2006）認為，未能準確界定研究的影響範圍，可能會導致結果大相徑庭，這也是誇大經濟效益評估最常見的「惡意」過程之一。正如預期，所研究的領域愈大，系統的遺漏（leakage）就愈少，因此乘數效應和所得到的經濟效益就愈大。Crompton（2006:73）還指出，當研究領域從一個城市擴展到整個省分時，會有更多的遊客被視爲在地觀衆，而他們的大部分消費應該被排除在分析之外。

　　儘管研究人員仔細定義了研究範圍，但媒體可能會持續報導錯誤的結果。例如，2003 年南非國家藝術節的經濟效益（3,300 萬南非蘭特）被報導爲適用於整個東開普省（Eastern Cape Province），標題爲「Grahamstown 藝術節爲東開普省賺得 3,300 萬南非蘭特」（Daily Dispatch, 2003）。這完全不眞實，因爲這些數字只是針對 Grahamstown 計算，而不是整個省。省級的效益數據計算更少的遊客，但遺漏也更少，這些產生的數據也會大不相同。然而，由於東開普省政府是主要的節慶贊助商，將效益指爲適用於整個地區更具政治意義，但在經濟上卻是荒謬的！

　　由於經濟效益研究試圖衡量有、無活動兩種情況間的財務差異，因此只應納入因活動直接產生的支出（Tyrrell & Johnson, 2006）。在任何情況下都會發生的支出應該被排除在外。因此，只有研究地區以外的參與者

支出才應被納入研究，因爲當地居民的支出並不代表注入新資金，而僅僅是該地區已有資金的重新分配（Crompton, 1995）。在小城鎮，當地遊客不太可能占據節慶遊客中較高的比例，但在更大的區域地帶，當地居民的效益會相當明顯。例如，對墨爾本國際藝術節（Melbourne International Festival）（1996:13）的一項研究指出，當地遊客占藝術節遊客的 73%，共花費 314 萬美元，但卻被完全排除在研究之外，因爲即使沒有舉辦藝術節，這些支出也會發生。

使用上述規則時要注意有兩點例外：首先，那些專門留在城裡參加節慶的當地居民消費可以合法地被視爲流入該地區的新資金。人們可以透過要求當地居民填寫在正常支出之外的花費來估計這個數字。「然而，這些類型的估計並非那麼可靠，多數經濟學家建議，當地居民的所有支出都應不予考慮。」（Crompton, 1995:27）Getz（1991:303）並建議，如果該活動讓主辦社區的當地居民待在家裡，而不是把他們的錢花在社區之外，居民在當地的支出不可以被納入效益分析。另一種選擇是提供包含與不包含當地參與者額外支出的兩份經濟效益數據。

如果要將當地居民的額外支出納入效益研究，就需要在蒐集花費數據時對此做出謹愼的準備。參考第 1.1 節的兩個例子，南非國家藝術節調查要求當地居民（Grahamstown 本地人）只填報每月正常支出之外的花費；布萊克本（Blackburn）的「藝術在公園」（Art in the Park）活動（Wood, 2005:42）要求遊客「預估您的團體／家庭在布萊克本度過一個普通的週末會花多少錢」，由此就可估算出活動所帶來的額外支出。

1990-1991 年愛丁堡藝術節研究（1991:9）和阿德雷德藝術節（Adelaide Festival）研究（1990:13）是藝術效益研究的案例，透過詢問當地居民「在正常經濟活動之外的額外支出」才將數據納入研究（愛丁堡藝術節研究，1991:9）。因爲，對於像節慶這樣的短期活動，當地居民可能會選擇待在城裡，在節慶期間度假，而不是去外地消費（阿德雷德節慶

研究，1990:13）。

在 2003 年對南非國家藝術節主辦城市（Grahamstown）當地居民進行的一項住戶調查（Snowball & Antrobus, 2003）中，約 87% 的樣本填報了在藝術節的一些支出。然而，在這些人中，48% 的人聲稱他們在藝術節的花費並不比平常情況更多，52% 的人表示節慶帶來了額外的消費。為了使當地支出對該區域產生淨積極效益，必須證明存在進口替代，換句話說，本應發生在該區域以外的支出，現在作為該活動直接發生在受影響的地區的花費（Seaman, 2004）。結果顯示，對於那些有額外支出者，53% 的人原本就會把錢花在 Grahamstown，31% 的人不會花錢（而是將錢存起來），只有 15% 的人會把錢花在該地區以外。

此外，Seaman（1987:732）指出，重要的是要詢問當地的開支如何籌措。如果是來自當地銀行的儲蓄，用於當地投資或消費文化藝術的次級效益將可能縮減。換句話說，轉移地方支出的機會成本也應予以考慮。以上都證實了 Crompton 的觀點（1995; 2006），即將地方支出計入經濟效益有問題。

還有一種觀點認為（Crompton, 1995; Crompton et al., 2001; Tyrrell & Johnston, 2001），不應該把那些無論有沒有辦活動，都會花在該地區的遊客支出計入該活動的經濟效益，因為他們無論如何都會在該地區花費。Crompton（1995）將時間轉換者（time switchers）定義為可能早有計畫訪問該地區（訪問家人和朋友或體驗該地區的其他一些特色，如博物館和野生動物保護區），但將時間改期與節慶或活動重疊的人。臨時遊客（casual visitors）是指那些因為其他某種原因來到此地後，決定參加這一節慶的遊客。在這兩種情況下，不管有沒有節慶（或其他活動），這些遊客都會在該地區花錢。

另一個問題是，參訪研究地區的遊客的動機為何？主要是為了文化活動，還是將其參訪與其他原因結合。在後一種情況下，並不是所有的

支出都可以直接歸因於所討論的文化商品。例如，針對孟菲斯南方圖書節（Southern Festival of Books in Memphis）（Wallace & Honey, 2005）的經濟效益研究發現，除了參加書展，很大一部分的遊客還去了當地的其他景點，比如：格雷斯蘭（Graceland）（17.5%）、孟菲斯動物園（2.5%）、比爾大街（Beale Street）（30%）、皮博迪酒店（Peabody Hotel）（35%）等。嚴格來看，有人可能會說，來自遊客消費的收入（在這項研究中，所有收入都歸於書展）應該部分打折，因為要考慮到其他景點。另一方面，調查確實發現，85% 的外地遊客主要是為節慶而來，因此只使用這些遊客數量來計算經濟效益，而不包括當地居民的所有支出和主要不是為了節慶而來的遊客支出。

　　2004-2005 年愛丁堡藝術節的研究發現，在考慮了轉移效應（任何情況下都可能發生在受影響地區的支出）和遺漏（愛丁堡以外的支出）後，遊客總支出中可直接歸因於藝術節的比例下降到 61%。

表 3.1　影響區域、遊客數量與就業乘數

	Grahamstown	墨爾本	愛丁堡	阿德雷德
區域定義	定義較模糊：奧爾巴尼區（Albany）包括小的農業村莊，但沒有大城市。	定義明確：「墨爾本市和郊區」和「大墨爾本」區別研究。	定義明確：對幾個區域分別進行研究。	定義明確：80 公里為半徑與單獨區域影響。
是否納入當地人	排除當地人購買的門票：21% 的當地人。	排除當地人的所有支出：73% 的當地人。	包括「正常經濟活動之外」的當地人支出：100 萬英鎊。	除了「節日度假」的居民外，大多數當地人的消費都被排除在外。
是否納入「時間轉換者」與「臨時」遊客	未調查。詢問了外國人去南非的主要原因。	已調查：只有 24% 的人把節日作為拜訪的主要或唯一原因。	未調查。	已調查：51.4% 的遊客的來訪主因是參加節日。「延長停留時間」也算在內。
就業乘數	除了活動辦理者外，沒有其他固定的工作。	沒有固定工作。	有 1,300 個全職工作。可能存在誇大。	未創造就業機會。

（Snowball & Antrobus, 2002:1305）

　　從四個藝術節（Snowball & Antrobus, 2002）進行的經濟效益研究比較可看出，研究領域的定義相當明確，但在四個研究中，只有兩個研究完全排除了當地支出，或考量了時間轉換者和臨時遊客（見表 3.1）。儘管這些都是重要的考量因素，但在開放場地的免費演出活動，如何確認遊客數量可能是一個更關鍵、棘手的問題。

3.1.3 確定遊客數量

　　對淨經濟效益的最佳估算，基本上取決於遊客人數計算的準確性，因爲一旦確定了遊客的消費金額，就會用其乘以估計的遊客人數。然而，鮮少有人說明這一數字如何獲得。Crompton 等人（2001）討論了 Springfest（在 Ocean City 舉辦的爲期 4 天的年度文化節慶）案例，他們在不同的訪問點使用每小時和每兩小時的計數方法來估算遊客數量。Wilton 和 Nickerson（2006）使用高速公路入口點（交通流量）和機場的計數來估計遊客數量——這是一種非常有用的方法，尤其是計算長期賽事或永久旅遊景點的效益。航拍照片的估計也可用於估算主要在室外舉行的活動。

　　南非國家藝術節研究（Antrobus et al., 1996; 1997）採取了兩種方法計算遊客人數，這兩種方法依賴準確的門票銷售資料和至少一種住宿類型的準確資料。第一種方法（「票務銷售法」）是蒐集每個被調查的遊客在整個節慶中平均參加購票活動的數字。這個平均數字也包含沒有出席任何購票演出的藝術節遊客，他們主要在工藝品市集購物和／或參加免費演出、街頭劇院和藝術展覽。用門票銷售總量除以參加購票活動的平均數，再排除本地居民，即遊客總數（1996 年爲 21,662 人，1997 年爲 20,700 人）。

　　第二種方法（「住宿法」）透過問卷來確認使用大學宿舍的遊客比例和遊客的平均住宿天數。羅德斯大學（Rhodes University）提供了節慶期間售出的床位數資料，並除以平均停留時間，得出了使用大學宿舍的遊客人數。由於這類遊客的百分比已從遊客問卷得知，因此可以計算出遊客總數（不包括當地居民和日間遊客）（1996 年為 25,808 人，1997 年為 19,822 人）。在 1996 年和 1997 年的調查中，使用這兩種方法得到對比結果。這兩種方法的缺點在於，它們都嚴重依賴從人群中抽取具有代表性的節慶遊客樣本，以避免誇大或低估重要資料，比如出席的演出數量和停留時間。

　　Wilton 和 Nickerson（2006）也指出 1.1 節中討論的停留時間偏誤是一個問題。短期遊客除了被訪談到的可能性較低之外，因為他們的行程通常比長期遊客更為匆忙，也不太可能願意填寫問卷（Antrobus et al., 1997）。除了直接影響消費數據和經濟效益，這種偏誤還會影響遊客數量的計算。1998 年南非國家藝術節的研究（Antrobus & Snowball, 1998）就採用了「60 秒訪談」的方式，對日間和短期遊客的資料進行了特別的蒐集法，因為調查面訪只占用訪問者一分鐘的時間，即使是那些只待一兩天的遊客也願意提供協助。

表 3.2　南非藝術節數據蒐集與遊客人數

分類	1996	1997	2003	2004	2006
方法（訪談與自助填答比例）	84	42	100	41	74
每人平均觀看多少場演出	5.2	6	4.9	6	9
售出門票數量	184,761	157,380	95,913	104,617	111,776
本地受訪者占比	20	21	33	17	7.5
遊客數（* 不包含當地居民）	25,000* (31,250)	20,000* (25,300)	20,000	20,000 (16,600*)	20,700 (17,000*)

此次接受調查的人中，12.6% 是當日來回的遊客。1998 年的藝術節研究中也使用了較長的自助填答問卷，但在這些受訪者中，只有 5.6% 是當日來回的遊客。平均停留時間對計算遊客人數，以及由此計算的經濟效益研究有很大影響。特別是資料蒐集的方法（自助問卷還是訪談）和問卷的長度都可能會有重要的影響。一般來說，如果只使用自助問卷且問卷很長，使用門票銷售和住宿方法所計算的遊客人數可能會低估。2003 年和 2004 年的研究使用了門票銷售方法來計算遊客人數，並結合節慶主辦單位的計數方法（特別是在免費活動和街頭表演中），試圖彌補這一可能的低估（見表 3.2）。

如前所述，多年來有一組研究小組採用 Antrobus 的方法計算南非國家藝術節的經濟效益，後來另一獨立的小組採用 Saayman 的方法計算 2005 年該節慶的效益。不出所料，結果截然不同：2004 年 Antrobus 方法的估算值為 3,850 萬南非蘭特（約 400 萬歐元），而 2005 年 Saayman 方法的估算值為 5,350 萬南非蘭特（約 550 萬歐元）。仔細檢查結果後發現，Antrobus 方法是根據大約 20,700 名遊客的估計，而 Saayman 法則估計有 7 萬名遊客。目前尚不清楚 Saayman 的方法是如何計算遊客的人數，但鑑於 2005 年可靠的門票銷售數據，他們的資料意味著在平均停留 4.5 天的節慶期間，每位遊客參與購票活動平均不足 2 場，這似乎與之前的研究（Bragge & Snowball, 2007）得出的參與資料大相徑庭。

表 3.2 中另一個有趣的點是，當 2006 年引入降低當地居民數量的研究時，當地居民的比例從平均 20% 左右下降到 7.5%。然而，從不包括當地居民的遊客數量可以看出，2004 年至 2006 年間，使用門票銷售和住宿方式計算的外來遊客數量大致保持不變。

即使是非常可靠的遊客數量計算和解釋也遠非顯而易見。Crompton（1999）指出，任何經濟效益研究中最具爭議的就是遊客數量的計算，因為每位遊客的平均消費金額乘以遊客數量，就能確定該活動的第一輪或直

接經濟效益。然而,統計遊客數量的重要性還有另一個原因,在近年來各式文化活動紛紛湧現導致競爭愈加激烈下,巨大的遊客量可以提升節慶的聲望。

宣稱較多的遊客參與顯然符合主辦單位的利益,因此,遊客人數的計算往往基於某種主觀的想法。所以我們需要在實際遊客人數和遊客人次之間進行區分,因為遊客人數一詞並不像它聽起來的那麼明確。這樣的混亂可能會導致各方相互指責和不信任:如果一個明顯規模較小的活動使用人次來計數,就有可能得到一個比使用人數計數的大型活動更大的數據(Snowball, 2004)。

造成這種混亂的原因在於遊客於每個活動所花時間長短不一。例如,靠近大城市的節慶就比位於偏遠地區的節慶更有可能吸引當日來回的遊客和短期遊客。2003 年南非國家藝術節的平均遊客停留時間為 6 天左右,共有 2 萬名遊客(使用門票銷售和統計方法)。然而,這個數字指的是人數,那麼遊客人次(即還包括重複出現的遊客在內的總人數)實際上約為 12.1 萬。當然,後面的數字顯然更容易被主辦單位接受,也更能瞭解活動的規模,因為它考慮了舉辦地點的特徵,使與其他活動的比較更有意義。雖然距離大城市較近的節慶可能因此聲稱有更多不同的遊客參加,但對當天來回遊客的比較最能說明問題。然而,必須強調的是,呈現方式對經濟效益沒有任何影響,但是(如 Lommis 在 2007 年所指出),短期停留遊客和長期停留遊客的支出模式可能有所不同,這也將體現在最終的效益數據中。

3.1.4 生產商、贊助商、供應商及媒體

Tyrrell 和 Johnston（2001）認為，除了計算遊客或觀眾的消費外，還應該納入生產商、贊助商、供應商和媒體在影響區域的消費。然而，他們也指出，為了避免重複計算，如果要採用這種方法，還需要跟蹤支出的來源、起點、目的和原因。

也就是說，經濟效益研究還應包括生產者調查——包括當地商人與表演者——以便充分瞭解活動的經濟效益。南非國家藝術節對當地企業進行的一項調查顯示，用於當地居民工資、材料、場地費、電費、燃料和生活費用（如住宿、食品和一般消費者支出）的支出增加了 230 萬南非蘭特。在 1996 年的藝術節期間，來訪的商人在 Grahamstown 花費約 3,800 萬南非蘭特，而在 1997 年，來訪的表演者花費約 130 萬南非蘭特，主要用於為演員及其家人提供食宿。然而，正如 Tyrrell 和 Johnston（2001）所指出的，計算生產商的支出以及全部贊助價值（通常用於支付主節目的藝術製作成本）可能導致重複計算（Antrobus et al., 1997a）。

1996 年（Antrobus et al., 1997）和 2003 年（Snowball & Antrobus, 2003）的南非國家藝術節也對當地企業進行了調查。儘管時間間隔很長，但兩次商業調查的結果非常相似。在這兩種情況下，提供食品和飲料、服務（旅行社、銀行）或與節慶活動有關的商品（攝影、花店、藥局）的當地企業在節慶期間的月收入都有顯著增加。調查還發現，對於五金店、建築承包商和媒體（包括印刷服務）的業務在節慶開始前有顯著增加，因為家庭和生產商都在為節慶做準備。2003 年的調查還有一項有趣的發現，那些月收入沒有變化的企業承認，由於這一節慶是在羅德斯大學的假期間舉行，所以如果沒有這個節慶，其收入就會下降。換句話說，淡季舉辦的節慶，可能在緩和當地企業的淡季週期發揮著重要作用。

　　另一種觀察遊客消費對當地經濟效益的方法是，考量爲遊客提供服務的企業間的前後關聯。Cai 等人（2006）使用 Leontief 和 Ghosh 供給導向乘數編製了夏威夷旅遊業的關聯指數。雖然旅遊生產和非旅遊生產的向後關聯乘數相同，但向前關聯存在一些有趣的差異。除了專門供應旅遊的行業，如酒店和航空運輸，其他旅遊行業向前關聯往往比非旅遊業消費更大（Cai et al., 2006:43）。換句話說，旅遊相關銷售可能比非旅遊銷售對經濟活動更有益且更重要，這也可以作爲評價旅遊活動的一個考慮因素。

　　然而，在大多數節慶中，賺錢的機會並不僅局限於當地商人，外地商家的存在可能會對當地商家產生負面影響。Seaman（1987）強烈認爲，某種程度上，外地前來的商家是當地商店的競爭對手，這些活動的收入應被視爲當地社區收入的替代品，從而在計算經濟效益時從第一輪開支中減去。

　　我們認爲，南非國家藝術節外地來訪的商家增加了某些行業的競爭（特別是服裝零售商之間的競爭），並造成交通堵塞以及擁擠人潮，致使當地的老顧客不願出門購物。如果你接受 Crompton 等人（2001）的觀點，即市政在活動上的支出預計爲當地納稅人帶來財務回報，那麼你就能理解當地企業對於外地商家的不滿之情，這些商家爲活動支付很少或根本沒有支付稅金，但卻從中獲益，在某些情況下還直接與當地企業進行競爭。

　　媒體報導的價值，特別是長期而言，也可能對影響區域產生重大效益。南非國家藝術節中，媒體對藝術節價值的報導（包括報紙、雜誌、線上文章、廣播和電視）在穩步成長，從 2002 年的約 3,800 萬南非蘭特（380 萬歐元）增至 2004 年的近 8,000 萬南非蘭特（800 萬歐元）。因此，我們可以認爲，額外的宣傳對當地企業、私立學校、大學、房地產仲介、周邊地區的動物保護區飯店等相關行業產生了重大效益。這些效益屬於Seaman（2003）提到的生產和經濟發展的長期增長範疇，通常不被估算在短期經濟效益研究中。

3.1.5 供應限制和其他成本

除了在需求端的誤差之外，Seaman（2004）指出，很少（如果有的話）有文化經濟效益研究提到供給方面的限制。他認為，如果前來參加活動的遊客取代或排擠掉本來可能來訪的遊客，那麼並不是所有遊客支出都可以算作收益，原因在於如果這項活動不存在，其他遊客也將在研究區域內消費。

實際上，一項關於美國查爾斯頓的斯波萊托節（Spoleto Festival）效益研究發現，斯波萊托節對當地飯店業產生了負面影響（Litvin & Fetter, 2006）。研究者比較了節慶期間與節慶期間以外的飯店入住率和每日飯店價格。儘管這個節慶相當長（17天）、吸引了大量的觀眾，但他們發現，平均而言查爾斯頓的飯店在節慶期間的客流量低於節慶前和節慶後，而且飯店價格也沒有提高。他們的結論是，這個節慶並沒有吸引額外的需求，反而流失掉許多遊客。

Blackburn 的研究還考慮到可能造成的損失。因為那些在非節慶期間會在當地的人，在購物行程中的消費可能比在節慶期間要多。然而，這種差異不會太大，因為 92% 的受訪者回饋說他們節慶節期間通常不會待在該地區（Wood, 1995:46）。

城鎮中確實存在供應限制，特別是住宿方面，但 Seaman（2004）也給出某些情況下供應限制不適用的原因。首先，如果節慶的時間安排是每年一次，而且廣告宣傳得很好，那麼幾乎可以肯定，非節慶旅遊者可以很容易地重新安排他們的行程。事實上，有些活動專門安排在淡季，以充分利用此時的遊客容納能力。第二，可能會出現一些（相當）少量的遊客轉移，但這部分收入可以用額外的本地支出抵消，如果不是當前的節慶，這些支出恐怕會向外地流入。此外，即使有一些因為節慶而放棄來訪的遊

客，那些來訪的人可能比放棄的人消費得更多。最後一點，該鎮也可能有足夠的容納能力來同時滿足這兩個群體的需求。

　　Crompton（1995; 2006）認為，經濟效益分析還應考慮到針對該活動的公共或私人支出的機會成本以及活動可能產生的任何負面衝擊。他指出，地方政府在這項活動上的支出不應算作該地區注入的新資金，因為這些資金是以稅收的形式從當地居民獲得，即最初的投資（Crompton et al., 2001）。同理，來自該地區以外的公共資金才能算作新的資金（因此包括在經濟效益中），若非如此，這些資金不會投入到該地區。

表 3.3　布萊克本「藝術在公園」項目的效益與問題

效益	問題
本地居民	
資金流入	人群
新增遊客	陌生人
與家人同樂的機會	交通
布萊克本更積極的形象	停車
社區更加團結	街道安全
自豪、驕傲感	垃圾
感受新體驗的機會	故意破壞行為
有所期待	其他犯罪行為
對當地的投資	
本地企業	
資金流入	需求業務無法滿足
新增遊客	交通堵塞
布萊克本更積極的形象	停車問題
社區更加團結	垃圾
自豪、驕傲感	故意破壞行為

（續下表）

更多的新顧客	其他犯罪行為
外地顧客	推遲常客
企業知名度提升	
對當地的投資	
社區團體	
社區發展	資助
布萊克本更積極的形象	交通堵塞
社區更加團結	停車問題
自豪、驕傲感	垃圾
對機構的有力宣傳	故意破壞行為
為機構提供資助	其他犯罪行為
更多的參與機構	參與成本
機構知名度提升	
對當地的投資	
有所期待	

（Wood, 2005:43）

　　在討論體育設施的經濟效益時，Johnson 和 Sack（1986:376）一致認為，應當提出一個問題：如果網球館沒有建成，那麼對於一個更具直接經濟效益的項目，政府是否可以提供類似甚至更多的支持？儘管他們承認這個問題可能無法回答，但在他們的研究中，受訪者認同該市的一些政治資本被用於為該項目遊說政府資金。而兩位研究者認為，這部分開銷應被計入成本（Johnson & Sack, 1996:376）。

　　對於藝術活動而言，公共資金可能在整體的經濟效益中占相當小的比例；但對整個文化部門和非營利藝術組織的研究顯示，大部分營運預算來自政府。例如，在一項關於佛羅里達藝術和文化產業的經濟效益研究中發現，預收收入占這些組織總收入的 51%。在總收入中，聯邦、州和地方政府撥款占了近 19%。因此，一個很重要的問題是這些款項還能用於哪

些用途，特別是來自地方和國家的撥款，是否會因為其他原因投入在本地區。

　　總效益數據往往沒有去除節慶所在社區的支出，比如地方政府增加警力、清運垃圾等開銷。一項理想的研究應當將各式各樣的成本或負面影響考慮進來，如基礎設施面臨的考驗、交通問題、市中心的過度擁擠、犯罪率增加、給當地居民帶來的不便（如停車位不足、人群擁擠、噪音和垃圾、對當地商業的競爭加劇、本地店家對外來商家的敵對情緒）（Antrobus et al., 1997; Wood, 2005；見表 3.3）。另一個可能的機會成本是「節慶難民」──那些在節慶期間刻意離開城鎮以避免不便的當地居民。不過在某些情況下，這些居民出讓房子給節慶遊客以獲取收益，所以鎮上的「難民」在節慶期間減少的支出可能並不重要。

　　雖然長期的貨幣價值、非市場價值、機會成本往往難以準確估量，但至少可以在經濟效益研究中以質性的方式納入這些價值，這有助於進一步提醒讀者注意經濟效益數據的片面性。

3.2 間接效益

　　除直接效益之外，向一個地區投入新的資金還會產生間接效益，這是在影響區域內連續幾輪支出的結果，即乘數效應。我們將第二輪或間接支出加入到直接支出的估計值中，從而計算總經濟效益。下一節將討論乘數的使用，包括就業乘數的重要性。

　　一旦確定了遊客人數和支出，並計算出直接效益，就必須要確定乘數大小，以便計算間接效益。乘數的大小，以及連續幾輪支出的影響，取決於經濟「遺漏」值。遺漏指的是本地獲得營收的人，在當地經濟與儲蓄之外，花在外地的支出。遺漏值（以及由此得出的乘數大小）由該地區的進口水準決定，這取決於主辦城市的大小和性質。例如，為研究南非國家藝術節經濟效益，2003 年學者們進行了一項商業調查（Snowball & Antrobus, 2003）。Grahamstown 是一個幾乎沒有製造業的小鎮，研究者透過問卷調查確定 Grahamstown 出售的商品在多大程度上來自外地。調查發現，存貨中平均 87% 是從該省的其他大城市購買。這一結果顯示，即使當地居民將節慶收入用於本地消費，在第二輪支出中該地區的經濟遺漏值將會很高。

　　Crompton（1995:29）指出，「從其他社區的類似研究中獲得經濟效益評估的乘數結果且加以應用並不可取，因為社區內商業之間關係的組合結構不同，因此關聯和遺漏值也會不同。」Seaman（2003）也重申了這點，但根據第一項原則計算乘數既費時又昂貴，許多研究的趨勢似乎正是如此：使用該區域或其他活動推導的乘數，或僅僅使用估計值。然而，一些國家已經開發了區域投入產出模型，如美國經濟分析局開發的 Minnesota IMPLAN Group 和 RIMS II，它們可以根據具體地區進行調整，以計算間接影響。

　　估計乘數大小的方法之一是使用後設分析中的一般規則。在區域乘數的決定因素領域中存在大量的文獻，幸運的是，文獻結論大多一致。一個非常重要的因素是所涉區域的大小及其位置。一些研究（Shahidsaless et al., 1983; Baaijens & Nijkamp, 2000; Greenberg et al., 2002）發現，乘數的大小與該地區的人口規模和面積呈正相關。Shahidsaless 等人（1983）利用著名的中地理論（Central Place Theory）展開進一步論證，他們發現一個地區的邊際進口傾向與到另一個更大的市場的距離呈負相關。因此，研究區域愈接近較大的市場，它就愈有可能依賴於該市場的商品和服務，遺漏值就愈大，乘數相應愈小。Greenberg 等人（2002）也發現，規模較小的農村城鎮創造向後和向前關聯的機會更少，因此乘數規模也減小。

表 3.4　粗糙集分析模型中的變量

地理變項	
人口規模（POP）	1. <10,000 2. 10,000 – 100,000 3. 100,000 – 200,000 4. 200,000 – 1,000,000 5. 1,000,000 – 5,000,000 6. 尚無可用訊息
地表面積（km^2）（SUR）	1. <500（極小 =VS） 2. 500 – 10,000（小 =S） 3. 10,000 – 100,000（中等 = M） 4. >100,000（大 = L）
區域地理特徵（GEO）	1. 島嶼 2. 群島 3. 國家（不包括島） 4. 地區（不包括島）
政治自治（POA）	1. 獨立 (1) 2. 非獨立（N1）
遊客變項	
到訪遊客數（TOA）	1. <10,000 (S) 2. 10,000 – 700,000 (M) 3. >700,000 (L)

（續下表）

來自最重要原籍國的入境人數占「最大國家市占」入境人數的比例（LCS）	1.<45% (S) 2. 45-75% (M) 3. >75% (L) 4. 尚無可用訊息
旅遊吸引力類型（ATR）	1.「陽光、沙灘和海灘假日」 2. 自然與文化假日（NC） 3.「混合假日」，即「陽光、沙灘和海灘假日」以及自然與文化假日（MI）
決策變項	
遊客平均收入乘數（TIM）	1. <=0.5 (S) 2. 0.5 – 1.0 (M) 3. 1.0 – 1.5 (L) 4. >1.5（極大 =VL）

（Baaijens & Nijkamp, 1997:843）

　　Baaijens 和 Nijkamp（2000）對來自不同國家的 11 項經濟效益研究進行了非常有用的分析，並開發了一個「粗糙集分析模型」（rough-set analysis model）。如表 3.4 所示，它們提供了一種基於地理變數（人口規模、影響區域的面積、該區域的地理特徵和政治自治）以及旅遊變數（遊客數量、遊客來源和旅遊類型）來估算區域或節慶乘數的方法。例如，一個人口在 2 萬至 15 萬之間的小區域（小於 500 平方公里）的乘數可能小於 0.5，除非該區域以外有非常大的人口流入（1 萬至 7 萬）。

表 3.5　四大藝術節乘數值的確定

節慶	年分	乘數決定系數	直接影響	間接影響	隱含乘數值[2]
南非國家藝術節	1996	「遺漏系數為 0, 6」（1997a:15）	R25.9 百萬	R4 百萬	0.18

（續下表）

---

[2]　除南非國家藝術節之外，任何藝術節報告中都沒有提供實際的乘數值。因此，上述值是透過推論（比較直接和間接收入）所獲得，可能存在誤差或過於簡化。但對其進行粗略比較還是很有趣。

愛丁堡藝術節	1990 1991	由休閒研究服務機構（Leisure Research Services）開展，並未探討「乘數」計算	43.9 百萬英鎊（愛丁堡和洛錫安）	9.2 百萬英鎊（愛丁堡和洛錫安）	0.22
	1996	蘇格蘭旅遊乘數研究（1996:6）	122 百萬英鎊（愛丁堡）	30 百萬英鎊	0.24
阿德雷德藝術節	1990	南澳大利亞研究中心指出的投入產出乘數（1998）	8.8 百萬澳幣（南澳大利亞）	10 百萬澳幣（南澳大利亞）	1.15
墨爾本藝術節	1995	1992 年阿德雷德一級方程式大獎賽的衍生乘數已用於對 1995 年 MIFA 進行正式經濟評估（1996:25）	18.37 百萬澳幣	20.11 百萬澳幣	1.1

（Snowball & Antrobus, 2002:1305）

　　第二種乘數估計方法是檢示類似研究的乘數大小。例如，比較其他藝術節使用的乘數，並考量乘數的來源（基於何種類型的研究），影響區域的大小和活動的不同性質可以提供一個有用的出發點。表 3.5 就示範了這樣的比較，至少可以為其他研究提供上下界限。此類型研究的複雜之處在於，乘數及其來源往往沒有在經濟效益研究報告中明確討論，尤其是在使用銷售乘數和就業乘數的情況下，它們容易被誤解和誇大（Crompton, 2006）。

　　Crompton 等人（2001:81）認為，銷售乘數，即遊客額外消費對經濟活動的影響，實際上並不是衡量經濟效益的一個非常有用的指標，而應該使用個人收入乘數，因為「它使居民獲得的經濟效益與他們投資的成本相關」。考慮到當地企業遺漏程度，銷售方面的營業額不太可能與收入增長密切相關。但是，由於該節慶被調查者往往不願意提供準確的數字，導致家庭和企業收入變化的具體資料很難蒐集，因此在沒有現有投入產出模型的情況下，很難估計收入乘數。

表 3.6　愛丁堡藝術節 2004-2005 年乘數

	愛丁堡		洛錫安		蘇格蘭	
	支出	收入	支出	收入	支出	收入
住宿	1.52	0.33	1.53	0.35	1.74	0.51
餐飲	1.70	0.42	1.71	0.45	1.94	0.52
娛樂	1.55	0.50	1.56	0.53	1.78	0.67
購物	1.54	0.33	1.56	0.35	1.93	0.34
交通	1.39	0.31	1.40	0.33	1.53	0.36

（愛丁堡藝術節經濟影響研究，2005:10）

　　還有一些設計更為精確的研究提供了銷售和收入乘數。例如，2004-2005 年愛丁堡節研究非常全面，它採用了蘇格蘭旅遊乘數研究（Scottish Tourism Multiplier Study, 1991）提出的乘數，該研究為各個部門（住宿、食品和飲料、娛樂、購物和交通）提供了銷售（產出）乘數和收入乘數。從表 3.6 中可以看出，不同部門的乘數不同，但一般來說，收入乘數要比產出乘數小得多（考慮到影響地區的各種遺漏值）。此外，隨著影響區域面積的增加，乘數的大小也會增加，這在預期之內，因為較大的面積通常遺漏值較少。

　　就業乘數顯示了有多少全職工作機會是由該活動節慶所創造。然而，正如 Crompton（1995:22）和 Crompton 等人（2001）所指出，就業乘數最不可靠，因為它假設所有現有的員工都得到了充分利用，因此外部遊客支出的增加將不可避免地導致就業水準的提高。事實上像節慶這樣一年一次的活動，不太可能創造出很多新的就業機會。相反地，現有員工會加班，或者在活動期間雇傭臨時性的短期幫手。一個有趣的觀點是，其他評論者似乎沒有考慮到，並不是所有創造的工作都一定會由來自受影響地區的民眾來填補。例如，1996 年南非國家藝術節的研究發現，在外來商家創造的 387 個臨時工作機會中，只有 36% 是本地人（Antrobus et al.,

1996:15）。這基本上是由於當地失業居民缺乏技術技能，所以藝術家和商家會帶自己的工作人員前來。

Skinner（2006）認為，要確定活動是否吸引了外地遊客，從而創造了額外就業機會的唯一真正可靠的方法，是對該地區進行事後研究。Skinner 利用時間序列分析法，圍繞密西西比州傑克森市的三個高知名度藝術展是否對地區收入有效益進行研究。衡量經濟增長的指標是就業資料的變化。考慮到季節性變化和商業週期，Skinner（2006:123）發現，在這三個展覽中，至少有兩個展覽的經濟效益研究（721 個工作機會）的預計就業機會，與過濾時間序列模型的創造 699 個就業機會預測幾乎沒有區別。研究結果顯示，至少在某些情況下，就業乘數可以提供有關文化活動創造就業潛力的可靠資訊。

當我們討論永久性文化商品時，如哥倫比亞藝術博物館（CMA），使用效益數據來計算工作機會的增加就更為可行。例如，CMA 直接從營運中創造了 61 個工作機會，間接從遊客支出中創造了 98 個工作機會（Miley Gallo and Associates, 2006）。由於 CMA 全年都在運作，直接創造的就業機會很大程度是穩定的，而旅遊業是季節性的，間接創造的就業機會很可能言過其實。與短期節慶研究一樣，可能只是以現有的工作人員來服務臨時湧入的遊客，而不是創造新的工作。

3.3 總體經濟效益

　　節慶的總經濟效益可以很簡單地透過相加淨直接和間接效益數字來計算。正如前面的討論所指出，該方法本身並不複雜，但是最後計算中使用的淨直接和間接數據的基本假設至關重要。

　　表 3.7 為南非國家藝術節歷年經濟效益的計算結果。雖然這項研究不是很複雜（只使用了一個乘數，由於沒有資料，而根據過去的研究假設了立即流出的規模），但它確實有助於說明計算的機制，並提供趨勢的概念。遊客總支出（A 行）是用每位遊客的平均開支乘以估計的遊客人數所得到。這個數字只包括當地居民的額外支出。研究人員發現時間轉換者（time switchers）和臨時遊客（casuals）的數量非常小──考慮到主辦城市相對偏遠和面積較小，這也是意料之中。當地供應商的「擠出效應」（crowding out）和「節慶難民」（festival refugees）的潛在消極影響沒有被包括在內，但預計影響不大。

　　除此之外，還包括了當地組織獲得的贊助（如果沒有藝術節，則不會投入該地區的資金）和在 Village Green 手工藝市集上獲得的租金收入。在 C 行，根據 1996 年的資料（生產商調查）可推斷出直接流出（非本地商人和表演者的收入）的估計值，該資料顯示流出約占遊客總消費的30%。D 行是淨直接效益，E 行是間接效益，計算方法是直接效益乘以估計的乘數。

表 3.7　南非藝術節經濟影響計算

類別（所有數字以百萬蘭特計）	1996	1997	2003	2004	2006
A. 遊客總支出	25.9	23.5	27	30	33.6
B. 贊助及手工藝品市場	1.5	1.5	13	13	13

（續下表）

C. 立即流出（30% of A + B）	7.6	7	12	13	14
D. 淨直接效益（A + B – C）	19.8	15	28	30	32.6
E. 間接效益（D x 0.18）	3.4	2.7	5	5.5	5.9
F. 總經濟效益	23.3	17.7	33	35.5	38.5
2000 年價格的總效益（蘭特）[3]	30	21	27	28.6	25.5

　　雖然不似理想中那樣精確，但隨著時間的推移，效益數據的確可以提供節慶演變的有用資訊，以及財務價值所包含的意義。上表值得注意的是，1996 年至 1997 年的機票銷售、旅客人數及實際經濟效益均下降，而2003 年及 2006 年的數字則復甦緩慢。然而，1996 年的票房水準（184,761張）並沒有再次出現，2003 年和 2004 年徘徊在 10 萬張左右，但呈現上升趨勢。實際經濟效益也是如此（以 2000 年價格計算），現在又開始接近 1996 年的水準。

　　下降的主要原因是南非出現了許多其他藝術節，目前最大的競爭對手是克萊因卡魯國家藝術節（Klein Karoo Nationale Kunstefees, KKNK）和創立於 1998 年的阿德羅普藝術節（Aardklop Arts Festival）。KKNK 創立於 1995 年，主要針對南非荷蘭語的觀眾。這種下降一定程度上也是由於新南非的言論自由。在種族隔離時期，國家藝術節發揮了非常重要的作用，成爲政治和社會抗議的一個發洩管道。一旦選舉如期舉行，新南非蒸蒸日上，它的作用必然要改變，票房的下降和經濟效益也反映了這一時期的不確定性（Snowball & Webb, 2007）。因此，該節慶近年來的穩定和增長，可能顯示即使面對來自其他節慶的日益激烈的競爭，這一情形正在改善，顯示它也在新的民主制度中找到自己的位置。

---

[3] 使用南非統計局的消費者價格指數。

3.4 結論

　　經過深思熟慮設計的經濟效益研究可以產生可信的結論，這是評估文化活動或資源的有效方法。然而，歪曲事實的可能也很大，因此研究的每一個階段都應謹慎。雖然經濟效益資料在促進公衆和私人對藝術的支持方面有幫助，但這也取決於它們是否可信，尤其是在較爲長期或與其他旅遊活動比較的情況下。

　　很多時候，要求經濟學家們提出一個正確的巨大經濟效益數據很難，特別是如果這項研究是由活動主辦單位或贊助商所委託進行時。因此提出其他評估文化資源的方法將會很有幫助。最流行的方法是條件評估研究，或願付價格研究，我們將在下一章討論。

參考文獻

Adelaide Festival Study, McDonald, S. (1990) *The Adelaide Festival: the economic impact.* Centre for South Australian economic studies: University of Adelaide, Adelaide.

Antrobus, G., Williams, V., Fryer, D., Khumalo, B., Streak, J. & Webb, A., (1996) *The economic impact of the 1996 Standard Bank National Arts Festival.* Department of Economics, Rhodes University: Grahamstown.

Antrobus, G., Webb, A. and Mather, D. (1997) *The economic impact of the 1997 Standard Bank National Arts Festival.* Department of Economics, Rhodes University: Grahamstown.

Antrobus, G. and Snowball, J. (2004) *National Arts Festival 2004: Festino Survey.* Department of Economics, Rhodes University: Grahamstown.

Baaijens, S. and Nijkamp, P. (2000) Meta-analytic methods for comparative and exploratory policy research: An application to the assessment of regional tourist multipliers. *Journal of Policy Modeling* 22,7:821-858.

Bragge, B. and Snowball, J. (2007) *Why arts proponents love economic impact studies and economists hate them.* Paper submitted to AIMAC Cultural Policy conference, Valencia, Spain.

Cai, J., Leung, P. and Mak, J. (2006) Tourism's forward and backward linkages. *Journal of Travel Research* 45:36-52.

Cap Gemini Ernst & Young; Milward Brown Ulster (2005) *Study of the economic and social impact of subsidised theatre in Northern Ireland.* [On line] Available: http:/// www.artscouncilni.org/departs/all/reports/research/subsidised%20t heatre.pdf [Accessed 11/05/07].

Crompton, J., Lee, S. and Schuster, T. (2001) A guide for undertaking economic impact studies: The Springfest example. *Journal of Travel Research* 40:79-87.

Crompton, J. (1995) Economic impact analysis of sports facilities and events: Eleven sources of misapplication. *Journal of Sports Management* 9:14-35.

Crompton, J. (2006) Economic impact studies: Instruments for political shenanigans? *Journal of Travel Research* 45:67-82.

Edinburgh Festivals Study (1991) Final Report: Edinburgh festivals study 1990/91. Scottish Tourist Board: Edinburgh.

Edinburgh's Year Round Festivals, 2004-2005 Economic Impact Study (2005). SQW Economic Development Consultants and TNS Travel and Tourism: Edinburgh.

Getz, D. (1991), Festivals, *Special Events and Tourism*, Van Nostrand Reinhold, New York, NY.

Greenberg, M., Lewis, D., Frisch, M., Lowrie, K., and Mayer, H. (2002) The US department of energy's regional economic legacy: special dimensions of a half century of dependency. Socio-economic *Planning Sciences* 36:109-125.

Johnson, A. and Sack, A. (1996) Assessing the value of sports facilities: the importance of non-economic factors. *Economic Development Quarterly* 10,4:369-382.

Litvin, S. and Fetter, E. (2006) Can a festival be too successful? A review of Spoleto, USA. *International Journal of Contemporary Hospitality Management* 18,1:41-49.

Loomis, J. (2007) Correcting for on-site visitor sampling bias when estimating the regional economic effects of tourism. *Tourism economics* 12,1:41-47.

Melbourne International Festival of the Arts (1994) A report on the economic and social impacts. Ernst and Young, Melbourne.

Melbourne International Festival of the Arts (1996) Evaluation of attendance and economic impact. Commissioned by the City of Melbourne and MIFA: Melbourne.

Miley Gallo and Associates (2006) *The economic impact of the Columbia Museum of Art on the city of Columbia*. [On line] Available: http://www.colmusart.org/assets/files/ecoimpact.pdf [Accessed 15/05/07].

Saayman, M., Slabbert, E. and Saayman, A. (2005) *The economic impact and profile of visitors to the Grahamstown National Arts Festival 2005*. Institute for Tourism and Leisure Studies, North-West University, Potchefstroom.

Seaman, B. (1987) Arts impact studies: A fashionable excess. Towse, R. (Ed) *1997 Cultural economics: the arts, the heritage and the media industries* Vol. 2 Edward Elgar: Cheltenham.

Seaman, B. (2003b) *The economic impact of the arts in Handbook of Cultural Economics*. Towse, R. (Ed) Edward Elgar.

Seaman, B. (2004) *The supply constraint problem in economic impact analysis: An arts/sports disparity*. Presented at Lasting effects: assessing the future of economic impact analysis conference, New York.

Shahidsaless, S., Gillis, W. and Shaffer, R. (1983) Community characteristics and employment multipliers in non-metropolitan counties, 1950-1970. *Land Economics* 59,1: 84-93.

Skinner, S. (2006) Estimating the real growth effects of blockbuster art exhibits: A time series approach. *Journal of Cultural Economics* 30:109-125.

Snowball, J. and Antrobus, G. (2001) *Consumer Research: A survey of visitors at the 2001 National Arts Festival*, Grahamstown. Department of Economics, Rhodes University: Grahamstown.

Snowball, J. and Antrobus, G. (2003) *Economic valuation of the 2003 Grahamstown National Arts Festival: economic impact*, business and household surveys. Department of Economics, Rhodes University: Grahamstown.

Snowball, J. and Antrobus, G. (2002) Valuing the arts: Pitfall in economic impact studies of arts Festivals. *South African Journal of Economics* 70,8:1297-1319.

Snowball, J. and Antrobus, G. (2006) *National Arts Festival 2006 Festino Survey*. Department of Economics, Rhodes University: Grahamstown.

Tyrrell, T. and Johnston, R. (2001) A framework for assessing direct economic impacts of tourist events: Distinguishing origins, destinations and causes of expenditure. *Journal of Travel Research* 40:94-100.

Tyrrell, T. and Johnson, R. (2006) The economic impacts of tourism: A special issue. *Journal of Travel Research* 45:3-7.

Wessex Group (2000) *Virginians for the Arts: The economic impact of arts and cultural organisations in Virginia.* [On line] Available: http://www.vaforarts.org/tempdocs/Wessex.pdf [Accessed 23/05/07].

Wilton, J. and Nickerson, N. (2006) Collecting and using visitor spending data. *Journal of Travel Research* 45:17-25.

Wood, E. (2005) Measuring the economic and social impacts of local authority events. *International Journal of Public Sector Management* 18,1:37-53.

第四章　條件評估法

　　藝術及文化資產除了產生經濟或財務利益，還為我們提供非市場商品，如娛樂、民族自豪感、社區身分的建立與表達等（如第 1 章所述）。這些價值與藝術的公益性有關，有時被稱作正外部性，因為它們是市場的外部因素。用貨幣來表達這些價值並非總是可行（或可取），但是與環境經濟學一樣，這種價值的估計可以有效反映公眾（非專家）的觀點，顯示與純金錢收益無關的價值。

　　衡量公共財所提供的外部性價值的方法有多種，大致可分為顯性偏好與敘述性偏好兩種方法。顯性偏好法包括蒐集有關實際支出的市場資料，比如去參觀一次遺址要花多少錢，或者在一個文化資源豐富的地區不動產價格提高多少。敘述性偏好法以假設的情境為基礎，並直接詢問受訪者對一件商品的評價。

　　旅行成本法（The travel cost method）衡量的是遊客參訪某地或活動的成本，即消費者為了參加某個藝術節、文化遺址或博物館而願意支付的旅行成本（Mundy & McLean, 1998:292）。特徵價格法（Hedonic price）假設，家庭「遷移或遷出的地理區域是基於這些區域的生活品質和房價差異之間的權衡」（Ready et al., 1997:439），即消費者願意為居住在一個有一定文化設施的地區而承擔的額外價格（或為此可接受的工資收入減少）。條件評估法（The contingent valuation，以下簡稱「CV」）之所以被稱為條件評估法，是因為估計是依據既定情境的條件，直接詢問受訪者，在假設的市場情況下，他們願意為保護或擴大某些公共財而支付或接受多少（Ready et al., 1997:439）。CV 法還包括陳述選擇或選擇實驗調查，要求被調查者在構成各種不同屬性層級的各種情境中進行選擇（將在第 6 章中進一步討論）。[1]

---

[1]　願付價格和選擇實驗（也稱為聯合分析）都是條件估值或顯性偏好方法的一部分，但「條件評估」這一術語通常用來指願付價格研究，而「顯性偏好」通常指選擇實驗。

　　雖然這不是本書的重點，但旅行成本法作爲文化經濟學中的一種價值評估方法變得愈來愈流行，近期也有研究採用此方法。例如，Poor and Smith（2004）使用分區旅行成本法評估了被認爲是美國最重要的歷史遺址之一——歷史名城聖瑪麗（St. Mary's）的價值。遊客帶來的價值相當廣泛，但研究者指出，不只衡量使用價值，而非使用價值可能也很重要。Bedate 等人（2004）使用旅行成本來估算文化財（兩個大教堂，一個音樂會和一個博物館）在西班牙的卡斯蒂亞利昂地區（Castilla y Leon region）的消費者剩餘。Boter 等人（2005）也使用這種方法來評估荷蘭博物館的價值，Alberini 和 Longo（2006）將旅行成本和條件價值結合，來評估亞美尼亞國內遊客對文化資產的使用和非使用價值。

　　經過證實，特徵價格評估法在估算文化商品不是很有效，因爲，藝術和文化活動絕不是個人或公司決定遷移到某一特定地區的最重要決定因素。此外，特定的文化吸引力必須非常大而且知名度廣泛，才能進入決策過程（Bille & Schulze, 2006）。儘管 Florida（2002）的研究確認創意階層與經濟增長和發展之間有相關性，但因果關係尚未得到決定性的證實。因此，特徵價格法在文化價值評估中並未得到廣泛的應用。

　　條件評估法是迄今爲止最常用的估算方法，它起源於環境經濟學領域，但在文化經濟學中也常見，因爲它是目前衡量非使用價值的唯一方法。美國國家海洋和大氣管理局（NOAA）於 1993 年在《聯邦公報》（*Federal Register*）上發布了 CV 研究的使用情況，對其評論道：

　　這種[CV]方法能夠對多種非市場商品和服務進行估價，是上述任何一種技術（特定地點的估價方法，如旅行成本、要素收入法或特徵價格模型）所不能及，而且它是目前唯一明確用於估計被動使用價值（passive use values）的方法。（NOAA, 1993）

　　被動使用價值（也稱爲非使用價值）被 Carson 等人（1999:100）定
義爲，「總價值中（由 WTP 或 WTA 測量）無法透過基於觀察市場行爲
的間接測量技術獲得的部分」。因此，雖然像旅行成本和特徵價格這樣的
方法可以捕捉非市場價值，但這並不包括那些出於某種原因的非使用者，
但仍然願意爲保護或支持公共財而付費的人。換句話說，被動使用價值根
本不需要直接參與，「因此，經濟學家傾向於認爲被動使用不會留下任何
行爲痕跡。」（Carson et al., 2003:258）Diamond 和 Hausman（1993）概
述了三種類型的非使用價值：個人未來可能使用的商品價值、個人享受他
人使用商品的價值（也稱爲遺贈價值）、與人使用商品無關的價值。

　　有許多模型可以用來估計願付價格（WTP）或接受意願（WTA）函
數（Johansson, 1993; Carson et al., 1999），一般性理論爲：如果初始效用
（U0）是收入、價格、私人貨品和公共財等一定水準的函數，及隨著公
共財供給量增加而增加的效用（U1）的函數，那麼 WTP 代表（或準確地
抵消）U0 和 U1 之間的差異，從而最終效用水準不變。WTA 則代表減少
的效用正好等於由於補償金額而增加的效用。

　　本章的其餘部分將討論 WTP 研究在文化經濟學中的應用，以及與此
方法相關的一些問題。

4.1 願付價格研究在文化經濟學領域中的研究案例

　　願付價格研究已被用於評估各種各樣的文化財。本章的附錄表列舉了一些關於藝術、文化資產、歷史和考古遺址、博物館、圖書館、廣播與戲劇的研究實例。雖然不可能在這裡討論所有的案例，但下文對其中一些案例進行了簡要總結，其他案例也將在之後的方法學討論中當作範例。

藝術和戲劇的WTP研究

　　最早的藝術 WTP 研究之一是由 Thompson, Throsby 和 Withers（1983）在澳大利亞進行。該調查隨機抽取了 827 名雪梨居民，詳細詢問他們關於藝術的問題，包括其興趣、出席活動頻率、參與情況、對收益或成本的看法、對公共基金的看法，以及在不同情況下對藝術的支持程度。80% 的受訪者對上述至少一種藝術形式感興趣，並且普遍認為藝術為我們提供了「社區公共利益」，如民族自豪感，幫助深入理解「我們的國家及其文化」，以及一般的教育價值（Throsby & Withers, 1985:591）。將近四分之三的受訪者表示願意支持以遠超過當時政府支助的水準來增加藝術補貼。研究者總結道：「藝術是奢侈品，不過是菁英階層強加於無知或憤怒的公眾身上的審美趣味——這一觀念完全錯誤。」（Throsby & Withers, 1985:594）

　　另一項早期的 WTP 研究是由 Morrison 和 West（1986）在安大略省進行，他們用電話訪談形式蒐集了 463 個家庭的樣本。研究特別圍繞這一議題：增加藝術補貼是否主要使富裕的藝術參與者受益，或者說，所謂來自表演藝術的「外部性」利益是否對非參與者同樣有益，因此合理化稅收補助。該調查對其樣本中的相關人群提出了這樣的問題：

「既然你不去看戲劇、舞蹈、古典音樂或歌劇的現場表演，而卻為其繳納了稅款，那麼你覺得這些對你產生了怎樣的益處（如果有的話）？」

受訪者的回答（並非由訪問者所建議）涵蓋了該理論提出的許多問題，如國家自豪感、對後代的福祉和教育的重要性。然而，40% 的受訪者聲稱他們沒有得到任何好處。Thompson 等人（1983）的研究發現澳大利亞的公共藝術資助遠遠低於公眾願意支持的水準，值得注意的是，Morrison 和 West（1986:69）卻發現大多數加拿大人並不支持增加藝術資助，這意味著「所有的外部利益已經內部化，換句話說，沒有邊際外部效應存在。」

Thompson 等人（1998, 2002）將願付價格與經濟效益相結合，研究了藝術對肯塔基州經濟的影響。肯塔基州居民表示，除了買票的錢，他們願意支付 2,180 萬美元（1998 年）和 1,690 萬美元（2002 年），以避免肯塔基州藝術表演數量下降 25%。「這些願付價格 [WTP] 給了肯塔基人對藝術的價值與他們透過票價為藝術表演支付的金額之間差異的最小估計」（Thompson et al., 1998:7），因而說明由藝術所提供的公共利益的貨幣價值。藝術對肯塔基州的經濟效益約為 2,200 萬美元，為其提供了 1,324 個工作機會（Thompson et al., 1998:18）。透過條件價值評估法估算藝術的公共財價值，我們發現藝術對肯塔基州經濟的估計價值幾乎是使用經濟效益數據的兩倍（Thompson et al., 1998:3）。

Bille Hansen（1997）的研究被廣泛引用，他透過 1,834 份電話採訪，隨機抽樣丹麥人對於哥本哈根皇家劇院的價值進行評估。研究顯示，雖然僅有約 7% 的人口實際使用哥本哈根皇家劇院，但其非使用價值相當可觀，WTP 中位數為 60 丹麥克朗，平均值為 154 丹麥克朗。她的結論是，「公民的 WTP 相當可觀，至少可以與劇院的公共補貼相媲美。」（1997:18）

　　Glass 等人（1999）在堪薩斯州調查了 515 戶家庭，提出關於「你願意爲所在地區大幅增加藝術活動數量付出多少錢」的二分法選擇問題（Glass et al., 1999:28）。研究發現，堪薩斯州的家庭願意爲此額外付稅 1,900 萬美元（儘管「大幅增加」的定義相當模糊）。而且如同在其他研究的發現一致，參加藝術活動或教育項目的人更有可能贊成增稅。此外，一項經濟效益研究發現，堪薩斯藝術委員會（Kansas Arts Commission）爲藝術組織提供資助的支出，對該地區的效益略高於 100 萬美元。

　　在發展中國家的案例中，Snowball（2005）對兩個南非藝術節進行了 WTP 研究，透過對舉辦藝術節城鎮的當地居民進行電話訪問。調查的重心在於，在一個財富仍部分按種族劃分的國家，低收入的非洲裔居民是否認爲藝術節慶爲其提供了與高收入居民（主要爲歐洲裔居民）同樣等値的價值。結果顯示，儘管來自低收入地區參加節慶活動的平均人數較低，但這些受訪者願意爲阻止節慶規模縮小而付費的比例較高，即使他們的平均 WTP 金額較低。

博物館

　　Sanz 等人（2003）對西班牙巴亞多利德國家雕塑博物館（National Museum of Sculpture in Valladolid）的 1,108 名遊客進行調查，以確定他們是否願意爲博物館的保護基金捐款。他們還對 1,041 戶巴亞多利德家庭進行了電話訪問，以確定博物館的非使用價值。直接參觀者 WTP 值平均在 25～40 歐元之間，被動使用、選擇權、遺贈和存在價值（即非使用價值）在 27～36 歐元之間。

　　Maddison 和 Foster（2003）調查了 400 名大英博物館的參觀者是否願意爲緩解堵塞而付費（透過向其展示博物館接納不同人數的照片）。他們發現存在「人均 8.05 英鎊的堵塞外部性」（2003:186），並建議在繁忙

時期收費，而不是實施當前的免費入場。這特別可行，因爲大多數遊客是家庭收入較高的外國遊客，只有 1% 的受訪者表示他們來博物館是因爲免費。

歷史古蹟及文物

有許多願付價格研究立足於歷史古蹟和文物領域。例如，杜倫大教堂（Durham Cathedral）在當時採取的是參觀時自願捐款方式，而 Wilis（1994）透過列出各種門票面額，引出遊客們使用支付卡的願付價格。然而，他發現，來自自願捐款的收入實際上比根據平均 WTP 水準所獲得的價格的收入更高。雖然林肯大教堂（Lincoln Cathedral）被公認爲英國最美麗的大教堂之一，但由於空氣汙染，它遭受了嚴重的破壞。Pollicino 和 Maddison（2001）隨機抽取了林肯市的居民，並用照片來向被調查者說明各種情境，詢問他們是否願意支付費用，把清理大教堂的時間從 40 年減少到 10 年。研究發現，每個家庭的平均 WTP 在 15 英鎊到 23 英鎊之間，同時也計算出每年空氣汙染對大教堂造成的損失在 40 萬英鎊到 60 萬英鎊之間。

WTP 研究中被評估的其他文化資產或歷史遺址的案例有：挪威尼達羅斯大教堂（Navrud & Strand, 1992）、摩洛哥菲斯古城（Carson et al., 1997）、英國沃克沃斯城堡（Willis & Powe, 1998）、義大利利沃里城堡（Scarpa et al., 1998）、英國薩里檔案歷史中心（Ozdemiroglu & Mourato, 2001）、西西里島諾托鎮的歷史中心（Cuccia & Signorello, 2002）、保加利亞修道院（Mourato et al., 2002）、北卡羅萊納海岸的古船沉船事件（Whitehead & Finney, 2003）、瓦倫西亞古阿拉伯海盜塔的修復（Del Saz Salazar & Marques, 2005）等。

有個有趣的進展是利用 WTP 研究對發展中國家的文化資產進行評

估，這些國家的遺產保護資源往往比較有限。Kim 等人（2007）利用 WTP 研究對韓國世界文化遺產昌德宮進行了評估。他們對參觀該遺址的遊客進行了訪問，向他們提供有關該宮殿的歷史和文化價值的資訊，然後詢問他們改善服務（導遊）、研究和維護該遺址的 WTP。結果發現，在 5.70 美元到 6 美元之間，WTP 比當前的門票價格高出約 2.5 倍。Dutta 等人（2007）在印度加爾各答對 Prinsep Ghat 紀念碑進行類似的研究，隨機採訪了 181 名加爾各答居民，詢問他們是否願意花錢整修這個地方，把它發展成一個旅遊景點。他們發現，修復的成本遠遠低於 WTP 的估計值，並得出結論，利用市場資料（即來自旅遊業的利潤）來評估歷史遺跡的價值，將會大大低估其經濟價值。

考古遺址

　　與文物遺址和歷史建築研究相關的是對考古遺址的評估。Ringanti 等人（1998）訪談了拿坡里 Campi Flegrei 考古公園的遊客，以確定他們是否願意為保護部分或全部的遺址付費。Maddison 和 Mourato（1999 年）使用 WTP 研究來計算移除巨石陣周圍道路的福利效應（建設一條地下隧道並關閉一條道路）。有趣的是，對於司機來說，目前的道路對他們較具有顯著的外部性，因為他們可以在路上欣賞遺址景觀。但更多的遊客選擇了此方案，願意支付隧道費用的平均值更高，顯示遊客對此種情況的偏好更強烈。Mourato 等（2004 年）調查了秘魯馬丘比丘歷史保護區遺址的遊客，以確定他們進入該遺址的最大 WTP，然後展示了如何利用這些資料來估計需求曲線，並分析各種可能的門票價格變化可能產生的效益。

廣播

　　在最早的那些 WTP 研究中，Bohm（1972）對瑞典一檔時長 1.5 小時

的熱門電視節目進行了 WTP 實驗。雖然商品本身並不是很有趣，但是對次樣本進行對於 WTP 高估和低估的激勵效果實驗，這是「玻姆區間法」（Bohm interval）檢測假設性偏見的基礎（本章後面將進一步討論）。Papandrea（1999）調查了澳大利亞的公共地方電視節目的 WTP。大多數受訪者對節目的效益持肯定態度，但只有 12% 的受訪者認為應該增加這類節目，而 65% 的受訪者認為應該保持目前的水準。

圖書館

對圖書館的研究體現了其公共和私有財的特徵，即並不一定直接使用圖書館的人才是受益者。Harless 和 Allen（1999）調查了維吉尼亞聯邦大學的成員，調查他們對於擴展諮詢服務臺的 WTP。額外增加 18.5 個服務小時（排除 10% 的最高和最低值）的學生 WTP 平均值為每學期 5.59 美元，教職人員為 45.76 美元。在這種情況下，收益與提供額外服務的成本之比為 3.5:1。Holt 等人（1999 年）對聖路易斯公共圖書館進行了調查，以確定使用者願意為避免圖書館關閉支付多少錢，並在一個獨立的次樣本中，確定使用者願意為圖書館關閉接受多少賠償。88% 的受訪者不願接受任何水準的圖書館關閉補償，這顯示圖書館具有顯著的非市場價值。

Aabo（2005）也試圖衡量挪威公共圖書館的使用價值和非使用價值。研究結果顯示，效益是成本的四倍。此外，只有 3% 的樣本表示，為了把錢花在其他地方的項目上而關閉當地圖書館，會增加他們的利益。

4.2 願付價格法與埃克森爭議

　　直到 1990 年左右，條件評估法是環境經濟學中較少被研究的分支。1989 年 3 月 24 日，埃克森・伐耳迪茲號（Exxon Valdez）油輪因判斷所在位置錯誤，在阿拉斯加海岸外的威廉王子灣撞上了布萊礁（Bligh Reef）（Carson et al., 2003）。這艘油輪在海灣洩漏了 1,100 萬加侖原油，對原本是地球上環境最純淨的地區產生了巨大的破壞。當地報紙《安克雷奇每日新聞》（*Anchorage Daily News*, 1999）在回顧漏油事件十年後的情況時，稱這起事故是「歷史上最嚴重的人為環境災難之一」。該報還報導說，由於沒有適當的災害管理方案，救災反應緩慢。

　　然而，當人們得知阿拉斯加州和聯邦政府打算利用條件評估法研究對這家石油公司提起訴訟時，人們聲稱，石油公司不僅要為清理成本和收入損失負責，還要為對海灣造成的巨大環境破壞的非市場價值負責。因此，「對被動使用價值的概念基礎和評估技術的關注發生了相當突然的變化。」（Carson et al., 2003）

　　早在 1990 年，Carson 等人（2003）就被委託進行一項大規模的 WTP 研究，以確定威廉王子灣對美國公眾的價值，研究細節發表在《環境與資源經濟學》（*Environmental and Resource Economics*, 2003）上。在得到包括地圖和照片在內的大量資訊後，受訪者被要求投票支持或反對為進入海灣的油輪提供護航的提議。調查結果顯示，美國家庭願意為該項目支付約 28 億美元。儘管該案在庭外和解，但據報導，該州總檢察長稱，CV 研究「是我們公事包裡的重炮」（《安克雷奇每日新聞》，*Anchorage Daily News*, 1993）。

　　為了證明這一研究方法的無效性，這家石油公司資助了很多關於這種方法的研究。許多論文是 1992 年劍橋經濟公司（Cambridge Economics,

Inc.）在華盛頓組織的會議上提出，並隨之討論與發表〔Hausman（編輯），1993〕。儘管幾乎沒有直接提及，但關於埃克森資助的研究存在的偏見、激烈辯論和懷疑依然存在。例如，在 1996 年的一篇文章中，Diamond 補充了一個註腳，意思是說，雖然早期的研究可能是由埃克森公司資助，但現在的文章（對 CV 提出質疑的）不是。Carson 等人（1993:258-9）評論說：「最近對 CV 的很多批評都來自埃克森贊助的會議論文……」會議上的討論往往很激烈，一位非經濟學家將討論過程稱為「經濟學家的決鬥場」（Hausman, 1993:458）。但儘管如此，這次會議在條件評估研究場次提出的論文，所提出的許多問題直到今天仍有不少討論。

Carson 等人在 2003 年的文章中得出結論，阿拉斯加州和埃克森公司之間的庭外和解相當接近 CV 值。他們還指出，自 1989 年以來，美國水域沒有發生過重大的石油洩漏事件，這或許顯示，在可能的訴訟中納入非使用價值雖然存在爭議，但仍然對石油公司承擔可能導致汙染的風險發揮了重要的威懾作用。

這場辯論後，在 Kenneth Arrow 和 Robert Solow 等人的帶領下，美國國家海洋和大氣管理局（National Oceanic and Atmospheric Administration）開始了對 CV 研究使用情況的文獻梳理（NOAA, 1993）。該報告得出結論，如果遵循其指導方針和建議，「CV 研究可以得出足夠可信的估計，足以作為損害評估的司法程序起點，包括損失的被動使用價值。」（NOAA, 1993:24）另一結果是，雖然 CV 研究現在已經應用於許多領域，但其方法研究大多都仍是在環境經濟學領域進行。

4.3 對條件評估法的批評和辯護

自上世紀90年代初埃克森事件以來，對 CV 方法（主要是 WTP 研究）的批評與辯護都相當激烈。以下回顧了一些主要的批評，重點是假設市場的本質和 CV 回應違反新古典經濟理論假設的方式。

4.3.1 假設市場與「搭便車」問題

許多對願付價格法持批評態度的人首先會問的一個問題，是如何才能確保受訪者說實話。NOAA 專家（1993:7）提出了「不可信的大數據」的問題，自此以後，許多研究發現，假設的市場往往會高估 WTP。目前的爭論基本上已經從假設性偏見（定義為假設和實際 WTP 之間的差異）是否存在，轉向了如何檢測出這種偏誤以及如何控制的討論。這一領域有兩個主要方向。首先，有些人透過比較相同商品的真實價值和假設價值，試圖找到一些校準假設價值的方法，使它們更符合真實價值。另一方面，一些人正在研究如何利用問卷設計來減少偏誤。

假設情況下，至少有兩個潛在原因導致受訪者可能誇大其為商品支付的意願。首先，他們可能是「搭便車者」——也就是說，他們故意誇大了商品的真實價值（知道他們實際上不必支付建議的金額），以確保能夠提供這些商品。其次，考慮到受訪者的預算，他們可能不會做出現實的市場決策。在這種情況下，他們表達的是對商品的積極態度，而不是準確的價值。下一節將介紹條件評估中假設性偏見和相關「搭便車」問題的歷史背景，並回顧當前關於校準和問卷設計的爭論。

玻姆假設性偏見測試

在估計公共或混合財對個人的價值時，Samuelson（1954）首次提出義務或搭便車的問題：只要所有商品都是私有，並在一個完全競爭的市場中運作，個人就沒有動機去歪曲自己的需求，因為他們都渴望在預算約束下獲得最高的無差異曲線。然而，對於公共財，則不必給出與市場相符的回答。「發出虛假信號，假裝對某一特定集體消費活動不感興趣，符合每個人的自私利益。」（Samuelson, 1954:388）這是社會經濟或社會共用公共財的核心問題。所有人都希望透過假裝商品的價值比實際價值要低，來避免因消費商品而產生的個人義務。

然而，Samuelson（1954:389）補充說，市場的失靈並不意味著沒有提供公共財的最佳解決辦法：

> 「只要有足夠的知識，透過瞭解世界上所有可達到的狀態，並根據假定的道德福利函數選擇最優解，就能找到最佳的決策。解決辦法是存在的，問題是如何找到它。」

在 WTP 研究中，Peter Bohm（1972）進行了一系列早期關於搭便車與假設性偏見的存在與控制的開創性研究。他認為，「搭便車」動機掩蓋了需求偏好的理論並未經過實證檢驗，而其他（可能更強烈的）動機可能促使真實的需求顯露出來。Bohm（1972）因此對付費志願者進行了一系列的 WTP 研究，研究的公共財是一部新的喜劇連續劇，志願者需要說明自己觀看半小時節目的最高 WTP 費用。如果播出節目的所述費用小於或等於該組準備支付的金額，節目就會播出，同時每個人都必須支付一些費用。

如果節目播出，第一組被告知，他們必須支付他們所述的金額；第二

組必須支付他們所述金額的某個百分比；第三組，可變金額；第四組，固定費率；第五組，什麼都不付。結果顯示，各組間所述WTP無顯著差異；第一組和第五組間尤其令人驚訝，因爲根據傳統的搭便車理論，第一組的人有動機低估他們的WTP，而第五組有動機誇大。後來對實際公共財進行的非假設性研究（Bohm, 1984）也證實了這些結果。

然而，Bohm（1972:125）沒有排除使用不同義務的方法時所述WTP存在差異的可能性，但實驗結果顯示這些差異不是很大。他沒有使用經濟理論所假定的傳統作弊策略，而是利用第一組揭露眞正的WTP，因爲「人們往往認爲他們對總需求的影響，無論其影響有多小，都是重要的」，而第五組也是這樣，因爲「他們感到道德上有義務這樣做」。

Murphy 等人（2005b）利用學生進行了一項實驗研究。該研究還顯示，WTP研究中的「搭便車」現象並沒有人們想像的那麼嚴重。使用決策後分析，如他人的決策對被調查者的WTP影響有多大，他們得出的結論是「大多數被調查者對他人搭便車的可能性持中立態度，並且表示搭便車對他們自己的支付決策影響很小。」（2005:336）

有一系列研究聲稱，沒有充足的證據支持假設性偏見。Vossler 和 McKee（2006）對264名學生進行了一項實驗，將他們分成幾個小組，測試他們在眞實和假設的願付價格情況下的反應差異。研究沒有發現佐證假設性偏見的證據，因爲「支付不論是在假設性的還是眞實的情況下，投票決定都不會發生系統性的變化。」在一個類似的實驗中，Guzman 和 Kolstad（2006）認爲，在假設的市場中，被調查者不太可能因爲蒐集更多有關商品的資訊而產生機會成本。由於願付價格往往隨著商品資訊的增加而增加，所以在假設市場中估計的條件價值實際上可能下降。Murphy 等人（2005a; 2005b）則認爲，假設性偏見確實存在，但在 WTP 較高時較爲普遍。

Morrison 和 West（1986:63）在他們對加拿大表演藝術的研究中一致

認為，其他動機可能會抵消搭便車問題，但是，確保真實回答問題的恰恰是個人答案的不重要性：「受訪者可能會認為自己的觀點無足輕重，而這可能會引發真正偏好的顯露，並減少策略性偏誤。」他們還認為，那些不想參與研究的人更傾向於輕易地拒絕採訪，而不是提供虛假的回答。

　　Bohm（1979）認為，過度或低估需求和 WTP 的經濟動機可能（也可能不會）被其他動機（可能是道德原則、動機）所彌補，而這些動機可能會隨著討論的問題和問卷設計等因素而改變。考慮到每一種情況下高估或低估的動機可能不同，他提出了後來被稱為「玻姆區間」的方法來驗證研究結果。

　　Bohm（1979）指出，如果給兩個相似的樣本群發放相同的問卷和不同的應負義務，並且研究者瞭解這兩組可能存在的虛報需求，那麼它們就可以互相作為對照。例如，要求兩個樣本表達他們對特定公共財專案的偏好。如果要進行項目（即項目的 WTP 超過或至少等於其成本），則第一組將必須支付他們所述的數額（或一些相關金額），而第二組將被要求只支付象徵性的金額或根本不用支付。

　　如果兩組的平均 WTP 值沒有顯著差異，那麼我們可以假定沒有發生嚴重的虛報，並且顯示真實偏好的動機占了主導地位。即使兩組之間的 WTP 值有（相當小的）差異，第一組的回應值可以被看作下限，而第二組的回應值可以被認為是上限——在這兩組的區間內就有了真正的 WTP 值。然而，區間愈大，研究的準確性就愈低（Bohm, 1979）。

　　自此以後，許多研究都使用了玻姆區間法，其結果與 Bohm 最初的測試基本相似。Thompson 等人（1983）在澳大利亞藝術的研究中，使用了該方法來控制搭便車問題，但與 Bohm 方法不同的是，他們在同一個樣本中提出了義務和非義務問題。受訪者依次被問及以下兩個問題：

(a) 如果你應繳的稅額被調整，因而必須支付你所提到的金額，那麼

你希望每年從你的稅額中支付多少來使藝術維持在目前的水準？

(b) 現在，假設你的稅額不發生變化，你希望每年從你的稅額中支付多少來使藝術維持在目前的水準？（Throsby & Withers, 1985:32）

為了檢視問題順序是否影響結果，一半的樣本按照上述順序回答這些問題，另一半則按照相反順序回答，但結果並未發現顯著差異。有支付義務情況下的答覆和無義務的答覆之間有一些差別，但沒有預期的大。在無須承擔義務的情況下，14.5% 的樣本表示 WTP 為 61 至 100 美元，而在承擔責任的情況下，這一比例下降至 13.4%。

Throsby 和 Withers（1986）估計大約 65% 的受訪者給出了真實的 WTP，即他們的 WTP 在義務和非義務條件之間沒有區別。在剩下的 35% 中，只有三分之一的人是「強」搭便車者（那些在非義務性條件下給出積極的 WTP，但在義務性條件下給出零 WTP 的人），其餘的是「弱」搭便車者（那些在義務性條件下給出答案較低者）。Throsby 和 Withers（1985）還認為困難在於 WTP 問題的假設性質，包括義務和非義務性的假設。這與玻姆實驗（1972, 1984）有所不同，玻姆實驗需要付出一些實際的代價。

Morrison 和 West（1986:66）的研究則更接近於 Bohm 方法。他們向兩個獨立的樣本提問：「你認為每年 335 美元的稅收是太少、太多還是剛剛好？」條件是，第一個樣本的稅收不變，第二個樣本的稅收會相對增加或減少。同樣，兩組樣本所顯示的 WTP 之間沒有顯著差異。

南非國家藝術節上的一項調查（Snowball & Antrobus, 2001）使用了與 Throsby 和 Withers（1985）非常類似的玻姆區間法，但採取了 5 南非蘭特為單位的 WTP 值（要求被調查者二分法選擇是／否支付），而非不設上限額度的願付價格。被調查者被告知，「這個節慶每年花費 800 萬到 1,000 萬南非蘭特，主要是由渣打銀行支付。2001 年將是渣打銀行最後一次為該節慶提供贊助。如果找不到新的贊助商，藝術節將難以為繼。」然

後他們被問到以下問題：

「假設你每月的稅額不變，你願意從每月稅費中拿出 5 元用來支持這一節慶嗎？」
「現在假設你每個月要多交 5 元的稅。考慮到你每月的開銷，你還願意每月支付 5 元來支持這個節慶嗎？」（Snowball, 2000:92）

在進行的 80 個電話訪問中，9.4% 的 Grahamstown 西部樣本（主要是高收入和教育水準的歐洲裔居民），以及 20.6% 的 Grahamstown 東部樣本（主要是低收入和教育水準的非洲裔居民）依次回答「是」，然後「否」或「不知道」。結果顯示，平均而言，樣本中僅有 13.6% 是搭便車者。

表 4.1　義務和非義務支付意願的差異

研究	結果
玻姆（1972）	無顯著差異
Morrison 和 West（1986）	無顯著差異
Throsby 和 Withers（1985）	35%（12%「強」搭便車者；23%「弱」搭便車者）
Snowball 和 Antrobus（2001）	13.6%（高收入地區 9.4%；低收入地區 20.6%）

然而，在 Grahamstown 的研究中，並不是所有對非義務性問題回答「是」和對義務性問題回答「不是」的人都可以自動被視為搭便車者。因為在 Grahamstown 東部的一些受訪者的收入水準極低（每月不到 500 南非蘭特），在這些情況下，拒絕支付額外費用很有可能因為他們對收入帶來的限制的考量，而不是因為搭便車行為。這也解釋了為什麼在低收入的鄉鎮地區，搭便車者的數量是富裕的西部地區的兩倍多。Booysen（2001:695）那篇研究南非不支付費用的主要原因的文章佐證了這一結

論。他指出，「不願支付似乎是有關支付能力的問題，而不是願付價格的問題。」

　　雖然少有研究這樣使用玻姆區間法，但其實驗催生了不同的假設性偏見研究。一種是不斷增長的比較真實值和假設值的文獻，它們試圖找出一些校準的一般規則，即平均假設 WTP 值與實際 WTP 值的比率（List & Gallet, 2001; Murphy et al., 2005a）。這些研究規模和類型各不相同，包括實驗室中的小樣本（Botelho & Pinto, 2002）研究，以及更大型的郵件調查（Nestor, 1998）和面對面訪談（List & Shogren, 1998）等。

真實和假設出價之間的校準（標定）實驗

　　Willis（1998）進行了比較真實和假設出價的文化經濟學研究：參觀歷史遺址沃克沃斯城堡（Warkworth Castle）的遊客中，有一些人發現門票價格後決定不進入參觀，Willis 會詢問這部分遊客的門票 WTP。然後，門票將按照指定的 WTP 值提供給受訪者。Willis 認為，使用私有財來測試通常被用於公共財或混合財的 WTP 法是有效的，因為如果 WTP 法不能接近私有財的真實價值（私有財通常更容易定義與瞭解），那麼這種方法就不太可能更準確地被用於公共財。

　　Willis（1998）發現，在 43 名認為自己是潛在遊客的受訪者中，只有 17 人接受了 WTP 價格下的門票。對於為何受訪者不願以指定價格接受門票的問題，回答並不明確。這似乎顯示，「相當比例的 CVM（條件評估法）的價值既不是很穩定、也不可靠，而且受到相當大的矛盾心理影響。」（Willis, 1998:616）

　　List 和 Shogren（1998）在一次棒球卡藏品拍賣中提出一種假設，然後進行了真實樣本內的 WTP 研究。被調查者首先被要求對一張卡片或一組卡片進行假設性的出價，然後把密封的出價放在投票箱裡，訪談者無法

看到金額。然後，他們需要在現實中爲這些卡片出價，實驗會透過電話通知出價最高的人，他們在匯款時收到這些卡片。結果顯示，假設與實際的出價比在 2.2 到 3.5 之間，這顯示 NOAA 小組報告中提出的「除以 2」規則是合理的（List & Shogren, 1998:203）。然而，他們還發現，假設的偏誤與背景高度相關（因此，從一組正被競標的卡片中增加或減少替代卡，都會顯著影響校準），不太熟悉商品及其市場價格的受訪者，往往會提出更高的價格或評估。

Nestor（1998）認爲將假設性／陳述的偏好資料與眞實市場／顯性偏好資料相結合具有極大的優勢，例如透過一種研究，減少景點或商品特徵之間的多重共線性，並將資料分析擴展到可用範圍之外。在一項關於廢物處理選擇的研究中，一些家庭已經爲分類回收支付了可選擇價目，而另一些家庭還沒有這種選擇，Nestor 認爲，儘管存在假設性偏見，但其程度並不是很高。雖然結果是「混合的」，但與 List 和 Shogren（1998）相比，研究並未發現「商品」的價值經驗對 WTP 的數量或假設性偏見有任何影響。

Whitehead 等人（2000）將旅行成本法下的顯性偏好與戶外娛樂設施品質改進下的陳述性偏好資料相結合，進行了類似的分析。他們還發現，透過陳述性偏好的方法，他們不僅可以評價品質改善對當前用戶的價值，還可以對潛在用戶的進行評價。Botelho 和 Pinto（2002）爲提供關於水獺的資訊傳單，在實驗室內進行了一項實驗，來比較眞實的和假設的 WTP。雖然在分組樣本調查中，假設的回答要高於眞實的回答，但考慮到被調查者的人口統計學特徵，假設的資料仍可被用來預測「如果他們接受了眞實情境，他們會有怎樣的反應。」（Botelho & Pinto, 2002:995）因此，實驗得出結論：儘管存在假設性偏見，當它們能夠根據眞實資料進行校準時，假設性調查的評估仍然傳達著有用的資訊。

因此，愈來愈多的證據顯示，儘管假設性偏見可能存在，但此類調

查的數據仍可用於決策。不過，由於各種原因，尋找一個通用的校準比率似乎希望渺茫。首先，只有在眞正市場環境下的商品（主要局限於私有財），才有可能進行這樣的測試（Lusk, 2003）。Carson（1997）認爲，對於某些類別的商品，特別是自願捐款的公共財和被購買的私有財，設計一項透過主要激勵策略來說明事實眞相的調查不可行，因爲「調查結果必須提供確切地變動調查對象選擇項目的可能性，不能確切擴大或縮小調查結果……」另一方面，對透過使用強制支付機制的公共財和準公共財進行的 WTP 調查，似乎等於／低估了實際市場價值。「因此，單一的私有財並非條件估值法的最佳案例，而是最差的案例。」（Carson, 1997:1503）

　　校準實驗的第二個問題是，它們與實際商品和情境息息相關。對 29 個眞實和假設性 WTP 校準實驗的分析得出結論：這些實驗涵蓋了廣泛的商品、方法和導出技術，總體而言，校準標定值在 1.26~1.30，相對較小（List & Gallet, 2001）。該研究還發現，正如棒球收藏卡案例，受訪者對物品（通常是私有財）瞭解得愈多，假設性偏誤就愈小。Murphy 等人（2005a）對 28 項 WTP 研究進行的後設分析發現，校正因數（中位數）只有約 1.35，83 個觀測值中 70% 的校正因數低於 2。然而，他們注意到，樣本顯示出顯著的正偏態，前 10 個觀測值的校準係數平均值爲 10.3，其餘的爲 1.54。因此，這一領域的研究似乎傾向於 NOAA 專家組的結論，即「對於結果的自動校準似乎不可行」（NOAA, 1993:25）。

「空談訊息法」問卷設計

　　另一種控制假設性偏見的方法是問卷設計。這方面的研究主要集中在 Cummings 和 Taylor（1999）最先提出的「空談訊息法（cheap talk）」設計上。他們對問卷設計進行了實驗，明確地讓受訪者在回答 WTP 問題之前意識到假設性偏見。

「空談法的腳本包含三點：描述假設性偏見現象；盡可能解釋這一現象；要求受訪者在接下來的假想中投票，並把它當作真正的投票。」（Cummings & Taylor, 1999:651）

雖然空談法得出的假設調查結果在統計上與受訪者實際支付的調查結果難以區分，但研究者承認，這種方法存在一些問題。最主要的是，在大多數調查中（尤其是電話調查），對調查方法解釋的長度並不一致，測試顯示使用較短版本並不成功（Cummings & Taylor, 1999:656）。

Aadland 和 Caplan（2003）使用空談法問卷設計，對 1,000 個家庭進行街頭訪談的 WTP 研究，其問卷設計明顯短於 Cummings 和 Taylor（1999）的問卷，但傳達的資訊類似。他們發現，這種設計大大降低了 WTP 值，透過將 WTP 金額與眞實市場資料進行比較，可以得出結論：它減少了假設性偏見。

Lusk（2003）對基因改造的「黃金米」進行了 WTP 郵件調查，一半的樣本使用了較長的空談法問卷。他發現，空談法的設計確實大大降低了 WTP 值，但它對那些在調查之前沒有基因食品相關經驗和知識的受訪者最爲有效。對於那些有先驗知識的人，空談法的 WTP 值下降，但在統計上並不顯著。

List（2001）也採取空談法，在一個體育收藏卡片拍賣的分組樣本現場實驗中發現了非常相似的結果。List 發現，空談法設計顯著減少了缺乏經驗的競標者的假設性偏見，但對交易員和有經驗的競標者沒有影響。他評論說，這一結果代表了未來 CV 研究設計在消除所有類型的假設性偏見方面所面臨的挑戰，但認識到「陳述性價值的可靠性與商品經驗之間的聯繫」的重要性，是我們研究向前邁出的重要一步（List, 2001:1504-5）。

在一項研究中，Murphy 等人（2005b）進行了包括假設性和眞實 WTP 情境的實驗。他們發現，在假設性 WTP 問卷中加入空談環節，與沒

有空談設計的情況相比，正面回答的數量會減少。然而，特別是在較低的出價下（3 美元或 6 美元），假設結果和實際結果之間仍然存在顯著差異。較高的支付金額下，空談設計似乎能夠使假設向實際出價接近。

與此相關的是 Champ 和 Bishop（2001）的一篇論文，他們採用了兩項關於購買風力發電的大型研究中陳述性與顯性偏好的資料。結果顯示，透過詢問受訪者對自己的 WTP 值能夠反映真實價值的確定程度（1 表示「非常不確定」，10 表示「非常確定」），可以識別出那些可能在這個假設市場中出價過高的受訪者。簡單地將那些對自己的確定性評分低於 8 分的受訪者的「是」回答重新編碼為「否」，他們發現，對於同一商品，回答「是」的結果與真實市場資料相同，而且在統計上，顯著的假設性偏誤消失了。

儘管在條件評估研究中，對假設性偏誤的研究採取了不同的方向，但似乎可以得出一些一般性的結論。首先，被調查者獲得的資訊愈充分，或者他們對商品愈熟悉，他們就愈不會傾向於誇大 WTP，而是反映自己的真實偏好。其次，Diamond 和 Hausman（1994）聲稱校正值可能是 1 到 10 之間的任何數字這一想法過於悲觀，而 Bohm 最初的觀點——在適當設計的調查中假設性偏誤不會太大——也站得住腳。因此，控制假設性偏誤的關鍵在於（根據他們先前的經驗與適用性）向受訪者提供的資訊和設計問卷的方式。

4.3.2 嵌入效應和溫情效應（Warm Glow）假說

在沒有直接與市場對應的商品 WTP 調查中，識別假設性偏誤的主要方式之一，是其結果與經濟理論預測的結果差異。其中最重要的是，人們

對出價的範圍或金額並不敏感。

「通常——但不總是這樣，只要人們沒有感到滿足，我們就有理由認為某種物品愈多愈好。一般來說，這意味著願意為更多的物品付出更多的錢。此外，如果支付額外費用的邊際／增加意願的確隨現有數額而下降，則通常不能合理地假定這種意願會突然下降。」（NOAA, 1993:6）

最初，大量的 WTP 研究用以證明這種範圍的不敏感性。例如，Kahneman（1986 年在 NOAA, 1993:4 中引用）發現，安大略所有漁湖清理工作的 WTP「僅略高於」清理一個地區湖泊的 WTP。另一個惡名昭彰的「鳥類」研究類似案例（Desvousges et al., 1993），它指出保護 2 千、2 萬，或 20 萬隻鳥類的 WTP 相同。Diamond 後期（1996）的分析實際上認為，在新古典主義關於效用函數的某些假設下，例如，為了讓研究滿足範圍考驗，拯救 10 萬隻鳥的 WTP 至少要比拯救 1,000 隻鳥的 WTP 大100 倍。

積極態度和「溫情效應（Warm Glow）」

針對關於 WTP 方法的批評，Diamond 和 Hausman（1994）、Kahneman 和 Knetsch（1992）對範圍不敏感性和相關現象的解釋是，被調查者並沒有真正地以經濟理性的方式來評價商品，而僅僅是對被討論的商品表達了一種積極的態度，或者透過給予一些有價值的原由來「購買道德上的滿足」。這種「溫情效應」假設認為，由於個體只表現出對某些複合商品（如藝術或環境）的支持，所以沒有理由假設他們的 WTP 會隨著特定商品的數量而變化。NOAA 的報告（1993:8）指出，如果確實發生了溫情效應，WTP 結果就「不應被視為可靠的估計」。

　　Diamond（1996）認爲，如果給錢拯救 1,000 隻鳥的過程，除了實際拯救的鳥（商品）之外，還產生了效用，那麼 WTP 就或多或少捕捉到了一些道德上的滿足感或溫情。也就是說，1,000 隻鳥並不是拯救 1,000 隻鳥的完美替代品。這可能會導致這樣一種情況：例如，政府可以提議開發一個並未眞正計畫開發的荒野地區，並透過宣布一項用 WTP 研究阻止開發，來增加福利。「換言之，比起將導致這種狀態的過程也包括進來，如果我們不願意將分析限制在對環境狀態的偏好上，那麼我們就需要一種新的福利經濟學……」（Diamond, 1996:346）

　　有趣的是，這與 Sen（1985）的研究殊途同歸，他認爲新古典主義效用理論和福利經濟學有缺陷，因爲它們沒有考慮最終結果達成的過程，也沒有考慮到提供給做出選擇的個體的備選項的作用。毫無疑問，Sen 會同意 Diamond 的觀點，即我們需要一種新的福利經濟學，但在 Sen 的案例中，他的理論包含了從過程中衍生出來的效用（考慮到其他選擇的局限性），而不是排除它。Carson 等人（2001:177）同意這一觀點，並指出，「對總體價值來說，重要的是效用，無論其來源是什麼」，而就經濟理論而言，效用增加背後的動機是無關的。

　　Kahneman 等人（1999）針對條件價值做了一些有趣的理論研究。他們認爲，與偏好這一經濟概念相比，態度與 WTP 出價的關聯要緊密得多，而且這導致了一些問題，因爲態度違反了理性選擇理論的許多假設。我們認爲偏好已經存在，並意味著對一種商品的選擇，這種選擇可以與預算約束聯結起來並加以量化。然而，態度並不意味著選擇，因此不易被納入選擇理論。例如，比起歌劇更喜歡風笛，意味著可以選擇其中一種。對風笛持積極態度卻並不意味著對歌劇持消極態度。Diamond 和 Hausman（1993:27）評論道：「我們的結論是，人們確實關心保護荒野地區，但我們推斷，標準的 CV 調查問卷不會產生對偏好的描述，相反，它所引發的回答通常表達了對保護荒野的關注。」也就是說，他們認爲 CV 反映的

是態度（「普遍關注」），而不是偏好。

　　幾次實驗中，Kahneman 等人（1999）發現，在評估量表上表達的態度與以金錢價值表示的評估價值高度相關。例如，在一項保護遊隼免受汙染威脅的提議中，他們也採取了數位化量表評估，包括願付價格、對擬議干預措施的政治支持程度、對該計畫做出貢獻的個人滿意度以及對該問題作為公共問題重要性的評估。所有的評估系統都顯示出高度的相關性（Kahneman et al., 1999）。

　　Kahneman 等人（1999）理論的預期結果之一是 WTP 研究將不可避免地導致人們對商品價值的大小／數量的不敏感，因為被調查者使用「原型判斷」（judgment by prototype）來做決定並表達態度，而非關注所描述的具體情況。透過大量的實例，並參考著名的心理學理論，他們指出使用「原型判斷」出現「延伸忽視」（extension neglect）情形很難避免，即除非被調查者的注意力被特別吸引到大小或數量的問題上，否則大小與數量對估價幾乎沒有影響。例如，在 Desvousges 等人對鳥類的研究中，Kahneman 等人（1999:212-3）認為這種情境會讓人腦海中浮現出「一隻疲憊的鳥，牠的羽毛浸在黑色的油中，無法逃脫」的畫面，這種畫面可能會主導被調查者對問題態度的表達，包括他們為解決方案支付的意願，而這不會受到被拯救的鳥類數量的影響。他們將類似的理論應用於「加合檢驗」（即個人評估和總和）。

充分反應性與具備範圍靈敏性的研究

　　範圍敏感性問題至關重要，NOAA 指出（1993:5）將這種對內部一致性或合理性的衡量作為證明 WTP 回應「符合某種實際」的最低要求。因此，它屬於研究小組的「舉證責任」，「……如果一份 CV 調查有以下任何一種弊病，我們就會認為它的結論不可靠。」（NOAA, 1993）然而，

NOAA 小組在最初的報告發表後指出，報告中提到的「充分反應性」並不一定意味著範圍回應性具統計上的顯著差異，這極有可能取決於環境，最終是一種判斷（Arrow et al., 1994; Smith & Osborne, 1996:288）。

雖然該方法的批評者認為，WTP 研究永遠不可能產生與理性選擇理論相一致的結果，但是，對範圍的反應性是可測量的，這引起了許多評論者的激烈爭論，其主要論點是，調查設計和 / 或方法錯誤。

Hanemann（1994）是擁護者中的重要一員。在關於範圍不敏感性的案例研究中，他指出 Kahneman（1986）的湖泊研究發現了一個地區與整個安大略地區在湖泊清理方面的 WTP 有 50% 的差異，而且調查本身進行得也不是很好，只是使用開放式的 WTP 問題進行了一個簡短的電話訪談（1994）。他指出在「鳥類」研究例子中，受訪者對鳥類數量變化的描述為「遠低於 1%」（2000）、「低於 1%」（2 萬）和「大約 2%」（20 萬），如果鳥類種群大小如此微小的百分比變化就能導致 WTP 的巨大差異，那將令人震驚。然而，當 William Desvousges 在埃克森會議上被提問這點時，他反駁焦點團體研究顯示了受訪者理解問題，並且僅面對一個的情境，所以在不同情境下鳥類種群大小的相對變化可能不顯著〔Desvousges（discussion session）in Hausman, 1993:161〕：

「現在，我們試圖在焦點團體中做的是——記住我們並非詢問同一個受訪者2,000、20,000還是200,000——這是區別所在。我們做的是拿這三個版本中的中一個來詢問受訪者。」

Hanemann（1994）還認為，如果人們考慮到鳥類或湖泊可能被視為彼此的替代品，並且保護或清潔它們的邊際效用在下降，那麼人們就不會指望 WTP 會隨著商品的增加而等比例地增加。Randall 等人（1981 in Dupont, 2003）認為，排序可以從經濟學理論的角度來理解，即隨著清單

的展開，預算約束變得愈來愈有限，替代效應開始出現。

　　Schkade 和 Payne（1992，引自 Carson & Mitchell, 1993）在一項後續研究中，使用 Desvousges 等人的調查工具，要求受訪者在做出 WTP 決策時「放聲思考（think aloud）」。這項研究顯示，受訪者考慮到了大量的不相關因素，也顯示了這項任務的難度〔正如 Diamond 和 Hausman（1994）指出的那樣〕，但它也迫使受訪者更加專注，結果顯示，保護 2,000 隻和 20 萬隻鳥之間，WTP 中位數存在 100% 的差異（Carson & Mitchell, 1993）。

　　Carson（1997:1505）也支持這一觀點，認為「具體的調查問題能夠產生範圍不敏感的印象」，這些大多與使用商場攔截和簡短電話訪問的研究有關，這些研究對商品、供應和 / 或支付機制有著模糊的描述。

　　「條件評估存在一個核心問題，就是人們會試圖回答任何向他們提出的問題。回答的品質基本上取決於提供給受訪者的資訊，以及受訪者接受調查訪問的認真程度。」（Mitchell & Carson, 1993: 1266-7）

　　有一項文化經濟學領域的研究確實體現出了範圍敏感性，這就是 Ringanti 和 Scarpa（1998）進行的保護 Campi Flegrei 的 WTP 研究。透過面對面訪談，他們詢問了受訪者保護拿坡里附近的古羅馬考古遺址 Campi Flegrei 的 WTP。他們專門設計了 WTP 問題，以測試保護整個遺址與部分遺址的出價之間是否有顯著差異。結果顯示，保護整個遺址的 WTP 值為 28.81 美元，而僅保護部分遺址的 WTP 值要低得多：Campi Flegrei 不向公眾開放的部分為 10.18 美元，Bagnoli 為 6.99 美元。所以，透過適當的問卷設計，WTP 出價對商品價值的範圍敏感。

　　愈來愈多依據 NOAA 小組準則進行的 WTP 研究證實了範圍敏感性。對範圍不敏感性背後的理論探索也在推進。Carson 等人（1996）檢視了

四個大樣本的環境品質 WTP，包括 1991 年進行的最初的埃克森研究和
1993 年的後續研究，這些研究都符合 NOAA 小組準則。所有研究都顯示
出對範圍的敏感性，評估更具包容性的公共財的研究比評估「較小」商品
的研究得出的 WTP 估計值更高。在後來的一篇綜述（2001）中，Carson
等人強調了他們的觀點，即絕大多數現代 CV 研究確實顯示出對範圍的敏
感性，而那些不符合的問卷和調查設計的研究，往往沒有遵循 NOAA 準
則。

　　Smith 和 Osborne（1996:290）對五項關於國家公園能見度（空氣品
質）改善的 WTP 研究進行了後設分析，測試了範圍敏感性與經濟學理
論所規定的特定語境先驗預期。他們發現，「無論樣本結構或模型規格
如何，願付價格與可見範圍內的相應改善之間存在著顯著的正相關。」
（1996:295）他們還發現，當所評估的經濟商品研究之間的差異被包括在
內時，例如，基礎能見度條件、能見度變化的時間量等，WTP 結果的差
異是可信的。

出現明顯範圍不敏感性的可能原因

　　在更理論化的層面上，Bateman 等人（2004）指出，「可見選項」在
受訪者被要求出價之前是否被揭示，會顯著影響範圍敏感性。這一點可
以解釋 WTP 研究中範圍敏感性的變化。當在單個訪談中對範圍進行測試
時，受訪者會被問及在商品的數量變化（量化嵌套），或其類型／品質變
化（質化巢套）時，他們在每個情形下的 WTP。Betaman 等人（2004）
發現，當受訪者事先被告知所有可能的選擇時，他們對範圍更加敏感。此
外，與許多研究所謂的排序效應（問題的順序對 WTP 有很大影響）相反，
在有可見選項的研究中，商品變化的順序，自下而上或自上向下，並非重
要的因素。

Betaman 等人（2004:89）解釋了爲何刪除驚訝元素（the element of surprise）會對範圍敏感性產生如此巨大的影響。首先，他們指出，自己並非聲稱已解決了策略性出價的問題，而是在出價前披露了所有選項，從而保持了「策略空間常數（strategy space constant）」，並實現了內部一致性，因爲回答對範圍很敏感，不會隨著排序方向而變化。正如選擇理論所預測的：「不同的策略導致不同的評估值」。第二個推測是，對排序方向的敏感性是由於收益／損失的不對稱性（也與 WTP 和接受意願之間的差異有關）所造成，這種不對稱性假定收益的價值小於由於損失厭惡而造成的損失，也稱爲「稟賦效應（endowment effect）」。最後，他們認爲驚訝元素會在受訪者心中產生負面反應，導致陳述的 WTP 值下降。

Dupont（2003）發現了強有力的證據，顯示排序效應基本上取決於受訪者對相關商品的熟悉程度。在一項關於安大略省漢密爾頓港內，游泳、釣魚和休閒划船的價值提升 WTP 研究中，她發現被動使用者和潛在活躍使用者的 WTP 值受到問題排序顯著的影響，而當前正在活躍使用者的 WTP 並未受到問題排序的顯著影響。結論是：「如果受訪者不熟悉環境商品／活動（被動使用者），或者不確定他們獲得的益處（潛在的活躍使用者），那麼他們可能比活躍使用者更容易受到排序效應的影響。」（Dupont, 2003:336）

Whitehead 和 Finney（2003）進行了文化經濟學 WTP 研究中爲數不多、專門針對範圍敏感性的測試。Whitehead 和 Finney（2003）在一項爲保護沉船等沉沒的海洋文化資源的 WTP 研究中發現，WTP 出價對範圍不敏感，但他們認爲這是因爲 WTP 問題的提出方式不同，而非不實際的估價。他們透過電話採訪北卡羅萊納州居民，詢問其保護北卡羅萊納州海岸的沉船不受尋寶者破壞的 WTP。第一輪只有單界 WTP 問題：以特定的價格保護 50 或 100 艘沉船，受訪者可以投票贊成或反對。如果他們投了贊成票，那麼保護的沉船數量和價格就會增加，反之就會減少。

　　有趣的是，無論第一次投什麼，受訪者都不願意在第二輪投票中改變。Whitehead 和 Finney（2003:323）認為，這是因為「誘因不相容」：如果投了贊成票後，受訪者以更高的價格得到了商品，他們可能會認為價格更高的商品是在浪費錢，於是在第二輪投票時投反對票，而不考慮真正的願付價格。如果投否決票後，受訪者以較低的價格得到商品，他們可能會認為商品的品質較差，在第二輪投票中仍然投否決票。

　　儘管改變了商品的數量和價格，Whitehead 和 Finney（2003）還是發現了明顯的誘因不相容。也就是說，只有不到 10% 的受訪者對第一個問題投了「否」，對價格和數量較低的問題投了「是」；而對價格和數量較高的問題投了「是」和「否」的受訪者不到 20%。因此，願付價格對商品價值的大小沒有表現出敏感性。他們還指出，在總數為 5,000 起的沉船事故中，從 50 起增加到 100 起（向受訪者提供的資訊）代表從 1% 增加到 2%，這並不能被認為顯著——這類似於之前討論的 Desvouges 等人的「鳥類」研究。

　　雖然不是他們研究的重點，但這種誘因不相容在 Alberini 等人（2005）的研究中也很明顯，該研究使用雙界願付價格問題來評估威尼斯潟湖 S. Erasmo 島的保護價值。如下表（表 4.2）所示，在第二輪投票中，只有 5.95% 的受訪者將「否」票改為「是」票（價格較低），17.17% 的受訪者將「是」票改為「否」票。因此，證據顯示，至少在某些研究中，明顯的範圍不敏感性實際上可能是問卷設計問題造成的結果。

表 4.2　兩種文化商品研究中的雙界二分法選擇結果

WTP	Whitehead 和 Finney：保護 50 艘沉船的 WTP 百分比	Whitehead 和 Finney：保護 100 艘沉船的 WTP 百分比	Alberini 等：保護 S. Erasmo 島的 WTP 百分比
否－否	46.14	46.40	53.54
否－是	6.59	7.88	5.95

（續下表）

| 是—是 | 28.64 | 29.05 | 23.34 |
| 是—否 | 18.64 | 16.67 | 17.17 |

（Whitehead & Finney, 2003:235; Alberini et al., 2005:165）

Bateman 和 Brouwer（2006）在調查中進一步發現了這方面的證據，該調查旨在測量紐西蘭降低皮膚癌風險的 WTP。他們在實驗中專門測試了範圍敏感性，首先蒐集個人的 WTP，然後擴展到家庭的 WTP。他們還測試了問題形式是否為影響因素：開放式（open-ended, OE）和二分選擇（dichotomous choice, DC）。研究發現，DC 形式的 WTP 問題對符合先驗預期的範圍顯示出統計意義上顯著的敏感性，而 OE 形式的問題則沒有。「因此，我們不能否認 DC 形式的回答符合標準理論這一假設。」（2006:210）

另一個普遍發現是，當 WTP 研究的範圍很小或被認為太小以致於無關緊要時，它們對範圍的變化並不敏感。Betaman 等人（2005）透過測量改變大樣本山地湖泊的酸度水準的 WTP 值，闡明了這一點。他們發現，受訪者的 WTP 值確實會隨著湖泊數量而變化，但一旦達到閾限值水準，WTP 值就會顯著下降。因此，儘管保護 5 個湖泊的意願估計在 16.39 英鎊至 20.29 英鎊之間，但保護所有 400 個湖泊的最高價值僅在 22.40 英鎊至 30.18 英鎊之間。Betaman 等人（2005）認為，這一發現並不證明範圍不敏感，而是說一旦達到閾限值，用於保護更多湖泊的邊際 WTP 就非常小。

範圍敏感性將持續作為 WTP 研究內部一致性的決定性檢驗。Kahneman 等人（1999:217）指出，「範圍不敏感性是支配人類判斷一般規則的必然結果。一般性心理規律被次要的方法調整所改變是不可能的。」然而，普遍的共識似乎是，範圍不敏感性是調查設計不當的結果，而不能說明條件價值本身不符合經濟理論。

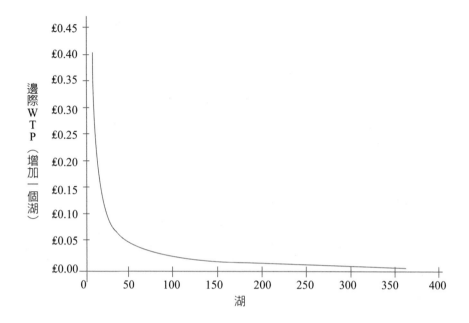

圖 4.1　為免湖泊進一步退化的邊際願付價格

4.3.3 WTP與WTA的差異

　　條件評估研究違反經濟理論標準假設的另一個重要面向是,調查結果的巨大差異取決於是否要求受訪者提供避免某些商品／服務減少的WTP,或在同等情況下,是否要求他們提供接受補償的意願(WTA)。Willig 於 1976 年提出「期望效用假設」(Expected Utility Hypothesis),Randall 和 Stoll 在 1980 年對其進行了擴展。該假設認為,當收入影響很小(大多數研究都這樣認為)時,WTP 和 WTA 之間的差異將微不足道(Inder & O'Brien, 2003; Hanemann, 1991; Boyce & Brown, 1992:1367)。

　　換句話說,該理論認為,當商品在一個沒有交易成本的競爭性市場

上銷售時，它們就具有了貨幣的屬性。在這種情況下，不僅 WTP 可以被證明等同於 WTA，而且也可以被證明近似於商品的平均市場價格，從而產生直線無異曲線（Shogren et al., 1994）。然而，正如一些研究者所指出（Boyce & Brown, 1992; Morrison, 1997; Hanemann, 1991; Shogren et al., 1994），這一理論並未被完全證實——WTA 通常比 WTP 高出 2-10 倍，有時甚至更多。

我們通常認爲收入效應很小，因此出現了兩種不同的理論來解釋 WTP-WTA 間的差異，一是由 Hanemann（1991）提出的替代效應，一是由 Kahneman 等人（1990）提出的損失厭惡或所謂的稟賦效應。下一節將回顧這兩種理論以及它們潛在的結合（Morrison, 1997a; 1997b）以及後來的一些建議。

替代效應

Hanemann（1991）認爲 Randall 和 Stoll 模型的含義被誤解了。他指出，某種商品數量變化時，並不存在 WTP 一定等於 WTA 的假設，尤其是這種商品在沒有近似替代品的情況下。他建立了一個模型，顯示如果收入影響保持不變，WTP 和 WTA 將隨著替代商品數量的減少而日益分化。「極端情況下，WTP 等於個體的全部（有限）收入，而 WTA 可以是無限的。」（1991:625-6）Shogren 等人（1994）用健康和財富之間權衡的例子說明了這一點，說明在沒有完美替代品的情況下，無異曲線將呈現一般的形狀，即凸至原點。這一觀點得到了 Amiran 和 Hagen（2003）的支持，他們指出，如果效用是漸進有界的，對公共財損失的完全補償就不可能，因爲沒有完美或接近的替代品，來自補償的額外收入（WTA）無法購買同等的商品。因此，在不違反任何新古典主義基本假設的情況下，WTA 有可能無限。

　　Adamowicz 等人（1993）透過兩個私有財的實驗來檢驗 WTP-WTA 差異中是否存在替代效應。第一個實驗研究了一張電影票的 WTP 和 WTA，這一電影已有影片版本。第二個實驗研究了曲棍球比賽的門票，這場比賽也會在電視上轉播。研究人員將樣本分成兩組，一組被告知存在替代品（影片和電視報導），另一組不被告知。電影／影片實驗組（使用開放式問題）對替代品的存在不敏感，而曲棍球實驗結果（使用封閉式問題）對替代品敏感。「以均值福利衡量，有替代次樣本的 WTP 與 WTA 之間的差額比無替代次樣本小 13.40 美元（40%）。」（1993:425）結論是，替代品的可用性對 WTP 和 WTA 之間的差異有顯著影響。

　　然而，Brown（1994）對 Adamowicz 等人（1993）的發現提出了質疑。他指出，雖然提供替代品時 WTP 和 WTA 的絕對值都下降（正如人們所預期的），但 WTP 與 WTA 的比值變化不大，有或沒有替代品時，WTA ／ WTP 的值都約為 1.86。

　　Kling 等人（2004）對替代品在文化經濟學中的作用進行了有趣的測試（這也是圍繞公共財進行的少數研究之一）。他們調查了保護科羅拉多州柯林斯堡（Fort Collins）的北方旅館（Northern Hotel）的價值。該酒店是當地地標性建築，始建於 1866 年，過去曾接待過許多名人，包括美國總統富蘭克林 · 羅斯福。然而，酒店已經嚴重受損，如不進行修復，可能永遠無法復原。Kling 等人（2004）透過將樣本分在兩種評估情境，專門研究 WTP-WTA 的差異：一種是向受訪者提供稅收盈餘或建築修復的退款（WTA），另一種是願意額外付出用於建築修復的稅款（WTP）。他們發現，WTA 的出價明顯高於 WTP，並得出結論，文化資產中存在顯著的不可替代性效應，因為獨一無人的文化資產沒有近似的替代品。

　　這似乎同樣適用於聖路易斯公共圖書館的一項研究（Holt et al., 1998, 1999），該研究詢問了圖書館用戶是否願意放棄某些圖書館服務，以及他們願意為這些服務支付多少錢（「美元價值」）。調查結果顯示，88% 的

受訪者拒絕考慮「以任何價格」關閉圖書館，WTA 的出價（1.36 億美元）超出了合理水準，遠超過 1,500 萬美元的 WTP。其原因包括圖書館是「重要／被需要／無價／太有價值的」（Holt & Elliott, 1998:43）。

稟賦效應

　　另一種解釋 WTP 和 WTA 間不對稱性的論點是損失厭惡或「稟賦效應」。Kahneman 等人（1990）發現，初始所有權或稟賦效應對受訪者是否願意放棄某物品有顯著影響。在一項實驗中，一組實驗對象得到可兌換的代幣進行交易，而另一組實驗對象得到消費品（咖啡杯或巧克力棒），並被告知，如果他們能達成一個雙方都滿意的價格，就可以進行交易。兩個市場的預期交易量（V*）約為 50%，換句話說，如果隨機分配商品或代幣，大約一半的商品將被轉手。在代幣市場中，除了研究者估算的之外，代幣沒有任何價值，實際貿易（V）與預期貿易（V*）的比率為 0.91，而在消費品市場中，V/V* 僅為 0.31。所有八個實驗都得出了有力的結果，這意味著「實際消費品交易量不足可能主要因為人們不願放棄權利」（Kahneman et al., 1990:1339）。

　　這一結果與寇斯定理（Coase theorem）相矛盾，寇斯定理認為，在沒有交易成本的情況下，個體之間的資源配置不應受到初始所有權或初始稟賦的影響。「然而，如果一種商品與另一種商品之間的邊際替代率受到稟賦的影響，那麼擁有初始稟賦的個體將更有可能保留它。」（Kahneman et al., 1990:1340）Kahneman 等人（1990）得出結論，在 WTP-WTA 差異中觀察到的市場不對稱性，不大可能是某種認知上的錯誤，這種錯誤會隨著使用不同的調查方法或重複實驗而消失。在後來的一項研究中，Thampapillia（2000:510）也闡明，「當個體的稟賦改變時，個體潛在效用函數的形狀以及無差別曲線也隨之改變。」

　　Thompson 等人（1998; 2002）在對肯塔基州家庭藝術價值的 WTP 研究中也辨識到了「損失趨避」，即每戶家庭為避免 25% 損失的平均 WTP（11.44 美元）要比增加相同數量的藝術表演和展覽的 WTP（6.21 美元）高得多。考慮到在肯塔基州增加 25% 的藝術表演和展覽的成本為 1,260 萬美元，一個 WTP 項目將避免 1,690 萬美元的損失，這意味著淨收益為 430 萬美元。Thompson 等人的結論是，相對較小的淨收益顯示當前的支持水準相對有效。

　　Aabo（2005）使用不同樣本來評估挪威的公共圖書館。其中一個次樣本需要指出關閉圖書館並以退稅形式進行補償的 WTA，另一個次樣本需要指出他們為防止圖書館關閉的 WTP。WTA 比 WTP 高出 5 倍。然而，Aabo 認為，「當受訪者認為他們有獲得物品的固有權利時，WTP 法將會低估福利的影響。」（2005:492）這項研究發現 94% 的挪威人認為他們擁有這樣的權利，因此 Aabo 指出 WTP 的估值將會下降，「真實」的值將更接近 WTA 估值。

　　與此形成鮮明對比的是，Shogren 等人（1994）進行了大量類似於 Kahneman 的測試（咖啡杯和巧克力），發現在第一次重複試驗後，WTP 和 WTA 沒有顯著差異。換句話說，對於沒有交易成本的私有財，他們發現，當受訪者獲得更多的市場經驗時，他們的確知道該賦予物品怎樣的合理價值，這導致 WTP 和 WTA 相等。然而，當對一種幾乎沒有替代品的物品（例如降低食品汙染風險以保證健康）進行相同的測試時，他們發現 WTA 總是大於 WTP，並得出結論認為 Hanemann（1991）的觀點正確。

　　然而，Shogren 等人（1994）和 Kahneman 等人（1990）的實驗主要區別是，Kahneman 等人使用的是 Becker-DeGroot-Marschak 拍賣，而 Shogren 等人使用的是 Vickery 拍賣。Shogren 和 Hayes（1997）認為，Vickery 拍賣更接近現實、更像一個真正的市場，從而鼓勵市場相關學習，而 Kahneman 等人的方法不是。「稟賦效應是一種基本的選擇，還是

一種弱勢交易環境下的人工產物？交換制度愈弱，理性行為的社會化就愈弱，社會異常對選擇的潛在控制就愈強。」（Shogren & Hayes, 1997:243）

　　List（2003）後來的一項研究支持了市場規則激勵學習的觀點，該研究採取了兩個領域的資訊——可交易的體育收藏卡拍賣和可蒐集的徽章拍賣。List 使用類似於 Kahneman 等人（1990）的方法發現，雖然在蒐集的資料中確實出現了顯著的稟賦效應（表示願意用自己的「稟賦」商品交換價值相近的替代商品的受訪者比例較低），但當根據交易經驗對樣本進行分割時，情況就會發生顯著變化。在這種情況下，專業交易者和有經驗的交易者沒有表現出稟賦效應，而沒有經驗的交易者表現出巨大的效應。

　　然而，Morrison（1997a; 1997b）指出，收入效應和替代效應同時存在的可能性，以及它們對兩種條件估值法（WTP 和 WTA）之間差異的共同影響，尚未得到充分的解決。Morrison（1997a）在進行一項實驗時，首先允許稟賦效應和替代效應發生變化，發現 WTP 和 WTA 之間沒有顯著差異，然後控制替代效應，發現存在顯著差異。因此，她認為 Shogren 等人（1994）的結果顯示稟賦效應不存在並不合理。

解釋WTP-WTA差異的心理學理論

　　除了這兩種主流的思想（即替代效應和稟賦效應）之外，一些評論者還使用了心理學理論，來解釋為什麼 WTP 和 WTA 常常出現不對稱性。Boyce 和 Brown（1992）認為，「本質」價值在評估類似於環境／文化的某個方面的複雜商品時至關重要。「如果一種環境商品具有本質價值，我們認為，當本質價值被包含在 WTA 的價值度量中，但（至少部分地）被排除在 WTP 的價值度量之外時，就會導致商品和其他貨幣支出之間的無異曲線彎曲。」（Boyce & Brown, 1992:1367）換句話說，WTA 法中體現了保護一個物種／藝術／文化資產的道德責任感，從而使 WTA 值超越了

WTP。

　　Biel 等人（2006）透過 WTP-WTA 實驗證實了這一假設，他們採納了參與研究的學生中眞實的支付情況。透過分割樣本，受訪者被問及他們是否願意爲支援世界野生動物基金會（World Wildlife Fund, WWF）水獺保護項目而付款，或願意接受補償價格的減少。48 名參與者中只有 9 名願意爲支持該專案而付款，而 51 名參與者中有 23 名願意接受補償價格減少。此外，針對 WTP 或 WTA 問題情感反應的後續調查發現，對於那些選擇不捐贈的人來說，WTA 情境下的煩惱、自我厭惡、不適、自我不滿和羞恥等情感的強度要高得多。他們得出結論，WTP-WTA 之間的差異「基本上是情感體驗和道德感知不對稱的結果」（2006:10）。

　　Inder 和 O'Brien（2003）認爲，由於必須做出選擇，無論是作爲賣方（WTA）還是作爲買方（WTP），所造成的不愉快情緒，都可能會導致實驗觀察到的差異。他們認爲，損失厭惡不足以解釋 WTP 與 WTA 的差異，因爲它只考慮了等式的一邊——願意接受損失補償的賣方——而沒有考慮到對買方的心理影響，買方可能不確定這些資產對他們的價值、產生的效用以及他們將接受的價格。Band 和 O'brien 認爲，爲了彌補這種不確定性，賣方（WTA）將傾向於誇大他們的價值，而買方（WTP）會低估價值，導致 WTP、WTA 和市場價格之間產生巨大差異。

　　NOAA 小組（1993:18）建議只使用 WTP 方法，「因爲『它』是保守的選擇」。許多評論家（Shogren & Cummings et al., 1994; Boyce & Brown, 1992，及其他）也認爲，只有採用 WTP 法的條件評估法可以被用來評估非市場商品可能的「道德」價值，因爲即便 WTP 很小或等於零，也有可能產生無限的 WTA。「很難看出無限的個體 WTA 值如何被納入收益－成本分析……」（Boyce & Brown, 1992:1371）雖然一些評論家，如 Mansfield（1999），仍然認爲補償價值是衡量福利損失的正確方法而不是 WTP，但實際上大多數研究都堅持 WTP 法。

4.3.4 混合財偏誤

　　藝術作為一種混合財，同時具有公共性和私有性。一些形式的藝術，如音樂會和展覽，具有排他性與私有財的特性，不支付費用將無法消費。然而，藝術也具有公共性，例如非排他性、非競爭性以及其產生的外部性。下一節將探討在 WTP 研究中，區分純粹非市場的外部性商品與混合財的市場／財務收益的困難。

觀眾與非觀眾

　　Throsby（1984）認為，商品的公共部分和私有部分應該有單獨的需求函數，這揭示了對需求偏好錯誤表述的動機。Morrison 和 West（1986:69）支持他的觀點，他們指出，「橫向的不平等」（收入水準相似的人之間的利益差異）可能會使「富有且受過良好教育的人從藝術補貼中受益最大」這一觀點過於簡單化了：「劇院觀眾（相對於收入水準相似的非觀眾）將享受直接使用劇院的補貼以及外部利益。」

　　這一觀點後來被 Carson 等人（1999）闡述為總價值與被動使用價值之間的區別。他們指出，WTP 包括被動使用價值（用戶和非用戶積累的外部性）和直接使用價值（僅使用者積累）兩部分。Throsby（1984）的主要觀點是，即使傳統的搭便車行為不存在，那些參加現場表演藝術的人將因此有（符合邏輯的）理由誇大他們增加服務的 WTP。假設一個經濟體內的混合品（x）有 A、B 兩個用戶。用戶 A（非觀眾）只對商品的公共部分有需求，使用者 B（觀眾）只需要商品的私有部分。簡單來看，如果對商品 x 的補貼增加，即使 A 和 B 應繳的稅額相等，B 從價格下跌中獲益會比 A 多（因為 B 是觀眾）。因此，B 有誇大 WTP 的動機，而費用將平均分攤（Throsby, 1984:280-282）。

「這一分析的實質是，如果個體由於補貼私有品（混合品的一部分）而增加消費，其所獲得的益處超過了他／她認爲的爲這一增長提供資金所繳的稅額，就會存在誇大偏好的動機。」（Throsby, 1984:282）

在將這一理論應用到他們對澳大利亞藝術公共財政水準的研究時，Throsby 和 Withers（1986）發現用戶（即觀衆）與更高的 WTP 間有很強的相關性；「爲了消除這一偏誤來源，需要將 WTP 平均水準向下調整約 40%。」一旦這樣做，研究的結果就可用來提供有關公共部分的需求資訊，例如收入、品味和教育（Throsby, 1984）。

這些結果在後來的一些文化經濟學價值評估研究中得到了證實，如表 4.3 所示。無一例外，所有的研究都顯示，使用者或潛在使用者的 WTP 比非使用者更高。混合財偏誤與 Thompson 等人（2002）的觀點相吻合，對於那些經常參加受高度贊助的電視節目的人來說，付費意願可能代表著對消費者剩餘的犧牲，或者是對旅行成本的一種規避，而不是純粹的對正外部性的評估。

薩里歷史中心（Surrey Historical Centre）（Ozdemiroglu & Mourato, 2001）進行的一項研究非常有趣，它提出了兩種估價方案：在第一種情況下，該中心將保持運作，並向公衆開放，就像現在一樣。在第二種情況下，該中心將繼續運作，但不會向公衆開放。結果顯示，對於參觀者而言，兩種情況下存在顯著差異；非使用價值爲 24 英鎊，使用價值（對公衆開放）爲 34 英鎊。然而，對於當前的非使用者而言，兩種情況的平均 WTP 是 13 英鎊，這清楚地說明了不同的使用價值。

表 4.3　WTP 研究中的使用一價值偏見

來源	案例研究	發現結果
Carson 等（1997）	Fes Medina 的保護	來訪遊客平均每人願意支付 70 美元，而未到訪的摩洛哥遊客每人願意支付約 30 美元。歐洲人口中 WTP 均值為 2.15 美元。
Ozdemiroglu 和 Mourato（2001）	薩里歷史中心	為防止中心關閉與相關損失的平均用戶 WTP 為每人每年 34 英鎊，為阻止訪問限制的 WTP 均值為 24 英鎊。非用戶願意為這兩種情況每年支付 13 英鎊。
Snowball 和 Antrobus（2001）	南非國家藝術節	低出席率／未出席的受訪者有 56% 願意支付，中等出席率的群體中 76% 願意支付，高出席率的群體 100% 願意支付。
Snowball 和 Antrobus（2003）	Oudtshoorn 藝術節，南非	看過 0-3 場表演的平均 WTP 值為 3.33 蘭特；4-7 場為 11.60 蘭特；8-12 場為 13.80 蘭特；13 場及以上為 15.22 蘭特。
Del Saz Salazar 和 Marques（2005）	老阿拉伯塔修復，瓦倫西亞	對於那些「高消費」的文化產品，平均 WTP 更高。
Alberini 等（2005）	S. Erasmo 潟湖，威尼斯	49% 的訪客的 WTP 回答為「否」，潛在的未來訪客中為 50%，非遊客為 79%。
Del Saz Salazar 和 Menendez（2007）	El Parque Central，瓦倫西亞	相比之下，住得較近的居民願意支付更多的費用。

　　這樣的結果也出現在對藝術節（Snowball & Antrobus, 2001; 2003）和文物遺址（Del Saz Salazar & Marques, 2005; Alberini et al., 2005; Carsonet al., 1997）的研究中，其中付費意願與出席／訪問的節目數量呈正相關。事實上，Del Saz Salazar 和 Marques 的研究（2005）發現，那些被歸類為文化財「高消費」的受訪者，其修復巴倫西亞一座古老的阿拉伯塔的 WTP 要比那些被歸類為低／平均文化消費的受訪者高出 133%。這顯示，文化商的漲價，以及特定商品價值的使用，可能會使 WTP 結果上升。因此，當將 WTP 結果推廣到整個母群體時，檢視是否為使用者或「高雅」文化的消費者對平均值的影響程度至關重要。

混合財的特點和收益

除了參觀者的消費者剩餘，Seaman（2003a:13）認為，WTP 研究也可能捕捉到為預期經濟效益而支付的意願。這不僅反映在目前的收入上，而且也反映在該地區的長期增長上。一個 13 歲孩子的父母的部分「遺贈」動機，難道不應該是這個孩子有可能受益於節慶活動未來提供的高收入與就業機會？這特別適用於文化節慶或景點，如藝術節、大型博物館或大型歷史遺址的修復，從而增加該地區的遊客。

Thompson 等人（1998; 2002）的研究將 WTP 估價加入到經濟效益資料中，以衡量藝術之於肯塔基州經濟的總價值（每年 4,380 萬美元）。然而，這種方法受到了 Seaman（2003a）的批評，理由有二。首先，他認為部分 WTP 估計值可能包含被調查者或他們的家庭依據文化藝術所預計的當前／未來收入。換句話說，WTP 估計在某種程度上包括了經濟效益，簡單地把它們相加就會導致重複計算。其次，他認為 WTP 資料並沒有給出總價值，而是只衡量了一種情況（藝術活動減少 25%），而不是肯塔基藝術活動所提供的全部外部價值。

在對兩個南非藝術節（Grahamstown 國家藝術節和 Oudtshoorn 的 Klein Karoo Nationale Kunstefees 藝術節）進行的研究中，受訪者被問及 WTP 問題的後續問題，以此探究他們願意／不願意支持該節慶的原因（Snowball, 2005）。來自舉辦城市當地的受訪者，他們需要提供從節慶中（因額外就業或為遊客提供住宿）獲得的收入。無論是透過節慶獲得的錢，還是受訪者對節慶所能帶來／可能帶來的經濟利益的觀點（通常被認為是正向 WTP 的原因之一），都會對 WTP 產生正向且重要的影響。

儘管來自節慶的平均收入要低得多，在低收入地區，將經濟效益作對 WTP 積極支持的正面理由具統計學上的顯著關係。這顯示，在文化活動與旅遊業增長和收入增長具有相關性的地區，在失業率高或平均收入低的

地區，WTP 會反映出未來預期經濟收益的部分價值。在兩個南非節慶的舉辦城鎮的高收入地區，來自節慶遊客的實際收入在統計上對 WTP 有顯著正向影響，因此也有可能致使 WTP 數據上升（Snowball, 2005）。

表 4.4　兩項南非國家藝術節的收益與支出

	Grahamstown		Oudtshoorn	
	高收入	低收入	高收入	低收入
節慶平均收益	R390 ($60)	R106 ($16.31)	R833 ($128.15)	R341 ($52.46)
將（當前或未來預期）經濟效益作為支付目的的受訪者占比。	19%	53%	35%	40%

（Snowball, 2005:118）

如果能確定 WTP 在多大程度上反映了非市場外部性與市場利益的價值，就像 Seaman（2003a）所提議，在同一節慶下同時進行 WTP 評估與精準經濟效益研究。然後，人們可以將這兩個結果適當加權，以得出該節慶的真正經濟價值。然而，簡單地加總 WTP 和經濟效益數字亦會導致一些重複計算。

4.3.5 關於條件價值評估法的其他各種觀點

Sunstein（2002）等人（2001）強烈認為，特別是在評估文化商品時，條件評估法會產生不連貫的估計。因為 WTP 將隨商品類別的變化而變化，也就是說，估計值將「受類別限制」。例如，由於單獨考慮文化設施，WTP 值可能會非常可觀，但如果包含其他類別，如衛生保健等，文化設施的 WTP 將急劇下降。「當人們孤立地研究特定問題時，他們會將

其一般化，將其與一個認知可達的比較組進行比較，該比較組由來自相同類別的案例組成。當引入其他類別的案例時，人們的判斷會受到很大的影響，因為一般化的過程被打亂了。」（Sunstein, 2002:1）因此，單獨獲得的 WTP 估計值不可靠，尤其是文化商品的 WTP，因為對大多數人而言，文化商品在公共財的排名相當落後。

Sunstein（2002）對此提出了兩種解決方案，但都被證明無解。第一種是在 WTP 問卷中盡可能廣泛地包含其他公共財（醫療、教育、環境等）。但這項任務將極其複雜，並會導致「認知超載（cognitive overload）」。另一種選擇是至少包括一些其他類別，但這將導致嚴重的操縱現象，因為選擇的類別會影響 WTP 結果。Epstein（2003:267-8）認為，即使是私有財，如果將其從一個可以與同類物品進行比價的特定環境中移除，那麼 WTP 的結果也可能是「偶然、並且可靠性相當有限」。

Sunstein 等人（2001）提出的第二個問題是，假設 WTP 是透過貨幣表達的效用。和 Kahneman 等人（1999）一樣，他們認為即使人們能夠有「連貫一致的道德直覺」，這也不容易轉化成數字。例如，由陪審團決定某一特定罪行的刑罰（監禁年數），如果單獨考慮，似乎公正，但如果與其他罪行的刑罰一起考慮，則不一致。Sunstein（2002）的結論是，雖然市場機制不適合對文化商品的提供做出判斷，但是在考慮到收入限制的情況時，WTP 調查法也不是一個有效的解決方法。

Epstein（2003）回顧了前面討論的稟賦理論，認為即使是私有財的價值也不容易定義，它由市場價值和（通常是不同的）主觀價值組成。即使忽略主觀價值，市場價值（例如，不同建築商為增加房屋所提供的報價）也可能相差甚遠。如果私有財的市場價值不可靠，那麼在假設的市場中，對公共財的偏好也會有很大程度的不可靠。

Epstein（2003）還指出，WTP 研究存在許多先入為主的偏誤，例如，假設非使用價值或存在價值總為正數，WTP 回答的下界為零。某些情況

下，存在價值可能實際上是負數。第二點是存在價值可適用於許多商品，其中一些商品具有排他性。「詢問人們是否重視紅杉的存在價值，並不能代表人們更傾向於保護紅杉。」還需要提出第二個問題：「他們是否也重視紅木家具的存在價值？但不可能兩者兼得。」（Epstein, 2003:272）

事實上，某一早期的 WTP 研究確實證實了商品正負面的外部效應。Maddison 和 Mourato（1999）進行了一項研究：爲恢復巨石陣（Stonehenge）遺址的平靜，他們將在該遺址下方開採一條隧道同時關閉另一條路。研究者會給受訪者展示當前的以及備選方案的地圖和圖片，然後詢問他們在不考慮經濟因素的情況下更傾向於哪種方案。無論他們選擇哪一種，受訪者都會被問及他們維護自己選擇的 WTP。

雖然約有一半的受訪者認爲該遺址會因這條路而「毀容」，但也有相當數量的人認爲在開車經過時看到遺址存在正面價值／不喜歡開車穿過長隧道。這顯示，至少對一些受訪者來說，穿過隧道的道路有成本。然而，隧道的 WTP 仍然比當前道路的 WTP 高很多（12.80 英鎊），這顯示選擇隧道情境的人有更強的偏好。而建造這條隧道的遺產淨收益預計爲 1.49 億英鎊。

然而，即使是 CV 研究最忠實的支持者也會承認它的局限性。Carson 等人（2001）指出了該方法的兩個局限性。首先，WTP 研究受到財富的限制。在已開發國家，這不是什麼大問題，但在發展中國家，政府的政策往往是專門爲窮人提供公共財，這可能會成爲重大障礙。第二個是，就像所有眞實或假設市場一樣，只有當代人（或許還有那些被認爲是未來幾代人）的偏好被考慮在內，而眞正未來的人們的偏好未知，且基本上不可知。

Throsby（2003）也指出，特別是文化商品，WTP 不能充分捕捉到商品的全部價值。例如，如果被調查者個人並不重視這種商品，但他意識到到此商品的價值可能有益於到他人或社會，因此願意爲此付出代價。

Throsby（2003:279）認為，文化商品的本質賦予了社會價值觀與文化商品間的強相關：

　　「文化可以被定義為一套信仰、傳統或習俗等，它能夠組成群體並將其成員聯結在一起。所以我在這裡討論的文化商品的價值是一種與群體相關的可識別價值，而不是與個體孤立特質相關的價值。很明顯，對這種價值的感知不會被單個WTP的表述所識別。」

　　因此，Throsby（2003）認為，儘管 WTP 研究可以捕捉到文化商品的部分經濟價值，但它們之間的關係永遠不會完美，即使是最完善的研究也往往會低估文化商品的價值。

4.4 結論

　　前文綜述中提到的例子，說明了研究者是如何利用 WTP 研究來評估文化商品的價值。本章透過案例研究，概述了關於條件估值研究的結果與新古典主義經濟理論不一致的爭論，包括：假設性偏誤、範圍不敏感性、WTP 和 WTA 法之間的巨大差異，以及其他一些批評。正如 NOAA 小組（1993）所建議，許多問題可以透過嚴格和保守的問卷設計得到控制，許多關於 CV 的爭論業已轉移到這個領域。NOAA 小組的建議，以及後來的研究結果，我們將在下一章進行討論，具體集中在問卷設計、結果解釋和有效性測試等實際問題。

附錄 4.1　文化經濟學領域中有關願付價格的研究案例

年分	作者	領域	商品	來源
1972	Bohm	廣播	電視節目	European Economic Review 3:111-130
1980	Throsby, O'Shea	藝術	米爾杜拉藝術中心，澳大利亞	Research Paper 210, Macquarie University
1983	Thompson et al.	藝術	針對澳大利亞藝術的稅收扶持	Research Paper 261, Macquarie University
1983	Scheider, Pommerehne	劇院	瑞士市政劇院	Book: Economics of Cultural Decisions, Hendon and Shanahan (Eds.)
1986	Morrison, West	藝術	表演藝術與文化，渥太華	Journal of Behavioural Economics 15:57-72
1989	Frey, Pommerehne	博物館	瑞士城市購買兩幅畢卡索畫作	Book: Muses and markets
1990	Ehrenberg, Mills	廣播	電視	Supplement to Broadcast（No- vember）
1992	Navrud, Strand	歷史遺址	挪威 Nidaros 大教堂	Book: Pricing the European Environment Navrud (Ed)
1994	Willis	歷史遺址	英國杜倫大教堂	Journal of Environmental Planning and Management 37,3:267-278
1994	Grosclaude, Soguel	歷史遺址	瑞士紐沙特爾建築維護	Journal of Environmental Planning and Management 37,3:279-287
1994	Martin	博物館	魁北克市的博物館	Journal of Cultural Economics 18,4:255-270
1995	Schwer, Daneshvary	廣播	拉斯維加斯 PBS TV	Journal of Media Economics 8,3:95-109
1996	Garrod et al.	歷史遺址	紐卡斯爾大樓翻新	Cities 16,6:423-430

（續下表）

1996	Longwood et al.	遺址	澳大利亞阿爾卑斯山牧場	Journal of Environmental Planning and Management 39,3:357-370
1996	Beltran, Rojas	考古遺址	墨西哥考古遺址	Annals of Tourism Research 23,2:463-478
1997	Carson et al.	歷史遺址	摩洛哥菲斯老城	World Bank Report, Washington
1997	Bille Hansen	劇院	哥本哈根皇家劇院	Journal of Cultural Economics 21, 1:1-28
1998	Willis, Powe	歷史遺址	英國沃克沃思城堡	Journal of Environmental Planning and Management 41,5;611-619
1998	Chambers et al.	歷史遺址	密蘇里州聖吉納維夫的建築	Public Finance Review 26:137- 154
1998	Scarpa et al.	歷史遺址	義大利里沃利城堡	Book: Environmental Resource Valuation: Applications of the CV method in Italy Scarpa, Sirchai , Bravi（Eds.）
1998	Pagiola	歷史遺址	克羅埃西亞斯普利特市	World Bank website
1998	Bravi, Scarpa	博物館	義大利博物館	Book: Valuing cultural heritage Bravi, Scarpa, Sirchia（Eds.）
1998	Riganti, Scarpa	考古遺址	義大利 Campi Flegrei	Book: Economic resource valuation Bishop, Romano（Eds.）
1999	Glass et al.	藝術	堪薩斯當地藝術	University of Kansas Institute for Public Policy and Business, Research report 257
1999	Maddison, Mourato	歷史遺址	巨石陣道路方案	CSERGE Working Paper GEC 99-08（Available on internet）
1999	Papandrea	廣播	國內電視	Journal of Cultural Economics 23,3:147-164
1999	Harless, Allen	圖書館	大學圖書館服務	College & Research Libraries 60:56-69

（續下表）

1999	Holt et al.	圖書館	聖路易斯公共圖書館	Public Libraries 38,2:98-108
2000	Santagata, Sigorello	歷史遺址	義大利拿坡里阿佩蒂博物館	Journal of Cultural Economics 24,3:181-204
2000	Creigh-Tyte	文化資產	英國歷史遺跡環境	Paper presented at the Association of Cultural Economics International conference in Minneapolis
2000	Begin et al.	廣播	魁北克與法國電影製作	International Journal of Cultural Policy 7,2:355-368
2001	Pollicino, Maddison	歷史遺址	英格蘭林肯大教堂牆面清潔	Journal of Cultural Economics 25,2:131-148
2001	Ozdemiroglu, Mourato	文化資產	薩里歷史中心	Paper presented at Economic Valuation of Cultural Heritage Conference, University College, London
2001	Jennings	廣播	愛爾蘭公共電臺	M. Lit. submitted at Trinity College, Dublin University
2001	Snowball, Antrobus	藝術	南非藝術家	South African Journal of Economics 69,4:752-766
2002	Cuccia, Signorello	歷史遺址	義大利諾托之行	Book: The economics of heritage Rizzo, Towse (Eds.)
2002	Willis	歷史遺址	Bosco di Capodimonte	Journal of Cultural Economics 26:307-324
2002	Aabo, Strand	圖書館	挪威圖書館	Journal of Librarianship and Information Science 34,1:5-15
2002	Thompson et al.	藝術	肯塔基州藝術	Journal of Cultural Economics
2002	Mourato et al.	文化資產	保加利亞修道院	Book: Valuing Cultural Heritage (Navrud, Ready Eds.)
2003	Maddison, Foster	博物館	大英博物館的擁擠問題	Oxford Economic Papers 55:173-190
2003	Whitehead, Finney	文化資產	北卡萊羅納水下海洋遺產	Journal of Cultural Economics 27, 3-4:231-240

（續下表）

2003	Sanz et al.	博物館	西班牙瓦拉多利德國家雕塑博物館	Journal of Cultural Economics 27:241-257
2004	Mourato et al.	歷史遺址	馬丘比丘	World Economics 5, 3
2004	Kling et al.	歷史遺址	科羅拉多州 Fr Collins 酒店	Urban Studies 41,10:2025-2041
2004	Alberini et al.	文化資產	S. Erasmo 在威尼斯潟湖中的價值	Journal of Environmental Planning and Management 48,2:155-175
2004	Brown	文化資產	英國國家信託財產	PhD dissertation, Imperial Col- lege London
2005	Del Saz Salazar, Marques	歷史遺址	西班牙修復老阿拉伯塔	Journal of Cultural Heritage 6:69-77
2005	Aabo	圖書館	挪威公共圖書館	New Library World 106, 1218/1219:487-495
2005	Snowball	藝術	南非藝術節	Journal of Cultural Economics 29:107-125
2006	Jim	文化資產	城市中的遺產名貴樹木	Environmental Monitoring and Assessment 116:53-80
2006	Tuan, Navrud	歷史遺址	越南世界遺產	Environmental and Resource Economics
2007	Kim et al.	歷史遺址	韓國昌德宮	Tourism Management 28:317- 322
2007	Dutta et al.	文化資產	加爾各答 Prinsep Ghat	Tourism Management 28:83-95

參考文獻

Aabo, S. (2005) Are public libraries worth their price? A contingent valuation study of Norwegian public libraries. *New Library World* 106,1218/1219:487-495.

Aadland, D. and Caplan, A. (2003) Willingness to pay for curbside recycling with detection and mitigation of hypothetical bias. *American Journal of Agricultural Economics* 85,2:492-502.

Adamowicz, W., Bhardwaj, V. and Macnab, B. (1993) Experiments on the difference between willingness to pay and willingness to accept. *Land Economic* 69,4:416-427.

Alberini, A., Rosato, P., Longo, A. and Zanatta, V. (2005) Information and willingness to pay in a contingent valuation study: The value of S. Erasmo in the Lagoon of Venice. Journal of *Environmental Planning and Management* 48,2:155-175.

Alberini, A. and Longo, A. (2006) Combining the travel cost and contingent behaviour methods to value cultural heritage sites: Evidence from Armenia. *Journal of Cultural Economics* 30:287-304.

Anchorage Daily News (1999) *Hard Aground: Disaster in Prince William Sound Special feature published form 21-24 March.* [On line] Available: www.and.com [Accessed 18/09/02].

Bateman, I.J., Cole, M., Cooper, P., Georgiou, S., Hadley, D. and Poe, G.L. (2004) On visible choice sets and scope sensitivity. *Journal of Environmental Economics and Management* 47:71-93.

Bateman, I., Cooper, P., Georgiou, S., Navrud, S., Poe, G., Ready, R., Riera, P., Ryan, M. and Vossler, C. (2005) Economic valuation of policies for managing acidity in remote mountain lakes: Examining validity through scope sensitivity testing. *Aquatic Sciences* 67:274-291.

Bateman, I. and Brouwer, R. (2006) Consistency and construction in stated WTP for health risk reductions: A novel scope-sensitivity test. *Resource and Energy Economics* 28:199-214.

Bedate, A., Herrero, L. and Sanz, J. (2004) Economic valuation of the cultural heritage: application to four case studies in Spain. *Journal of Cultural Heritage* 5,1:101-111.

Biel, A. (2006) *Emotions, morality and public goods: The WTA-WTP disparity revisited.* Department of Economics, School of Business, Economics and Law, Goteborg University, Working Papers in Economics, no. 193.

Bille Hansen, T. (1997) The willingness to pay for the Royal Theatre in Copenhagen as a public good. *Journal of Cultural Economics* 21:1-28.

Bille, T. and Schulze, G. (2006) *Culture in urban and regional development.* Handbook of the Economics of Art and Culture. Ginsburgh, V. and Throsby, D. (Eds.) North Holland:Amsterdam.

Bohm, P. (1972) Estimating demand for public goods: An experiment. *Scandinavian Journal of Economics* 3:113-130.

Bohm, P. (1979) Estimating willingness-to-pay: Why and how? *Scandinavian Journal of Economics* 81:142-153.

Bohm, P. (1984) Revealing demand for an actual public good. *Journal of Public Economics* 24:135-151.

Booysen, F. (2001) Non-payment of services: A problem of ability-to-pay. *South African Journal of Economics* 69,4:674-697.

Botelho, A. and Pinto, L. (2002) Hypothetical, real and predicted real willingness to pay in open-ended surveys: experimental results. *Applied Economics Letters* 9:993-996.

Boter, J., Rouwendal, J. and Wedel, M. (2005) Employing travel time to compare the value of competing cultural organizations. *Journal of Cultural Economics* 29,1:19-33.

Boyce, R. and Brown, T. (1992) An experimental examination of intrinsic values as a source of the WTA-WTP disparity. *The American Economic Review* 82,5:1366-1372.

Brown, T. (1994) Experiments on the difference between willingness to pay and willingness to accept: Comment. *Land Economics* 70,4:520-522.

Carson, R. and Mitchell, R. (1993) The issue of scope in contingent valuation studies. *American Journal of Agricultural Economics* 75,5:1263-1268.

Carson, R., Mitchell, R., Conway, M. and Navrud, S. (1997) Non-Moroccan Values for Rehabilitating the Fes Medina. World Bank Report: Washington.

Carson, R.T. (1997) Contingent valuation: Theoretical advances and empirical tests since the NOAA panel. *American Journal of Agricultural Economics* 79,5:1501-1507.

Carson, R., Flores, N. and Mitchell, R. (1999) *Theory and measurement of passive use value in Bateman*, I. and Willis, K. *Valuing Environmental Preferences: Theory and Practice of the CV method in the US*, EU and Developing Countries. Oxford University Press: New York.

Carson, R., Flores, N. and Meade, N. (2001) Contingent valuation: Controversies and evidence. *Environmental and Resource Economics* 19:173-210.

Carson, R., Mitchell, R., Hanemann, M., Kopp, R., Presser, S. and Ruud, P. (2003) Contingent valuation and lost passive use damages from the Exxon Valdez oil spill. *Environmental and Resource Economics* 25; 257-286.

Chambers, C., Chambers P. and Whitehead, J. (1998) Contingent valuation of quasi-public goods: validity, reliability and application to valuing a historic site. *Public Finance Review* 26,2:137-155.

Champ, P. and Bishop, R. (2001) Donation payment mechanisms and contingent valuation: An empirical study of hypothetical bias. *Environmental and Resource Economics* 19:383-402.

Cuccia, T. and Signorello, G. (2002) Heritage Conservation in Sicily. Rizzo I. and R. Towse (Eds.), Methods for Measuring the Demand for the Arts and Heritage: Theoretical Issues. *Edward Elgar Publishing* 2002.

Cummings, R. and Taylor, L. (1999) Unbiased value estimates for environmental goods: A cheap talk design for the contingent valuation method. *American Economic Review* 89,3:649-666.

Del Saz Salazar, S. and Marques, M. (2005) Valuing cultural heritage: the social benefit of restoring an old Arab tower. *Journal of Cultural Heritage* 6:69-77.

Del Saz Salazar, S. and Menendez, L. (2007) Estimating the non-market benefits of an urban park: Does proximity matter? *Land Use Policy* 24:296-305.

Desvousges, W., Johnson, F. Dunford, R. Boyle, K., Hudson, S. and Wilson, K.(1993) *Measuring natural resource damages with contingent valuation: Tests of validity and reliability*. In Hausman, J. (Ed.) *Contingent Valuation: A critical assessment*. Elsivier Science Publishers: Amsterdam.

Diamond, P. and Hausman, J. A. (1993) *On contingent valuation measurement of nonuse values*. In Hausman, J. (Ed.) *Contingent Valuation: A critical assessment*. Elsivier Science Publishers: Amsterdam.

Diamond, P. and Hausman, J.A. (1994) Contingent valuation: Is some number better than no number? *Journal of Economic Perspectives* 8,4:45-65.

Diamond, P. (1996) Testing the internal consistency of contingent valuation surveys. *Journal of Environmental Economics and Management* 30:337-347.

Dupont, D. P. (2003) CVM embedding effects when there are active, potentially active and passive users of environmental goods. *Environmental and Resource Economics* 25:319-341.

Dutta, M., Banerjee, S. and Husain, Z. (2007) Untapped demand for heritage: A contingent valuation study of Prisep Ghat, *Calcutta. Tourism Management* 28:83-95.

Eftec (2005) *Valuation of the historic environment: Annotated bibliography of heritage valuation studies*. Economics for the Environment Consultancy Ltd. London.

Epstein, R. (2003) The regrettable necessity of contingent valuation. *Journal of Cultural Economics* 27:259-274.

Glass, R., Clifford, N., Harris, B., Wollsey, C. and Krider, C. (1999) *Economic scope, impact and marketing study of the Kansas Arts Commission*. The University of Kansas, *Institute for Public Policy and Business: Research report number 257*.

Guzman, R. and Kolstad, C. (2006) *Researching preference, valuation and hypothetical bias*.

Environmental and Resource Economics. Springer Online Publication.

Hanemann, M. (1991) Willingness to pay and willingness to accept: how much can they differ? *The American Economic Review* 81,3:635-647.

Hanemann, M. (1994) Valuing the environment through contingent valuation. *Journal of Economic Perspectives* 8,4:19-43.

Harless, D. and Allen, F. (1999) *Using the contingent valuation method to measure patron benefits of reference desk services in an academic library*. College and Research Libraries January:56-69.

Hausman, J. (Ed.) (1993) *Contingent Valuation: A critical assessment*. North Holland: Amsterdam.

Holt, G. and Elliott, D. (1999) Proving your library's worth: A test case. *Library Journal November*: 42-44.

Inder, B. and O'Brien, T. (2003) The endowment effect and the role of uncertainty. *Bulletin of Economic Research* 55,3:289-301.

Johansson, P. (1993) *Cost-Benefit Analysis of Environmental Change*. Cambridge University Press: London.

Kahneman, D., Knetsch, J. and Thaler, R. (1990) Experimental tests of the endowment effect and the Coase theorem. *Journal of Political Economy* 98,6:1325-1348.

Kahneman, D and Knetsch, J. (1992) Valuing public goods: The purchase of moral satisfaction. *Journal of Environmental Economics and Management* 22:57-70.

Kahneman, D., Ritov, I. and Schkade, D. (1999) Economic preferences or attitude expressions: an analysis of dollar responses to public issues. *Journal of Risk and Uncertainty* 19,1-3:203-235.

Kim, S., Wong, K. and Cho, M. (2007) Assessing the economic value of a world heritage site and willingness to pay determinants: A case of Changdeok Palace. *Tourism Management* 28:317-322.

Kling, R., Revier, C. and Sable, K. (2004) Estimating the public good value of preserving a local historical landmark: The role of non-substitutability and citizen information. *Urban Studies* 41,10:2025-2041.

List, J. and Shogren, J. (1998) Calibration of the difference between actual and hypothetical valuation in a field experiment. *Journal of Economic Behavior and Organization* 37:193-205.

List, J. (2001) Do explicit warnings eliminate the hypothetical bias in elicitation procedures? Evidence from field auctions for sportscards. *The American Economic Review* 91,5:1498-1507.

List, J. and Gallet, C. (2001) What experimental protocol influences disparities between actual and hypothetical stated values? *Environmental and Resource Economics* 20:241-254.

List, J. (2003) Does market experience eliminate market anomalies? *The Quarterly Journal of Economics* Feb: 41-71.

Lusk, J. (2003) Effects of cheap talk on consumer willingness to pay for golden rice. *American Journal of Agricultural Economics* 85,4:840-856.

Noonan, D. (2002) *Contingent valuation studies in the arts and culture: An annotated bibliography*. The Cultural Policy Center at the University of Chicago: Working Paper.

Maddison, D. and Mourato, S. (1999) *Valuing different road options for Stonehenge*. CSERGE Working Paper GEC 99-08.

Maddison, D. and Foster, T. (2003) Valuing congestion costs in the British Museum. *Oxford Economic Papers* 55:173-190.

Mansfield, C. (1999) Despairing over disparities: Explaining the difference between willingness to pay and willingness to accept. *Environmental and Resource Economics* 13:219-234.

Mitchell, R. and Carson, R. (1993) *Current Issues in the Design, Administration, and Analysis of Contingent Valuation Surveys*, University of California at San Diego, Economics Working

Paper Series 93-54, Department of Economics, UC San Diego.

Morrison, W. and West, E. (1986) Subsidies for the performing arts: Evidence of voter preference. *Journal of Behavioral Economics* 15, Fall:57-72.

Morrison, G. (1997a) Willingness to pay and willingness to accept: some evidence of an endowment effect. *Applied Economics* 29:411-417.

Morrison, G. (1997b) Resolving differences in willingness to pay and willingness to accept: Comment. *The American Economic Review* 87,1:236-240.

Mourato, S., Kontoleon, A. and Danchev, A. (2002) *Preserving cultural heritage in transition economies: A contingent valuation study of Bulgarian monasteries*. Navrud, S. and Ready, R. (Eds.) *Valuing Cultural Heritage*. Edward Elgar Publishing.

Mourato, S., Ozdemiroglu, E., Hett, T. and Atkinson, G. (2004) Pricing cultural heritage: A new approach to managing ancient resources. *World Economics* 5,3:1-19.

Mundy, B. and McLean, D. (1998) Using the contingent valuation approach for natural resource and environmental damage application. *Appraisal Journal* 66,3:290-298.

Murphy, J., Allen, G., Stevens, T. and Weatherhead, D. (2005a) A meta-analysis of hypothetical bias in stated preference valuation. *Environmental and Resource Economics* 30:313-325.

Murphy, J., Stevens, T. and Weatherhead, D. (2005b) Is cheap talk effective at eliminating hypothetical bias in a provision point mechanism? *Environmental and Resource Economics* 30:327-343.

Navrud, S. and Strand, J. (1992) *The preservation value of Nidaros Cathedral*, in Pricing the European Environment Navrud, S. (ed.) Oxford University Press: New York.

Nestor, D. (1998) Policy evaluation with combined actual and contingent response data. *American Journal of Agricultural Economics* 80,2:264-277.

NOAA (1993) Arrow, K.J., Solow, R., Leamer, E., Radner, R. and Schuman, H. *Report of the NOAA Panel on contingent valuation*. National Oceanic and Atmospheric Administration Federal Register 58,10.

Ozdemiroglu, E. and Mouraton, S. (2001) *Valuing our recorded heritage*. Paper presented at the Economic Valuation of Cultural Heritage conference, University College, London.

Papandrea, F. (1999) Willingness to pay for domestic television programming. *Journal of Cultural Economics* 23:149-166.

Pollicino, M. and Maddison, D. (2001) Valuing the benefits of cleaning Lincoln Cathedral. *Journal of Cultural Economics* 25:131-148.

Poor, J. and Smith, J. (2004) Travel cost analysis of a cultural heritage site: The case of historic St. Mary's city of Maryland. *Journal of Cultural Economics* 28,3:217-229.

Ready, R., Berger, N. and Blomquist, G. (1997) Measuring amenity benefits from farmland: hedonic pricing versus contingent valuation. *Journal of Urban and Regional Policy* 28,4:438-458.

Ringanti, P. and Scarpa, R. (1998) *Categorical nesting and information effects on WTP estimates for the conservation of cultural heritage in Campi Flegrei*. Bishop, R. and Romano, D. (Eds.) *Environmental and Resource Valuation*. Kluwer: Boston.

Samuelson, P. (1954) The pure theory of public expenditure. *Review of Economics and Statistics* 36:378-389.

Sanz, J., Herrero, L. and Bedate, A. (2003) Contingent valuation and semi-parametic methods: A case study of the National Museum of Sculpture in Valladolid, Spain. *Journal of Cultural Economics* 27:241-257.

Scarpa, R., Sirchia, G. and Bravi, M. (1998) *Kernel vs logit modelling of single bounded CV responses: Valuing access to architectural and visual arts in Italy*. In Bishop, R. and Romano, D. (Eds.) *Environmental Resource Valuation: Applications of the Contingent Valuation Method in Italy*. Kluwer: Boston.

Seaman, B. (2003a) *Contingent Valuation vs. Economic impact: substitutes or complements?* Paper delivered at the Regional Science Association International Conference, North American Meetings: Philadelphia.

Sen, A. (1985) Well-Being, agency and freedom: The Dewey lectures 1984. *The Journal of Philosophy* 82,4:169-221.

Shogren, J., Shin, A. Hayes, D. and Kleinbenstein, J. (1994) Resolving differences in willingness to pay and willingness to accept. *The American Economic Review* 84,1:255-270.

Shogren, J. and Hayes, D. (1997) Resolving differences in willingness to pay and willingness to accept: Reply in *The American Economic Review* 87,1:241- 244.

Smith, K. and Osborne, L. (1996) Do contingent valuation methods pass a 'scope' test? A meta-analysis. *Journal of Environmental Economics and Management* 31:286-301.

Snowball, J. (2000) *Towards more accurate measurement of the value of the arts to society: Economic impact and willingness to pay studies at the Standard Bank National Arts Festival.* Unpublished Masters Thesis: Department of Economics, Rhodes University, Grahamstown, South Africa.

Snowball, J. and Antrobus, G. (2001) Measuring the value of the arts to society: the importance of the value of externalities to lower income and education groups in South Africa. *South African Journal of Economics* 69,4:752-766.

Snowball, J. and Antrobus, G. (2003) *Results of the WTP household survey at the Klein Karoo Nationale Kunstefees.* Unpublished research paper, Rhodes University: South Africa.

Snowball, J. (2005) Art for the masses? Justification for the public support of the arts in developing countries – two arts festivals in South Africa. *Journal of Cultural Economics* 29:107-125.

Sunstein, C., Kahneman, D., Schkade, D. and Ritov, I. (2001) *Predictably Incoherent Judgments.* Paper presented at the Cultural Policy Center at the University of Chicago workshop. [On line] Available: http://cutural policy. Uchicago.edu/workshop/sunstein.Html [Accessed: 19/02/03].

Sunstein, C. (2002) *Coherent and incoherent valuation: a problem with contingent valuation of cultural amenities.* The Cultural Policy Center at the University of Chicago: Working paper.

Thampapillai, D. (2000) Willingness to pay and willingness to accept: a simple conceptual exposition. *Applied Economics Letters* 7:509-511.

Thompson, B., Throsby, D. and Withers, G. (1983) *Measuring community benefits from the arts*. Research paper 261 School of Economic and Financial Studies: Macquarie University.

Thompson, E., Berger, M. and Allen, S. (1998) *Arts and the Kentucky economy*. Center for Business and Economic Research, University of Kentucky.

Thompson, E., Berger, M. and Blomquist, G. (2002) "Valuing the arts: A contingent valuation approach" *Journal of Cultural Economics* 26:87-113.

Throsby, D. (1984) The measurement of willingness-to-pay for mixed goods. *Oxford Bulletin of Economics and Statistics* 46,4:279-289.

Throsby, D. and Withers, G. (1985) What price culture? *Journal of Cultural Economics* 9,2:1-33.

Throsby, D. and Withers, G. (1986) *Strategic bias and demand for public goods: theory and application to the arts. Towse*, R. (Ed.) *Cultural economics: The arts, the heritage and the media industries*. Vol 2 Edward Elgar: Cheltenham.

Throsby, D. (2003) Determining the value of cultural goods: How much (or how little) does contingent valuation tell us? *Journal of Cultural Economics* 27:275-285.

Vossler, C. and McKee, M. (2006) Induced-value tests of contingent valuation elicitation mechanisms. *Environmental and Resource Economics* 35:137- 168.

Whitehead, J., Haab, T. and Huang, J. (2000) Measuring recreation benefits of quality improvements with revealed and stated behavior data. *Resource and Energy Economics* 22:339-254.

Whitehead, J. and Finney, S. (2003) Willingness to pay for submerged maritime cultural resources. *Journal of Cultural Economics* 27:231-240.

Willis, K. (1994) Paying for heritage: What price for Durham Cathedral? *Journal of Environmental Planning and Management* 37,3:267-278.

Willis, K. and Powe, N. (1998) Contingent valuation and real economic commitments: A private good experiment. *Journal of Environmental Planning and Management* 41,5:611-620.

第五章　用願付價格研究法評估文化商品的價值

　　我們已經討論了願付價格研究的理論基礎和一些文化經濟學領域的案例，本章將著手探討更實際的問題。例如，如何設計問卷，將 WTP 法易產生的各種形式的偏誤最小化，如資訊偏誤和起點偏誤。還包括有效性測試和問題檢測，比如「抗議性零」（protest zero）和「溫情」（warm glow）效應。本章也附錄了 Grahamstown 南非國家藝術節 WTP 的調查問卷範例。

5.1 資料蒐集與抽樣

在文化經濟學中，存在大量且多樣的 WTP 研究，而研究中的意願決定基本上取決於被評估商品的種類以及研究者對受影響人群的假設。例如，Dutta 等人（2007）在評價 Prinsep Ghat 修復工程的價值時，以所有加爾各答居民為抽樣樣本（根據城市人口統計資料進行分層）。這就涵蓋了那些可能在過去或未來參觀過遺址的人（使用價值），也包括那些可能永遠不會去、但仍然重視遺產保護的人（非使用價值）。Bille Hansen（1997）在評估哥本哈根皇家劇院的價值時，以整個丹麥人口進行抽樣，因為雖然只有一小部分樣本真正去了劇院，但重要的是，其餘人口累積了大量的非使用價值。

2003 年，我們對當地居民支持兩個南非藝術節的 WTP 進行了研究，即在 Grahamstown 的南非國家藝術節和在 Oudtshoorn 的 Klein Karoo Nationale Kunstefees 藝術節（Snowball & Antrobus, 2003; Snowball, 2005）。人們願意為避免節慶規模縮減 25% 支付的總金額是根據兩個小鎮的人口對每個地區（高收入和低收入）的平均 WTP 所計算而來。Grahamstown 的願付價格約為 3 百萬南非蘭特，而 Oudtshoorn 每年願付價格為 290 萬元。由於二者都是國家級的藝術節，吸引全國各地的遊客，以及少數來自其他國家的遊客，因此可以認為其使用價值與非使用價值可以覆蓋整個南非人口。然而，出於成本效益分析的目的，確定了當地居民的非市場價值更為重要，因為這些城鎮的市政當局（以及市民）負擔了節慶的大部分成本。此外，為了與第 3 章討論的經濟效益研究進行有意義的比較，在同一地區（僅限城鎮居民）進行 WTP 研究也有必要。然而，如果要擴大研究範圍，就必須使用包括非居民在內的新樣本，因為本地居民的價值觀很可能與其他城鎮居民有顯著差異。

表 5.1　兩個南非藝術節的總 WTP

	Grahamstown Festival			Oudtshoorn Festival		
	高收入	低收入	總體	高收入	低收入	總體
居民人數	27,548	97,219	124,767	14,400	65,600	80,000
每戶平均人數	3.2	5.2		2.8	4.5	
住戶總數	8,608	18,695	27,305	5,143	14,578	19,721
每戶每月平均 WTP（南非蘭特）	R14.80	R 6.55		R 17.42	R 10.33	
所有家庭每年平均 WTP（南非蘭特）	R 1.53m	R1.49m	R 3.02m	R 1.07m	R 1.8m	R 2.87m

（Snowball, 2005: 123）

　　Maddison 和 Mourato（1999）對巨石陣周圍不同的道路選擇評估研究，以及 Thompson 等人（2002）對肯塔基州藝術的研究，都對樣本進行了分層，以便對那些真正使用或受景區影響的人（英國遊客、「藝術贊助人」家庭）給予更大的重視，並對全體人口進行了總體抽樣。在評估亞美尼亞遺產遺址時，Alberini 和 Longo（2006）特別關注了遺址的遊客。這一研究階段最重要的問題是，「假定誰從該文化商品中獲得使用和非使用價值？」這一問題看似簡單，但一旦開始特別考量非使用價值，就很難知道何時停止。大多數研究都局限於本國內部，但 Carson 等人（1997）也嘗試估算了改善摩洛哥 Fes Medina 對遺址遊客、摩洛哥非遊客居民和總體歐洲人口的價值。

表 5.2　WTP 研究設計在文化經濟學的案例

來源	研究方法	樣本量	抽樣方法	人口
Bille Hansen (1997)	電話訪談，對無電話者進行後續追訪	1,843	對 16 歲以上的人進行隨機抽樣	丹麥人口

（續下表）

Maddison and Mourato (1999) (Archaeological site)	面對面訪談	500 個家庭；300 名遊客	隨機抽樣，重點關注巨石陣景點附近家庭	不列顛家庭（景區外）以及英國遊客（景區內）
Thompson et al. (2002) (Arts)	郵寄調查（給未答覆者發送 3 份）	每個子樣本 600 人	隨機抽樣，「藝術贊助人」家庭	肯塔基州家庭
Snowball 2003 (Arts Festival)	電話訪談	193	隨機抽樣，但以高低收入分層	Grahamstown 人口
Alberini and Longo (2006) (Armenian heritage sites)	面對面訪談	每個景點 125 人（總人數 500 人）	隨機抽樣	國內遊客
Dutta et al. (2007) (Heritage in Calcutta)	面對面訪談	181	旨在反映加爾各答的社會經濟構成	加爾各答居民

在決定資料蒐集方法和樣本大小時，也需要考慮類似的問題。NOAA 小組（1993）推薦的最佳方法是面對面訪談。如果樣本群體的文化水準較低（例如 Dutta 等人 2007 年在加爾各答的研究）或存在語言障礙（Snowball & Antrobus, 2003 在南非的研究），這些問題就尤為重要。面對面訪談的最大好處是可以用視覺材料來說明某商品，或者假想情境中的變化，此外這樣的形式有助於溝通，因為研究者更有可能確定受訪者是否理解問題，如果需要的話，可以澄清或重複。當然，研究者也可能對結果存在偏見，在抽樣和培訓時更需謹慎。例如，Dutta 等人（2007）的研究發現，女性研究者會在統計上對 WTP 產生顯著積極影響。而許多大型研究都會借助專業蒐集調查資料的公司。

當面對面訪談的成本極高，而受訪者文化水準普遍偏低時，一些研究者也成功地利用電話訪談來蒐集資料。使用電話採訪的一個弊端是，受訪者的平均家庭收入會呈現偏高狀態，尤其是在發展中國家進行的研究，因為只有那些買得起電話的家庭才會被調查到。然而，以南非藝術節為例（Snowball & Antrobus, 2003），結果中涵蓋了收入範圍非常廣泛

的家庭，這可能是因爲低收入家庭之間共用電話。此外，在進行電話訪談時，更容易滿足不同語言群體的需要（問卷可以用英語、南非荷蘭語Afrikaans 和科薩語 Xhosa 進行）。如果訪談者不熟練受訪者使用的語言，可以很容易更換訪談者繼續進行下去。Bille Hansen（1997）對丹麥劇院的研究採用了電話訪談，而如果沒有電話就進行後續的面對面訪談。

　　鮮少有 WTP 研究成功使用郵寄調查。Thompson 等人（2002）對肯塔基州藝術的研究就採用了這種方法，他們隨機抽取了 600 個肯塔基州普通家庭和 600 個「藝術贊助者」家庭作爲樣本。儘管該研究擁有同質性高、說英語、文化水準高的人口優勢，並且向沒有回應的家庭發送了三次問卷，但他們的回覆率相當低：一般家庭樣本爲 30%，「藝術贊助者」家庭爲 57%。

　　WTP 研究中樣本大小的差異也很大，這取決於被調查人口的同質性和研究的資源。所需要調研的規模也將取決於 WTP 問題的形式（本章後面將作討論）以及所需的統計分析的種類和信度。規模大的研究，如丹麥戲劇評估（Bille Hansen, 1997），有 1,843 個觀察結果，它是國家調查的一部分，而不是獨立的研究。Alberini 和 Longo（2006）在每個遺址採訪了 125 人（總共 500 人），Maddison 和 Mourato（1999）採訪了 300 名參觀巨石陣的遊客和 500 個英國家庭。然而，也有一些規模較小的研究，涉及單個城鎮或城市，如 Dutta 等人（2007）的研究，其樣本量爲 181，以及 Snowball 和 Antrobus（2003）的研究，進行了 193 次電話採訪。

5.2 願付價格研究的問卷結構

大多 WTP 問卷可以分為以下幾個主要部分：(i) 關於使用價值。蒐集關於參與／出席頻率、目的和對體驗品質的看法的資訊。這可能還包括在活動現場的支出，以及在適當情況下，文化商品／活動的收入；(ii) 關於非使用價值。蒐集受訪者對一般文化商品、其他娛樂活動以及商品的感知利益等方面的意見與認知的資料；(iii)WTP 問題。包括關於商品的資訊、估價的假設情況、付款工具和付款數額。這部分還可以包括詢問為什麼受訪者願意／不願意支付以及決策後的信度檢驗；(iv) 關於被調查者的年齡、種族、教育程度、家庭收入、職業、宗教、政治信仰等社會人口學資訊。下面將詳細討論這些部分。

文化商品價值的WTP問卷結構案例

Alberini & Longo (2006): Armenian cultural heritage

1. 景區遊訪資訊（過去 12 個月的參訪次數；旅行方式、訪問目的、商店和住宿的使用；在景區花費的時間；遊覽的滿意度）
2. 3 種假設情境下的 WTP 問題
3. 其他娛樂活動、文化興趣與態度
4. 人口統計資訊

Snowball (2005): South African National Arts Festival

1. 關於節慶的公共價值的觀點
2. 使用價值：出席率以及在節慶中的花費
3. 節慶收益
4. WTP 問題
5. 人口統計資訊

Maddison and Foster (2003): Congestion costs in the British Museum

1. 對大英博物館當前的使用情況以及態度
2. WTP 問題
3. 社會經濟特徵

Ozdemiroglu and Mourato (2001): Surrey History Centre

1. 機構的使用情況（訪問次數和目的、對品質的認知）
2. 對遺產的普遍看法與態度以及對保護遺產益處的認知
3. WTP 問題
4. 社會經濟特徵

5.3 觀點與外部性：測量非使用價值

　　在提供被估價的具體商品的有關資訊之前，衡量受訪者意見有效的方法是，在訪談開始時詢問他們對該商品或文化商品的總體感受。除了能夠打破僵局，此類問題還可以用作內部一致性檢查，因為這些回答可以與之後願意／不願意為所討論的商品付費的開放式問題作比較。這種一般性的觀點可能是 WTP 的重要決定因素，如用分數或虛擬變數進行編碼，在計量經濟學分析中非常有用。

　　關於非使用價值的意見和認知可以透過多種方式來獲得，比如城市中博物館或圖書館給普通民眾帶來的益處，檔案歷史中心或文化資產建築的價值，這取決於所評估的價值和訪談的形式。當受訪者熟悉問題中的商品時，開放式的問題可以極具啟發性。研究者亦可要求受訪者回答是否同意關於這件商品的陳述，或使用數值量表或類別來表達他們的感情強度，如「非常同意」、「同意」、「中立」、「不同意」、「非常不同意」或「不知道」。

　　南非國家藝術節的研究沿用了 Thompson、Throsby 和 Withers（1983）的問卷設計，他們對 827 名雪梨（Sydney）居民進行了調查，以衡量他們對藝術的興趣，包括他們的出席、參與、對利益和成本的感知，以及透過公共資金支援藝術的 WTP。米爾杜拉藝術中心（Mildura Arts Center）（Throsby & O'shea, 1980）是澳大利亞維多利亞的一個社區中心，由一個劇院、畫廊和博物館組成。受訪者被要求用「同意」、「不同意」或「不知道」來回答各種各樣的觀點陳述，內容涉及節慶所喚起的自豪感、未來可能的使用價值、教育潛力以及對社會可能產生的有害影響。

　　舉辦南非國家藝術節的小鎮是典型的南非小鎮。由於種族隔離時代，財富（以及住宅區）基本上仍按種族界線劃分。這個城鎮的東部主

要是講科薩語的非裔家庭，其收入通常比以歐洲裔為主、說英語、住在西部的家庭要低。這項研究特別想驗證的假設是，人們普遍認為，貧窮家庭從中的獲益不如富裕家庭多，因此對此項節慶的重視程度較低。他們也將 2003 年的研究結果與 2000 年進行的早期研究進行了比較，以作為時間穩定性測試。作為試點試驗，類似的研究於 2003 年在另一個小鎮Oudtshoorn 上進行，該小鎮也按種族／財富劃分。表 5.3 比較了對這兩個節慶的觀點問題與雪梨和米爾杜拉（Mildura）研究的結果。

　　結果顯示，總體而言，南非兩個城鎮的高收入和低收入社區都認為，藝術節為他們提供了積極、非市場的外部性價值，具體而言包括自豪感、社區教育的改進和對後代的價值（或他們自己的未來使用選擇）。在雪梨和米爾杜拉的研究也是如此，儘管這些研究顯示，同意肯定性陳述的人比例更高，但這可能是由於人口的同質性更強。總體而言，研究結果顯示，僅將節慶帶來的市場效益納入其價值評估（換句話說，經濟效益研究），將會低估為任何一個社區所帶來的價值。

　　時間穩定性測試，即偏好是否隨時間而穩定（本章第 7 節將進一步討論），對早期研究的意見反應可以與後來的研究進行比較。2000 年和2003 年的 Grahamstown 對比研究並未顯示出任何無法用變化的環境來解釋的逆轉性意見，這說明意見有一定程度的時間可靠性。尤其在未來使用價值和教育潛力方面，意見結果似乎相當持穩。

　　這些意見問題也可以作為有效的方法，來確定樣本中不同社區所認同的價值觀是否存在顯著差異。雖然大多數情況下差異並不很大，但就南非藝術節而言，高收入社區和低收入社區之間還是存在一些有趣的差異。大多低收入地區的居民認為，儘管低收入地區參加演出和節慶活動的人比來自高收入地區的要少，但節慶給了社區裡所有人一種自豪感。另外，在兩地的研究中，更多低收入地區的受訪者更為重視節慶的教育意義，這可能是因為低收入地區的受訪者除了參加額外的壁畫和文化活動外，幾乎沒有

其他的文化藝術選擇。然而，高收入群體對未來或期權使用價值更敏感，可能因為相較於高收入居民，許多低收入居民的居住時間短暫且會經常遷移。

表 5.3　藝術觀點研究的比較

意見陳述	2000 Ghst 所有居民	2003 Ghst 所有居民	2003 Ghst 高收入群體	2003 Ghst 低收入群體	2003 Oudtsh. 所有居民	雪梨 (Sydney)	米爾杜拉 (Mildura)
該節慶給〔舉辦城鎮的〕所有人帶來了自豪感（%同意）	78	86	79	92	87	95	94
該節慶只對那些真正購票去參與的人有益（%不同意）	71	62	81	49	n/a	64	n/a
藝術節展示的藝術品對社會有害，因為它們對我們的生活方式太過挑剔（%不同意）	81	71	69	73	83	81	93
該節慶應該持續下去，這樣人們或他們的孩子就可以選擇將來參加這個節慶（%同意）	93	94	100	91	94	n/a	96
該節慶對社區所有群體都具有教育意義（%同意）	86	84	70	93	78	97	96

　　另一個重要的測試是關於信度，即研究結果是否可以在不同的環境或在不同的時間複製。雖然雪梨和米爾杜拉的研究側重於不同的商品（一般的藝術和社區藝術中心），但比較對於藝術的意見觀點仍然很有意思，特別是考慮到澳大利亞是已開發國家，而南非仍在發展中。總的來說，令人驚訝的是，除了澳大利亞研究中（97% 和 96%）認同藝術在社區教育中發揮重要作用的人比在南非研究中（86%、84% 和 78%）更多，其餘研究結果非常相似。

　　在 2003 年的 Grahamstown 節慶研究中，以 WTP 爲因變數的 Tobit 模型回歸將積極意見作爲解釋變數。一個積極的觀點得到 1 分，一個消極的或「不知道」的回答得到 0 分。結果顯示，對節慶的積極看法是決定受訪者是否有願付價格的一個重要因素（無論高收入還是低收入地區）：每增加一個單位的積極意見，WTP 的可能性會增加近 26 倍。

5.4 參與、支出與收入：衡量使用價值

　　正如第 5 章所討論的，WTP 研究會產生「混合財」或「使用者」偏誤——也就是說，儘管該方法同時衡量使用價值和非使用價值，但擁有使用價值的受訪者可能比只有非使用價值的受訪者願意付出更多。因此，要將研究結果推廣到很大比例的非使用者的情況下，確定 WTP 在多大程度上受到使用價值的影響，或未來使用商品的意圖（期權使用價值）很重要。

　　2003 年對南非國家藝術節的研究發現，66% 的高收入地區的居民至少觀看了一場演出，而低收入地區的居民中，這一比例只有 16%。然而，88% 的節慶觀眾至少參與了一次免費活動，如藝術展、街頭劇場、工藝品市場、戶外音樂表演等，參加免費活動的觀眾中，低收入地區居民人數高於高收入區。高收入地區免費票與付費票的比例為 1:1.24，低收入地區為 1:0.16。因此，雖然較為富裕、平均可支配收入較高的居民會參加更多的付費活動，但較貧窮的居民仍然會透過參加免費演出而受益。免費和售票活動的出席情況被證明是支持節慶 WTP 的重要決定因素，雖然免費演出的出席率在低收入地區更高，付費演出出席率在高收入地區更高。

　　問卷還可以包含關於受訪者在文化商品上的花費（購買的門票數量），以及相關活動（購物、餐飲、住宿、差旅費用等）的問題。雖然這類市場資料通常與收入高度相關，但它們依舊可以作為一項有效指標，用以顯示受訪者在文化消費方面的分配，以及不同消費者群體之間的品味差異。Alberini 和 Longo（2006）關於亞美尼亞遺產價值的研究中，使用旅行成本法獲得支出資訊，作為一種補充性評估技術。結合 WTP 和經濟效益評估方法的研究有 Throsby 和 O'Shea（1980）對澳大利亞米爾杜拉藝術中心的評估、Thomson 等人（1998; 2002）對肯塔基州的藝術研究，和 Glass 等人（1999）對堪薩斯州的藝術研究等等。

　　如果還需進行經濟效益研究，也許可以加入這個問題：受訪者是否在藝術節或活動期間花掉比平時更多的錢？如果答案爲是，那麼如果沒有這項藝術活動，他們可能會把錢花在什麼地方？這些問題（如經濟效益一節所述）的目的是檢驗此類活動的經濟效益計算中是否應包括額外本地支出的理論，此外，根據 Crompton（1999）的建議，需確定如果沒有節慶，額外支出是否會產生在影響區域之外。

　　爲衡量票價的彈性，Grahamstown 藝術節的受訪者在進行門票消費後，會被問及如果票價上漲 10%、20% 或 50%，他們是否會觀看同樣數量的演出。正如 Noonan（個人訪談，2003）所指出的，這個問題有點「愚笨」，由於價格相對小幅上漲而導致人們放棄整個活動，將導致參與率大幅度下降。然而，作爲一項實驗，以確定觀衆是否意識到他們的消費者剩餘（並測試承認的消費者剩餘的存在是否影響 WTP），它提供了有趣的資料，也可以用來測試 Thomson 等人（2002）提出的想法，即對於觀衆，WTP 可能在一定程度上是消費者剩餘的影響（與第 4 章討論的混合品偏見有關）。下圖 5.1 展示了 Grahamstown 和 Oudtshoorn 節慶受訪者的研究結果。

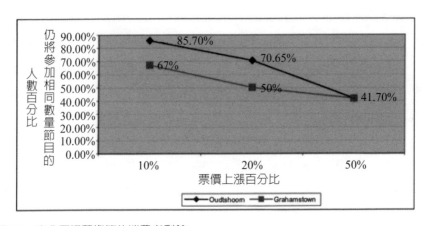

圖 5.1　南非兩場藝術節的消費者剩餘

關於這些結果，我們只能說，它們符合預期的經濟理論（即隨著價格上漲，需求下降），而且這兩個節慶的消費者剩餘水準似乎都相當高，儘管最初 Oudtshoorn 節慶的消費者剩餘水準比 Grahamstown 的高得多。然而，在這種情況下，消費者剩餘並沒有被證明是 WTP 的一個重要決定因素。

最後，如果合適的話，關於被調查者因文化活動而獲得的收入題可以體現在這裡。Seaman（2003）認為，WTP 可能獲取的部分是與該節慶相關的當前或未來預期的經濟效益，這也可能會使 WTP 上升。正如前一章所討論，南非藝術節（Snowball, 2005）確實是如此。

5.5 WTP的問題

問卷的中心是 WTP 情境和問題。除了 WTP 問題外,還需要提供有關被評價的文化商品(有時是現狀)的資訊,以便讓受訪者做出明智的決定。WTP 問題可以是開放式或封閉式(二分法選擇),或兩者的組合。後續問題和可信度對解釋結果也很重要。下一節將討論這些問題,並以 Grahamstown 國家藝術節研究和其他文化商品研究中作為案例。

5.5.1 資訊提供與資訊偏誤

設計 WTP 研究的最大問題之一是向受訪者提供什麼層級的資訊。Bohm(1972; 1979; 1984)強烈認為,為使受訪者準確表達他們的 WTP,必須向其提供有關擬議專案的詳細資料。Kenyon 和 Edwards-Jones(1998)總結了關於這個問題的兩種主要思想流派。「不應太多」派指出,更多的資訊並不總是意味著更好,太多資訊會導致受訪者被同化。另一方面,「不應太少」派認為,為了讓受訪者做出合理的決定,需要給出一些關於商品價值的閾限值資訊。理想情況下,提供一些足夠的資訊水準有必要,問題是如何測試它。

Niewijk(2001)激烈批評了 WTP 方法,他特別關注資訊偏誤問題,認為試圖提供盡可能多的資訊必然會導致一些偏誤,還指出,即使提供了所有資訊,為了給出準確的評估,受訪者者必須吸收全部並接受這些資訊的真實性。此外,條件評估應該是衡量已經存在的價值,但如果受訪者在調查之前沒有直接意識到某種特定商品的存在,那麼所提供的資訊實際上可能會創造出它打算衡量的價值。

Kenyon 和 Edwards-Jones（1998）進行的一項實驗，要求（環境）專家和公眾對四個生態趣味的景點進行 WTP 評估。假設是，如果專家對這些景點生態利益的排名與公眾對門票的 WTP 排名相匹配，那麼他們就已經達到了理想的資訊水準。當改變向 WTP 調查對象提供的資訊數量時，他們發現，提供少量資訊會引起大量的投標抗議（零 WTP 回應與商品的價值無關，而是為了抗議調查的某些面向）和與專家不一致的排名。然而，當提供充足資訊時，包括照片、文字和生態資料，以及為其提供訪問景點的機會，受訪者對這些景點的排序則符合專家給出的排名。因此他們得出結論，如果有足夠的正確資訊，WTP 研究可以有效地用於土地利用決策。他們承認，將專家與公眾估計值進行比較並不總是合適，因為 WTP 研究的目的恰恰是包括那些專家可能不會重視的公共財特徵，例如，它是「一個散步的好地方」或它能提供「開放空間」。

Krueger（2002）對一群大學生進行了實驗，測試將周邊地區的畜牧場轉變為狩獵農場時他們的 WTP。他們分別向三組不同的受訪者提供了三種不同層次的資料，第一組只得到非常簡短的說明，第二組得到更詳細的資料和背景資料，第三組得到對擬議專案最全面的解釋。與 Kenyon 和 Edwards-Jones（1998）意見一致，他發現低水準的資訊與大量的無回應和零 WTP 出價相關。對於那些給定最小資訊量的組，其平均 WTP 值也顯著低於其他兩組。WTP 的最大差異出現在第一組和第二組之間，第二組的受訪者願意比第一組多支付 7.2%。雖然第三組受訪者的平均 WTP 仍高於第二組，但只比第二組高出 4.5%。這顯示，隨著「足夠」的資訊水準的接近，提供更多的資訊並不會顯著影響 WTP 水準，因此，試圖提供完整的資訊沒有必要。

Ajzen 等人（1996）使用推敲可能性模型（Elaboration Likelihood Model）的說服理論，認為 WTP 研究中提供的資訊通常有說服力，即使研究人員認為它無偏誤。他們認為資訊偏誤受到兩個因素的影響，一是資

訊證據的品質，二是受訪者的個人利益或處境。透過大學生對公共財（校園電影院）和私有財（個人噪音篩檢程式）的實驗，他們發現這兩個因素都對 WTP 金額有顯著影響。不出所料，證據品質與 WTP 呈正相關，個人利益亦是如此。當商品被認為對受訪者個人來說很重要時，他們似乎對證據的優劣更加敏感。

此外，該實驗還包含了一個有趣的嘗試，即檢驗「道德滿意度」（溫情效應）是否對 WTP 有顯著影響（Ajzen et al., 1996）。在給出 WTP 情境之前，他們透過問卷為其進行了一系列的認知練習，從而啓動個人主義或利他主義動機。研究發現，對於那些情境與個人關聯不大的受訪者（因此使他們對論點的強度不那麼敏感），由個人主義或利他主義產生的「表面動機線索」對 WTP 有非常顯著的影響（Ajzen et al., 1996:56）。換句話說，雖然所有的 WTP 反應都被證明與初始態度相關，但當被調查者沒有意識到商品與他們的個人關聯，或者所提出的論據不成立時，溫情效應可能會成為一個更大的問題。

文化經濟學研究中的資訊偏誤

在一篇理論論文中，Throsby 和 Withers（1986）提出，不完全資訊條件下給出回答時，關於複雜混合財（如文化財）的 WTP 研究特別容易出現資訊偏誤：「由於資訊本身具有公共利益屬性，它本身的提供無法達到最佳狀態，這使得問題更加複雜。」資訊偏誤的另一個來源是消費者的誤解或不清楚他們對商品的實際義務金額，特別當它是由非特定稅收資助時（Throsby & Withers, 1986:615）。

為測試和控制假設的資訊偏見，Throsby 和 Withers（1985:15）在他們對澳大利亞藝術的研究中，兩次使用了玻姆區間法──一次在受訪者不知情的情況下，另一次提供了關於當前支持藝術的稅收義務的特定資訊。

（交給受訪者的卡片顯示了可供選擇的收入水準，以及由此產生的用於支持藝術的當前稅收支出。）結果產生了非常不同的答案（平均每人 15 美元到 200 美元）。但是，幾乎在每種情況下，一旦受訪者被告知當前的藝術支持水準，義務和非義務的 WTP 都更高。

Morrison 和 West（1986:60）批評了 1983 年受藝術特別委員會（Special Committee for the Arts）委託，在加拿大安大略省進行的關於藝術公共財政研究的資訊偏誤問題的解決辦法。在提供了各種貨幣數額的清單後，調查直接詢問了受訪者認為省的稅金中每 100 美元中有多少用於支持藝術。研究發現，大多數人似乎對省內藝術支持稅款都有錯誤的認知，要麼數量遠遠超過實際數額，要麼無法表達任何意見（樣本的 18%）。研究隨後提供了下列資料，並要求提供 WTP 資料：

「事實上，省的稅金中每100美元中只有不到1美元用於支持藝術。如果你知道這些錢將被用來支持藝術設施，你願意每年多交（[訪談者]會讀每一筆錢數）稅？還是不願意？」（Morrison & West, 1986:60）

Morrison 和 West（1986）指出了上述研究方法的幾個問題。他們認為，要求估算每 100 美元稅金的支出，是對稅收分配的一種不切實際的認識。他們還指出，大多數加拿大人認為藝術資助水準是由聯邦、省和市的稅收共同構成，他們可能更感興趣及更想瞭解三方提供的總金額。因此建議，提供關於目前財政水準的資訊的方式，特別是措詞方面需更謹慎。研究還發現，一旦受訪者被告知（如上面引述），77% 的人表示願意接受增稅。「如果問題重新表述（本來是可以如此），『事實上，省的稅金中有 1,000 多萬美元用於支持藝術……』我們可能會得到一個與調查報告完全不同的結果。」（Morrison & West, 1986:61）

在他們自己的研究中，Morrison 和 West（1986）告知了受訪者他們

的總稅務負擔（不僅僅是省的稅金），並試圖避免上述問題的措辭所帶來的偏誤。此外，他們還將表演藝術納入廣泛的公共支出範疇，如教育、汙染控制、住房等。儘管是在同一國家進行，他們的研究結果與 1983 年的研究結果相矛盾，且僅僅幾年後，他們得出結論，加拿大目前對藝術的公共財政水準「等於社會邊際成本」（Morrison & West, 1986:70）。

關於 Grahamstown 舉行的南非國家藝術節研究有一個優勢，由於很大一部分當地人口每年都參加藝術節，因此他們不僅對所討論的商品充分瞭解，且對此有興趣，這大大簡化了相關資訊部分的設計。在設計研究情境最難的部分，是有關資助基金和成本方面資訊的缺失。雖然廣有傳言說，三年內東開普政府將為藝術節提供 750 萬南非蘭特的資金，但缺少全國人均藝術支出的大致數據。在成本方面，贊助商往往不願意透露確切的數額，而且許多贊助商提供的是難以量化的實物贊助（例如，行動電話營運商、汽車租賃公司、住宿供應商等）。Noonan（2003）在對 WTP 研究的後設分析中發現，關於當前稅收負擔的資訊會使 WTP 減少，而關於專案成本的資訊會增加 WTP。因此，為避免偏誤，最好同時提供稅收與成本的資訊，或者兩者都不提供。

然而，完全公正地提供這類資訊遠非易事。在加拿大的研究中（引用自 Morrison & West, 1986 的研究），例如，是否應該提供以下這些資訊：音樂節每年的花費約為 1,000 萬蘭特，而政府贊助只資助其中的四分之一？或者說，南非的藝術資助總額不到國家預算的 1%？這些資料都真實，但是對於那些對相對成本和政府預算幾乎一無所知的較貧困人口而言，如何解釋這些資料仍有爭議。雖然可以提供更多相關情況和比較的資料，但這些資料有多少會被回答者所吸收，以及由於這些資料會增長電話採訪時間，導致回覆率降低。

正如 Sunstein（2002）所指出，同樣重要的是要給受訪者一個做決定的語境，並提醒他們有一些替代品（例如，體育賽事和環境保護）也可以

提供文化外部性。因此，有人指出，教育和醫療等許多領域都需要政府的資助，而這些領域可能會被認為「比藝術節更重要」。

在文化經濟學方面，有兩項研究專門用於檢驗資訊偏誤，一是 Kling 等人（2004）對修復柯林斯堡（Fort Collins）重要的歷史地標──北方酒店（Northern Hotel）的 WTP 研究；二是 Alberini 等人（2005）對威尼斯潟湖 S. Erasmo 島的 WTP 研究。Kling 等人（2004）的研究，對當地居民樣本進行了劃分，使一些受訪者得到「更多資訊」，其中包括關於酒店的兩頁文字和一張附加照片，而另一些受訪者得到「更少資訊」，僅包含半頁文字。他們發現，提供更多資訊的次樣本的平均 WTP 顯著高於資訊較少的組別。此外，更多的資訊導致需求曲線的價格彈性明顯降低（對價格變化的反應更弱），他們認為，這是由於此類文化資產的替代品稀缺所造成。

Alberini 等人（2005）的研究給予了兩個次樣本相同的初始資訊，但其中一組得到了關於願意或不願意支付可能原因的補充總結或「警告」如下：

「為了更清楚地解釋這些用法，我將向你描述其他人回答『是』或『不是』的主要原因。

回答『是』的受訪者認為：

1. 該島本身是一種值得保護的環境資源，無論你是否去過或知道它。
2. 你將來可能想要參觀 S. Erasmo 島。
3. 作為一種環境資源，應該為後代保護這座島。
4. 該島的環境問題非常嚴峻，必須開展公共建設保護。

回答『不是』的受訪者認為：

1. 對於一個並不瞭解的島嶼，沒有理由去資助它。

2. 還有其他公共工程需要更多的關注和優先資助。

3. 他們永遠不會遊覽這個島。

4. 在 S. Erasmo 島上進行公共建設是不夠的，無法解決環境問題。」
   （Alberini et al., 2005:161-2）

他們發現，一般來說，提供總結對 WTP 回答不會有統計學顯著的影響。然而，當「警告」虛擬變數與「教育引導」變數交互作用時，會出現積極、顯著的效果。結論是，對於受教育程度較低的人來說，補充總結也許會突出項目中他們可能沒有考慮到的重要面向，從而增加這個群體的 WTP。

總之，提供適當數量的無偏資訊將仍然是 WTP 研究的挑戰之一，對這種偏誤的測試應該是問卷和／或焦點團體需在研究前試點測試的重要部分。正如 Alberini 等人（2005）所說，這一領域仍需大量的研究。

5.5.2 願付價格問題引出的格式

起初，研究者預計，即使問題格式不同，對同一種商品的 WTP 研究也會產生類似的結果，但情況並非如此，該方法因此受到批評（Carson et al., 2001）。然而，現在人們普遍認為，不同的引出形式會產生不同的策略，也會對 WTP 數值產生顯著的影響（Carson, 1997）。WTP 問題主要有兩種形式：第一種是開放式（OE），即簡單地詢問受訪者願意為某一特定商品支付的最大金額，並不為其提供特定的金額。另一種是封閉式的二分選擇法（DC），即詢問受訪者他們是否願意為特定商品支付 x 金額，答案有是／否兩種。DC 問題之後可以對受訪者提出另一輪出價（雙界）

或 OE 問題（Carson et al., 2001）。後一種設計基於近來很少使用的反覆運算出價（IB）方法（Willis, 2002）。關於問題格式的研究和爭論有很多，主要集中在 DC 與 OE 格式之間的差異，以及 NOAA（1993）關於只使用 DC 格式的建議是否合理。

NOAA 小組（1993）指出，為獲取有意義的 WTP 出價，受訪者需要盡可能認真地對待假設市場，所以我們應該使用一種熟悉和現實的定價機制，只有 DC 問題格式能滿足這樣的要求。由於在大多數（西方）國家，消費者大多以固定價格進行購買決策，NOAA 建議採用 DC 或全民公決形式，因為受訪者更熟悉這種形式，而且，由於大多數受訪者不熟悉公共財的定價，DC 形式降低了任務的認知難度。雖然這些論點有一定分量，但許多研究也顯示，DC 格式的 WTP 問題始終高於 OE 問題，因此 NOAA 的建議與他們所謂的「保守」問卷設計並不一致。

在假設市場中的公共財方面，這個問題似乎更加嚴重。例如，Kealy 和 Turner（1993）的一項研究發現，對於私有財來說，開放式和封閉式的 WTP 問題沒有顯著差異，但對於公共財，封閉式的回答是開放式的 1.4 到 2.5 倍。在後來的一項研究中，Loomis 等人（1997）發現，在實際支付的實驗中，兩種問題形式之間沒有顯著差異，但在假設市場中，DC 值比 OE 值高 2.54 倍。Balisteri 等人（2001）進行的一系列實驗也得出結論，OE 和 DC 形式的問題都會產生高估的結果，DC 形式的問題更為明顯。Reaves 等人（1999）在一項評估瀕危物種價值的研究中，透過比較不同的問題形式，發現雙界 DC 格式的回應率較低，而抗議回應水準高於 OE 或支付卡選項。

所有的研究都顯示，現在放棄開放式 WTP 問題還為時過早，儘管 Carson 等人（2001）指出，OE 式的問題會得到許多 0 元、一些極小的數

字和一些極端大的數字，使得平均值容易偏離。[1]Bennett 和 Tranter（1998）
也發現，由於受訪者不熟悉被評估的商品，OE 問題導致特別多的未填答
情形。

二分選擇問題和起點偏誤

　　DC 形式的一個問題是所謂的「定錨」偏誤，即最終的 WTP 金額將
取決於最初的起點出價。Boyle 等人（1997）和後來的 Willis（2002）指
出，人們傾向於把起點作為建議標準，及指示他們的期望，或在私有財
的情況下，使用價格（由最初的出價建議）代表價值。問題是，選擇出價
金額通常是為了最大限度地提高研究設計的效率，而非傳達有關商品的資
訊，且出價起點可能因此取代先前的 WTP（Herriges & Shogren, 1996）。
另一個問題是對結果的統計解釋，尤其是當調查問卷僅採用是／否二分式
問題（單界 DC）時。Giraud 等人（2001）表示，不同的統計方法將會導
致 WTP 估計值的顯著差異，因此在行業標準確定之前，此類研究應該謹
慎斟酌。

　　提高 DC 式 WTP 研究效率的一種方法是提出後續問題，根據受訪者
對最初問題的回答，提高或降低出價。然而，幾項研究（引自 Herriges
& Shogren, 1996）顯示，初始和後續出價所體現的 WTP 分布存在顯著差
異。Herriges 和 Shogren 認為，與反覆運算投標設計一樣，這是因為後續
投標對起點偏誤也很敏感，即使控制了這一點，使用後續問題的效率收益
也會降低。Carson 等人（2001:191）認為，後續問題存在偏誤，因為它們
向受訪者發出的信號是，「成本不確定，商品的品質已經改變，或者政府
願意在成本上討價還價」，而且這些問題中的任何一個都顯示，起點問題

---

[1] 　極高和極低的值，即使數量很少，也會使平均值發生相當大的變化。這是一些WTP研究同時引用平均
　數和中位數的原因之一。

和後續問題之間的 WTP 分布應該不同。

Willis（2002）使用反覆出價法（iterative bid, IB）來確定拿坡里某個歷史公園的最大門票收入。他認爲，在參數和分布不確定的情況下，IB 設計可以捕捉消費者的最大 WTP，並衡量所有的消費者剩餘。Willis（2002）發現，排除一些出價標準（就像 DC 格式那樣）會顯著影響商品的需求曲線，出價標準的數量愈多，研究可能就愈準確。

然而，DC 形式的調查很昂貴，因爲樣本量必須很大才能產生統計學上顯著的結果。Bille Hansen（1997）在對特定文化商品的第一次 WTP 調查中，採取了開放性問題來確定保護丹麥皇家劇院的最大 WTP。她認爲，在每個人都可能知道的情況下，尤其是在受訪者已經習慣了透過納稅來支持的情況下，使用開放式問題是合理的。澳大利亞藝術研究（Thompson et al., 1983）和加拿大研究（Morrison & West, 1986）也採用了 OE 形式，儘管只有在受訪者被告知並對當前支出（「太少」、「太多」或「剛剛好」）做出評論後才會提出這個問題。

米爾杜拉藝術中心的研究（Throsby & O'Shea, 1980）使用了支付卡的形式，即詢問受訪者的最大 WTP，然後是建議的金額。雖然這種方法看起來有用，正如 Reaves 等人（1999）所說的那樣，它卻只能在面對面訪談和郵寄調查中使用，但它還有一個額外的好處，那就是可以向受訪者展示整個選擇組別，正如 Bateman 等人（2004）指出，這可能是決定出價準確性的重要因素。

但 DC 形式基本上被認爲是文化經濟學中構建 WTP 問題的固有方式。例如，肯塔基藝術 WTP 調查（Thompson et al., 2002）只問了一個DC 式的問題，問題的數量隨機變化。雖然這似乎是唯一不容易產生起點偏誤的方法，但需要在每個價格水準上都有大量的回答，才能使結果具有統計意義。在北卡羅萊納進行的一項電話調查中，爲提高結果的效率，他們嘗試使用變界 DC 形式來得出保護淹沒海洋文化資源的 WTP（Whitehead

& Finney, 2003）。然而，在第二輪出價中發現了明顯的起點偏誤。

　　另一種選擇是結合 DC 和 OE 形式。例如，一項關於澳大利亞國內電視節目製作的 WTP 研究（Papandrea, 1999）就使用了這種方法，首先詢問受訪者是否願意每戶增加 12 美元，以增加 10% 的本地節目製作，然後是一個開放式問題（針對回答「是」的人），詢問最大的 WTP 值，或（回答「否」的人）是否願意爲任何商品支付金額。Santagata 和 Signorello（2000）在研究拿坡里的「Napoli Musei Aperti」WTP 時，使用了一種更高階的 DC、OE 組合形式：如果受訪者對第一個 DC 問題的回答是「是」（起點隨機變化），那麼接下來的問題就是另外兩個 DC 形式的出價，最後是一個開放式問題。他們評論說，雖然這種方法產生了更豐富的資料，但它在後期可能會導致起點偏誤，OE 回答的平均值低於 DC 形式，因此也可能矯正這種偏誤。

　　Vossler 和 McKee（2006）在一系列實驗中測試了四種不同的問題形式：DC 問題、帶有後續確定性問題的 DC 問題、支付卡和多界 DC 問題。他們發現，DC 式問題中的陳述價值和實際支付之間的差異最小，推薦使用支付卡和多界 DC 式問題，因爲它們「迫使受訪者對決策考慮更多」（2006:165）。

　　以南非藝術節爲例，Oudtshoorn 試點研究首先使用了一個 DC 問題，配合三個隨機分配的起點（10、20 和 30 蘭特），然後是一個開放性問題，詢問受訪者的最大 WTP。雖然基於第一個 DC 式問題的評定模型和用於分析最終 WTP 資料的對數線性模型表現得相當好，沒有表現出顯著的起點偏誤，但是很多人（近 21%）的回答超出了家庭收入的 1%，因此被排除在外，因爲其回答具有假設性偏見（不切實際的高 WTP）。據推測，較高的初始出價也會導致未填答，因爲南非人不習慣出價，並認爲首先提到的金額是對最終二進位回應的「價格」。爲緩解這一問題，後來的 Grahamstown 研究採用了一種更接近 Willis（2002）所討論的反覆出價

設計的形式，其中包括了一些上升和下降的出價金額，所有受訪者從 R10
水準（試點研究的中位數）開始，接著是一個針對所有受訪者的開放式問
題。

　　所有 WTP 問題都提供了「不知道」（don't know）或「不願投票」
（would not vote, WNV）選項。為了出價的目的，這樣的答案被視為
「否」，訪談者接著會提供較低的價格或開放式問題。訪談者並不鼓勵受
訪者選取這個選項，因為擔心許多受訪者會認為這是個無須思考的簡單結
果，就直接選擇該選項。〔Krosnick 等人（2002）發現，「無意見」選項
會導致受訪者不對結果仔細思考，特別是那些教育水準較低的人。〕

　　Carson 等人（1995）的一項研究顯示，在 DC 式 WTP 問題中，「不
願投票」可被視為投了「否」選項，而不會改變回答的分布、WTP 估計
值或結果的結構效度。他們表示，一些受訪者可能不願承認他們不想為
社會需要的商品支付更多的錢，特別當訪談者以某種方式（或語氣）傳
達出「正確」答案是積極的 WTP 時。接受「不願投票」或「不知道」的
回答可能會給受訪者一個更能被社會接受的方式，來表示他們的不支持
（Carson et al., 1995）。

　　Carson 等人（2001:193）在總結他們關於問題引出形式的章節時指
出，「目前，CV 研究者通常面臨的選擇是使用無偏誤、有較大信賴區間
的引出形式 [單個 DC 格式]，還是使用可能有偏誤，但有更緊密信賴區
間的引出形式。」Willis（2002:320）也指出，在決定 WTP 問題形式時，
「調查成本與模型準確性、可靠性之間通常需要權衡。」問題形式的選擇
最終取決於能夠承受多大的樣本、訪談的形式（面對面、郵寄或電話、網
路）、研究人員對偏誤的假設，以及受訪者對價值的瞭解程度。

　　最後，我們需要仔細考量支付工具。它應該現實，且受訪者熟悉，如
某種形式的稅收或票價，而不是一次性捐款（研究發現這可能產生不可靠
的結果）。為減少抗議回應，盡量不要選擇可能與特定意識形態或立場相

關的支付手段，比如向一個有政治偏見的組織支付。

5.5.3 檢驗回答偏誤：隨訪問題和確定性措施

　　NOAA 小組關於條件評估的報告顯示，探究是否願意支付的原因對該研究至關重要，不僅因爲它增加了解釋的能力，而且因爲它可以用來檢測有偏誤的回答。想知道爲什麼受訪者願意／不願意支付，最簡單的方法就是在 WTP 問題之後隨訪一個開放式問題。對於積極的回答者，這是一個發現不確定、不一致或有偏誤結果的好方法。然而對於那些消極回答者，會更加困難，因爲受訪者可能不願給出眞實的答案，特別是訪談者或問卷文本傳達出「正確」答案是積極的 WTP 時。在這種情況下，最好爲其提供一些不願支付的理由〔如上文討論的 Alberini 等人（2005）的研究〕，由受訪者勾選。

　　與意見問題一樣，WTP 的理由也有助於體現不同階層者從文化商品中獲得的不同價值。例如，在 Grahamstown 國家藝術節上，願意爲低收入地區支付以預防活動規模縮小的一個主要原因是它所帶來的經濟效益：「創造就業」、「帶來就業」、「爲兒童提供就業」、「幫助失業者」等等。無論是受訪者、其家庭成員還是整個社區的未來／潛在的收入，也是主要原因之一，一個受訪者明確表示：「其他人得到了工作，那也許明年我也會很幸運找到工作。」低收入人群不願意花錢支持這一節慶的原因，往往與他們認爲從中得不到經濟利益有關。然而，低收入地區的受訪者對節慶所帶來的經濟效益也有很高的認識。最常被引用的理由是，藝術節特別爲年輕人提供了娛樂、與外界接觸的機會、教育機會，爲當地居民增強了社區自豪感、使城鎮煥發生機，以及展示他們的藝術才華。

高收入地區 WTP 為正的原因更多集中在節慶所提供的非經濟利益上，儘管仍有相當一部分人提到了創造就業、旅遊和個人及／或社區經濟收益。多數受訪者也提到了藝術節的娛樂價值、賦能本地學校和學生、培育藝術的重要性、社區自豪感和社區教育。高收入地區不願支付的原因則主要與節慶品質或組織的惡化有關。

除此之外，彙報部分在發現有偏誤的回答方面也很有效，例如，不接受條件市場的受訪者、搭便車者或反對調查的某些方面而不重視好的一面的受訪者。下一節將討論檢測有偏誤回答的方法，以及如何應對以獲得可靠結果。

以零抗議、溫情效應與不一致回答

一些受訪者可能會給出零願付價格，不是因為這些好處真的對他們沒有價值，而是因為他們不接受這種應急市場（不認為錢將花在他們的利益上或者他們提議的改變能被執行），或是因為他們抗議調查的某些面向，比如支付工具（Chambers et al., 1998）。這些受訪者可能會透過「以零抗議」（protest zeros）引入偏誤，因為他們並不是在真正表達某商品的價值。

以 Lindsey（1994）和 Chambers 等人（1998）為代表的一些評論家建議將抗議式回答排除在結果之外，因為它們不能代表所討論商品的價值。如果與對商品的積極看法有關，零出價也可能是搭便車行為的一種表現。即使這種回答反映了真正的預算限制，它們也無法表達受訪者的估計值。Bille Hansen（1997）評論說，當受訪者認為研究在某種程度上不可靠時，以零抗議最有可能發生，但特別是在非用戶中，一個合理的零回答百分比可能也反映了真實的願付價格。在解說時可以發現一些偏誤回應，但是，正如 Boyle 和 Bergstrom（2001:198）所指出的，「為什麼有人會戰略性地

向訪談者透露他的動機呢？」

　　Jorgensen 和 Syme（1994）反對排除零出價，他們認爲事後猜測受訪者是一種危險遊戲，只有當零回答被證明具有隨機性時才可排除。Stazzera 等人（2003:462）也指出，排除選定資料可能會影響結果的有效性，因爲「剩下的非抗議者的次樣本將有偏誤」。目前，關於列入還是排除這類反應的決定要視情況而定。

　　測試零回答是任意值還是「眞實」估計值的一種方法是，確定包含零回答時模型中的解釋變數對 WTP 的解釋是更好還是更差。爲檢驗零回答是以零抗議，還是可約用願付價格決定因素來解釋，有研究對南非藝術節的結果進行了對數線性迴歸，首先包含零回答，然後排除零回答。[2] 結果顯示，模型的有效變數和適合度均有顯著提高。當零出價被排除，「觀點」變數（被記錄爲分數，其中對電影節的正面評價爲1分，負面評價爲0分）變得不那麼重要。這些結果顯示，平均而言，零 WTP 與「商品」被估計時的負面意見有關，而不是隨機或抗議的回答，因此應該將其包括在內。即使 Lindsey（1994）提出了排除所有零回答的有力理由，也在後來的一份說明（1995）中贊同了包含零回答的觀點，至少，條件估計報告應該說明他們是否這樣做。

　　由於採用了 NOAA 小組（1993）提出的保守設計法，可以排除極高的估計值和一些零回答，但 Bille Hansen（1997）指出，這樣做是有代價的，即 WTP 均值會發生相當大的變化，特別是在樣本規模很小時。這就是 Throsby 和 Withers（1986）所說的「社會選擇偏誤」。他們指出，在評估澳大利亞當地藝術援助專案時，使用解釋變數的中位數而非平均數來衡量，可以獲得更好的 WTP 估值。WTP 的中位數遠遠小於平均值（平均

---

[2]　爲在對數線性回歸中包含零回答，研究者在WTP金額的基礎上增加了一個常數。由於常數的對數爲零，所以不會影響獲得的係數。

數是中位數的三倍多），顯示存在相當大的社會選擇偏誤。「這一結果顯示，在提供公共財的經濟效用（基於平均數）水準和民主決定（基於中位數）水準之間存在巨大差距。」（Throsby & Withers, 1986:321）Morrison 和 West（1986）一致認為，中位數在消除極高或極低的極值產生的偏誤方面特別有效，中間選民理論預測中數位值將決定政治結果。

McFadden（1994:694）也認為，當一些受訪者利用調查陳述極高／低的 WTP 值來表達抗議或反對時，「即使是小部分消費者給出的回答較之真實 WTP 值更極端，也可能導致估計值出現較大誤差。」不過他也指出，當分布傾斜時，中位數值本身可能存在偏誤。Noonan（2003）在後設分析中比較了 48 項研究的平均 WTP 估值，發現平均值比中位數高 1.5 倍。然而，對於主要涉及使用價值、公共支付工具（如稅收）和大規模貨物的商品而言，平均值則較低。

正如第 4 章所討論的，一些受訪者可能並沒有看重具體的利益，而僅僅是透過捐贈來獲得道德上的滿足。這種情況下，回答可能有偏誤，因為受訪者沒有考量其預算和可用的替代品，根據市場做決定，而只是透過正確的行為獲得「溫情效應」。Chambers 等人（1998）認為，那些聲稱自己支持「高尚事業」或類似說法的受訪者，可能只是受「溫情效應」影響，因此應從樣本中將其刪除。對這個問題的回答可以與訪談早期表達的觀點相比較，因此解說部分也可用來進行內部一致性檢查。例如，有些人認為文化財對社區教育很重要，但後來在訪談中表示，他們卻不願意為其買單，因為它對社區沒有好處。

這兩項南非藝術節的調查中，對積極願付價格的原因含糊不清（「我不知道」）或表示願意支付一些積極的金額（通常很少），並表達了強烈負面情緒（「節慶是無用的」，「錢花在不重要的事情」等）的受訪者都被排除在外，這些回答分別占據 Oudtshoorn 樣本的 9% 和 Grahamstown 的 3%。

假設性偏誤和極高的WTP值

正如第 4 章所討論的，願付價格的估計可能傾向於假設性偏誤 —— 也就是說，假設回答比必須實際支付時高。問卷設計可以幫助控制偏誤或直接測試它（如玻姆區間法）。但它仍可能導致樣本內的部分受訪者給出不切實際的極高 WTP 回答（與商品大小或重要性和／或他們的收入相關）。極高的回答通常被認為是支持這類商品的積極回答，但數字不實際。Jorgensen 和 Syme（1995:400）指出，排除 WTP 調查中的有偏誤回答需要研究人員做出判斷，「似乎基本上是臨時性的決定」。這一點充分體現在排除極高 WTP 回答中，因為人們對「不切實際」的定義取決於所估計的商品和特定人口的社會經濟地位。文獻中也很少討論如何排除這些回答，因此確定「經驗法則」就更加艱難。

在南非藝術節的研究中，一個月的 WTP 值如果大於家庭收入的 1%，就會被認為是（一年一度且為期 10 天的）藝術節不實際的巨額收入，特別是考慮到低收入地區的受訪者。然而，近四分之一的受訪者來自低收入地區。解決這一問題的方法有兩種：一是設定家庭收入 1% 的上限（若部分受訪者未公布家庭收入，就使用他們所在城鎮地區的平均收入）；其次，那些願付價格大於家庭收入 1% 的人將被排除在樣本之外。兩個結果都可在表 5.4 中查看。

表 5.4　兩項南非藝術節的平均願付價格資料

	Grahamstown festival		Oudtshoorn festival	
	高收入地區	低收入地區	高收入地區	低收入地區
願付價格數值大於零的百分比	77.5	79.6	65.5	64.7
平均 WTP（除去 WTP > 1% 家庭收入的資料）	R10.42 ($1.60)	R8.09 ($1.24)	R17.50 ($2.69)	R8.96 ($1.38)

（續下表）

平均 WTP（上限為 1% 家庭收入）	R14.80 ($2.28)	R6.55 ($1)	R17.42 ($2.68)	R10.33 ($1.59)

（Snowball, 2005:114）

一個重要的結果是，儘管參加購票節慶的人少得多，節慶的收入也低得多，但與高收入受訪者一樣，來自低收入群體的受訪者也願意爲節慶花錢。正如預期那樣，來自高收入地區的平均 WTP 要高於低收入地區。當願付價格大於家庭收入的 1% 的回答被重新編碼爲家庭收入的最大 1%，而不是被完全排除（特別是在 Grahamstown 高收入地區，平均 WTP 增加了約40%），兩者之間的差異變得更加明顯，但一般模式保持不變。

決策後信度

決策後信度（Bennett & Tranter, 1998:255）可用來確定受訪者認爲其回答在多大程度上是準確的。正如第 5 章所討論，排除不確定的受訪者對於控制假設性偏誤極爲重要（Champ & Bishop, 2001）。Thompson 等人（2002）在他們對肯塔基州 WTP 藝術項目的研究中使用了這樣一種測量方法：在封閉式（是／否）WTP 問題之後，受訪者被問及：從 1 到 10 分（10 分是確定的），他們對所聲明的捐贈有多確定。在確定性量表上選擇 9 或 10 的被調查者被認爲願意支付，但是從 8 開始的任何回答都不被認爲眞正願意支付，並且被排除在平均 WTP 計算之外。Thomson 等人（2002）認爲這是控制假設性偏誤的有效方法。

「這顯示，透過增加選擇空間，我們向受訪者發出了一個信號，即他們應該行使自己的額外選擇。所以，田野研究中回答的不確定性應愼重解釋，因爲並非所有答案的不確定性都眞實。」（Vossler & McKee, 2006:165）

最初，南非藝術節研究透過一個問題，借助 Thompson 等人（2002）
提出的 1 至 10 量表，要求受訪者對自己表達的支持藝術節的 WTP 的確
信程度進行評分。然而，許多受訪者選擇了極端（1 或 10）、拒絕回答
問題或回答「不知道」，或給出了百分比（「100% 肯定」）。研究者認
為，這是數字量表的問題，特別是對於那些受教育程度較低的受訪者而
言。另一個原因可能為該研究是在沒有視覺提示的情況下透過電話進行，
而 Thompson 等人（2002）的研究使用了郵寄調查，並使用了一種不那麼
精確但表現更好的質性量表（「完全不確定」、「相當確定」和「非常確
定」）。

5.6 社會人口學統計

　　大多 WTP 研究的最後一部分是蒐集關於受訪者及其家庭的一般社會人口統計資訊。鑑於一些必要資訊，如家庭收入、政治傾向、種族和宗教信仰，可能會被認為是敏感資訊，所以需提醒受訪者調查為匿名，尤其是電話調查或在受訪者家中進行的調查。

表 5.5　文化商品 WTP 研究中的社會人口變數

變數	形式
收入：家庭總／淨收入或每個家庭成員的收入。	通常在分類中，運用單元均值進行迴歸
家庭規模	現共同居住的家庭成員
職業	分類或二元變數表達：1 表示專業，0 表示其他
受教育水準	以年分或二元變數表達：如 1 表示高中畢業，0 表示其他
宗教	以小組為單位
年齡	以年分或二元變數表達：如 1 表示小於 50 歲，否則為 0
種族	以小組為單位
性別	二元分類
母語	按類別分類
婚姻狀況	二元分類
戶口所在地，居住時間	二元分類（高／低收入）；以年分或二元變數表達，如 1 表示多於 10 年，否則為 0
政治立場	按黨派分類

　　社會人口統計資訊用途多樣。首先，這些特徵往往是 WTP 的重要決定因素，因為文化品味往往與個人性格和背景高度相關。第二，如果要推廣 WTP 結果，就必須顯示抽樣得出的社會人口資訊具有代表性（例如，透過將抽樣概況與該區域的人口普查資料進行比較）。最後，可以利用

收入進行有效性檢驗，因爲在大多數情況下，如果消費者認眞對待假設
的「購買」商品（假設爲正常商品），那麼 WTP 將與收入顯著正相關。
這些資料也可爲目標市場上的文化財供應商提供有用資訊。以下是文化財
WTP 研究中包含的一些社會人口統計變數。它並不完整，因爲能蒐集到
的資訊將基本上取決於人口與商品本身，但它可以作爲案例參考。

　　正如對南非藝術節的預期，高收入地區和低收入地區樣本的人口資訊
之間存在顯著差異，但在大多情況下，與城鎮統計資料相比，它仍具代表
性。這兩個地區的資料顯示，受訪者中女性占比（71%）遠高於整體人口
的代表（根據 1996 年的人口普查資料，56% 的人口爲女性）。如表 5.6
所示，高收入地區主要由歐裔組成，他們在家主要說英語或南非荷蘭語，
收入和教育水準較高。低收入地區主要由說科薩語（Xhosa）和南非荷蘭
語（Afrikaans）的非裔居民組成，他們的收入和教育水準要低得多。

表 5.6　藝術節樣本的人口統計學資訊比較

	Grahamstown		Oudtshoorn	
	高收入	低收入	高收入	低收入
種族	86% 爲歐裔	100% 爲非裔	95% 爲歐裔	92% 爲混血
語言	85% 說英語	100% 說科薩語	92% 說南非荷蘭語	95% 說南非荷蘭語
性別（女性占比 %）	62%	77%	56%	66%
平均年齡（歲）	49.4	39.5	49.5	41.2
平均受教育時長	14.6	10.3	13.7	10.8
% 完成高中學歷占比	91%	43%	92%	47%
平均月收入	R3632	R251	R4 525	R731

（Snowball, 2005:121）

　　由於種族、收入和居住地間高度相關，因此使用「地區」變數（如果

來自低收入地區，則為 1，否則為 0）作為家庭收入的代表。迴歸結果顯示，該變數為負，具有統計學意義，說明如果受訪者來自高收入地區，則支持節慶的概率會大大增加。將 Grahamstown 國家藝術節的樣本分為高收入區和低收入區，以及家庭收入數量用於迴歸時，結果顯示，它是低收入區 WTP 的一個積極而顯著的決定因素。

多項事實佐證了收入在決定 WTP 支持文化方面的重要性。Brooks（2004）發現收入與私人對捐贈藝術的態度呈正相關關係（正如人們所預期的那樣），但與政府的直接支持無關。相反，個人意識形態對他們支持政府資助藝術的影響最大。例如，在他的研究中，自由主義者、基督徒、歐洲裔的人最有可能支持政府的資助。Rushton（2005）在研究底特律增加財產稅以資助文化機構的全民公投時，也發現人均收入並不是決定受訪者是否會投票支持增稅的重要因素（雖然兩者之間存在正相關關係），但政治立場是一個重要的決定因素。

教育水準對南非藝術節 WTP 的影響並不顯著。然而，在其他許多關於支持增加藝術資助的群體特徵的研究中發現，教育確實是決定願付價格的重要因素。Brooks（2001 年和 2004 年）和 Rushton（2005）發現，較高的教育水準與支持政府增加藝術支出和私人捐贈有關。這也證實了第 1 章所討論的觀點，即文化資本，通常是透過正規教育所獲得，從而促使人們理解與欣賞藝術。

南非藝術節案例中，教育在解釋願付價格方面並不顯著，原因可能有以下幾點。首先，藝術節的節目將人們納入到豐富多彩的活動中來，這樣一來，那些需要耗費大量文化資本才能被觀眾理解的「高雅」節目就可以被那些文化資本不高的人所避免，取而代之的是更易接觸的娛樂節目。然而，這並未考慮到南非目前存在諸多種類的文化資本，一些可能與持久的正規教育沒有直接關係，而是與傳統培養方式和非正式教育有關，特別是在這樣一個口頭傳承仍然很盛行的地區。因此，需要使用一種更加複雜的

衡量文化資本的方法，將非正式教育和傳統教育納入考量，以便準確衡量教育與資助藝術意願間的關係。

在低收入地區，年齡是 WTP 的重要決定因素，每長大一歲，願意支付的可能性就會降低一些。性別變數只在高收入地區顯著，該地區的女性比男性願付價格更強烈。這可能與女性可從節慶中獲得更大的使用價值有關，之前的一些研究顯示，該節慶更吸引女性。

WTP 研究中的人口統計變數基本上取決於所估計的商品和抽樣人口特質。例如，如果要評估某特定城市或城鎮的文化資產，受訪者在該地區生活了多長時間就可能是重要變數，因為它與更多的使用價值或對非使用價值的瞭解相關。如果一個群體相當同質，種族與母語帶來的影響就不會太大。社會人口問題可能涉及敏感資訊，也不是特別有趣，所以研究者通常將其放在訪談的結尾。

5.7 效度和信度檢驗

　　一旦 WTP 研究完成，就可以透過多種測試來確定結果的有效性和可靠性。Carson 和 Mitchell（1993:1267）的結論是，WTP 問題的回答品質將決定研究的準確性。在他們看來，這是由研究設計和管理或內容效度所決定：

　　「受訪者必須：(i)清楚瞭解他們所評估的商品的特點；(ii)認為與商品供應相關的CV要素合理；(iii)能夠慎重且有效地回答訪談中的問題。」（Carson & Mitchel, 1993:1267）

　　後續研究中，Carson 等人（2001）提出了除內容效度外，判斷 WTP 估值準確性的其他三種方法：聚合效度、結構效度和信度。「效度」在此處指該研究在測量其實際測量內容方面取得成功。

　　結構效度檢驗的是 WTP 結果與理論預期的一致度。如上所述，這些基於經濟理論的先驗預期可能包括對範圍的敏感性（WTP 更適合於較大的商品）、使用者將比非使用者給出更高的 WTP 以及 WTP 與受訪者收入相關。聚合效度檢驗是將 WTP 估計值與實際市場（或模擬市場）值進行比較。這可以透過比較 WTP 研究和差旅費用研究，或如第 4 章所討論的，將假想和實際的市場情況進行比對。信度是指研究是否可以在不同環境或時間（時間信度）下進行複製。

　　NOAA 研究小組（1993）要求「時間平均」，特別是對易受時間變化影響的環境商品的評估。

　　「我們應當透過在不同時間點對獨立測量的樣本進行平均，來降低

時間相關的測量干擾。清晰且大量的時間趨勢回應將使人們對這一發現的『可靠性』產生懷疑。」（NOAA, 1993:19）

Carson 等人（1995）對時間信度進行了一次大型測試，將 1991 年進行的埃克森石油洩漏研究與兩年後進行的類似調查進行了比較。時間信度測量的方法有三：在不同的出價水準下「贊成」和「反對」票的分布、模型的參數和平均 WTP 金額。他們沒有發現任何顯著差異或隨時間變化的趨勢，並得出結論，認為「[NOAA] 小組的關注毫無根據，也不那麼重要。」（Carson et al., 1995:19）

文化經濟學研究的信度、效度檢驗

最早的 WTP 文化經濟學研究之一是 Chambers 等人（1998）對密蘇里州 Ste.Genevieve 歷史學院價值的研究。結構效度測試顯示，WTP 隨著收入的增加而增加，那些實際上有支付能力的受訪者的支付可能性最大，就像在真實市場環境中一樣。教育也被發現是影響 WTP 的積極的決定因素。信度測試顯示，對學院的關注與 WTP 呈正相關，這顯示 WTP 金額是在衡量有關商品的價值。

Alberini 和 Longo（2006）將假設和實際（旅行成本）行為結合，衡量了改善亞美尼亞四個古蹟遺址的福利效益。透過使用真實行為（實際的旅行花費）和假設情境（對場地進行改進的 WTP），可以得出「對亞美尼亞古蹟保護的效益的合理和保守估計」（2006:300）。他們也對真實商品和假設商品的結構效度進行了檢驗，結果顯示，支出和 WTP 可以透過模型變數（如商品和價格之間的負相關關係和顯著相關關係）很好地預測出來。

Alberini 等人（2005）對保護威尼斯潟湖 S. Erasmo 島的 WTP 研究也

顯示了內在的一致性，「因爲 WTP 會隨著受訪者對該島的瞭解、對潟湖
的當前使用和對 S. Erasmo 島的預期使用而增加。WTP 以可預測的方式與
收入（正）、教育（正）和年齡（負）相關。」（2005:170）

　　Grahamstown 南非國家藝術節的條件評估研究結果，進行了三種有效
性檢驗。首先，將結果與同年在 Oudtshoorn 進行的類似節慶研究（試點
研究）的結果進行了比較，並使用了非常相似的調查工具。其次，進行
內部結構效度檢驗，以確定結果是否符合經濟學理論預期：隨著商品「價
格」上升，需求量應該下降；結果顯示出對範圍的敏感性。WTP 金額也
需受受訪者預算限制——WTP 金額和人均／家庭收入應該有顯著的負相
關關係。最後，透過將 2003 年的研究結果與 2000 年的一項類似研究結果
進行比較，對時間可靠性進行檢驗，以確定這些結果是否能夠隨著時間的
推移而複製，並顯示出穩定的偏好。

　　第一個內部測試關於商品價格，也就是說，隨著價格增加，會有愈來
愈少的受訪者願意支付，回答「是」的概率應該降低。如下圖所示，隨著
出價的增加，願意支付的受訪者比例確實下降了。

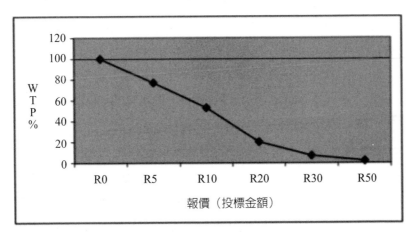

圖 5.2　不同報價下的節慶遊客的支付意願比例

　　該研究還包括了一個次樣本範圍測試，即藝術節規模減小 25% 或 50%——簡單定義爲更少的演出和觀眾。範圍變數編碼爲 0 表示規模減小 25%，1 表示減小 50%，在應用的任何回歸模型中均不顯著。然而，Tobit 模型的範圍變數爲正，接近顯著性（在 20% 的水準）。係數解釋顯示，如果給受訪者 50% 的情境，他們願意支付的可能性是 25% 情境下（願意支付的概覽爲 0.54）的 1.17 倍。

　　Arrow 等人（1994）對 NOAA 自然資源損害評估的擬議規則評論道，要求 WTP 回答需對範圍做出「充分」反映，但也指出「充分」的定義取決於研究背景和最終的「判斷要求」。降低 WTP 出價對商品範圍的敏感度包括風險等因素，即受訪者是否認爲這些提議有效（Carson et al., 1997），以及節約的資源能否被認同是原始資源的完美替代品（Smith & Osborne, 1996）。Foster 和 Mourato（2003）也引用了 Poe 等人（1994）的研究：不重疊的信賴區間可能導致「低估」範圍測試中的信賴區間。以南非藝術節爲例，判斷範圍係數爲正，接近統計顯著性，顯示資料對範圍具有合理的敏感性。

　　最後的結構效度檢驗要求 WTP 與收入呈顯著正相關。統計結果顯示，地區（代表收入，1 爲低收入地區，0 爲高收入地區）與願付價格呈負相關。在 Tobit 模型中，這種關係具有統計學意義。此外，家庭收入在統計上對低收入地區的願付價格有顯著的正向作用。

　　除此之外，研究者還將藝術節研究結果與一項較早研究（時間可靠性測試）和 KKNK 研究進行了比較。雖然 2000 年的研究結果並不具有直接的可比性，因爲使用了不同的假設情境和問題格式，但來自不同地區（高收入和低收入）的受訪者中，一部分人的 WTP 值相似，他們用更高的 WTP 值來維護更大的利益（2000 年的研究情景）。上述初步研究（Oudtshoorn 藝術節）的結果也是如此。第 3 節中的討論也顯示出隨時間和類似事件的高度穩定性。因此，這項研究透過了所有的有效性測試，結

果相對公正。

　　WTP 研究結果信度與效度測試的數量和種類取決於研究的性質及其資源，但至少應該對研究人員認爲結果的可靠性和有效性做出一些評論。如果成果是（或可能是）政策決定和／或資金變化的基礎，或它們將被推廣到其他文化財，這一點尤其重要。

5.8 結論

　　本章描述了如何設計 WTP 研究以使偏誤量最小化並產生有效且可靠的價值估計。雖然仍存一些問題，如資訊和起點偏誤還沒有明確的解決方案，但可以透過仔細的問卷設計與前期測試減少誤差。解釋結果時，效度和信度檢驗都可以顯示顯著的偏誤。

　　儘管開展 WTP 研究存在諸多困難，但毋庸置疑，它是一種評估文化資源非市場價值非常有用的方式。以南非國家藝術節為例，WTP 的研究能夠證明，來自舉辦城鎮低收入地區的受訪者確實從藝術節獲得了顯著的非市場效益，他們也明白這一點。在大多數國家，尤其是收入差距仍較大的發展中國家，這些可以成為呼籲扶植公共文化強有力的論據，而單純的市場價值評估研究則不能做到這點。這些資料，特別是關於這些文化財產生的正外部性的描述，甚至會動搖藝術和文化資助只有益於社會中少數富裕階層的論點。

　　然而，WTP 法的另一個問題是，除非我們具備研究的細節資訊，或對此進行了大量不同的研究，否則其結果並不能很好地說明受訪者最看重該商品的哪些屬性。主辦單位想要增加特定人群的參與，就需要知道他們應該改變或提高哪些方面。聯合分析（或選擇實驗法）最初用於交通經濟學，現在愈來愈多地應用於文化經濟學，它前景廣闊，不僅能更詳細地評估商品的各種屬性，還能控制 WTP 研究中發現的一些偏誤。第 6 章將討論這種方法和相關案例研究。

附錄5.1 南非國家藝術節研究中願付價格電話訪談調查問卷

晚安，我是來自 Rhodes 的 _____。我們正在做一項調查，以瞭解 Grahamstown 居民對南非藝術節的看法。您願意花 10 分鐘回答一些問題嗎？

1.觀點

首先，請分享一下您對藝術節的整體印象。請告知我們您是否認同以下說法。

1.1 藝術節給 Grahamstown 所有居民都帶來了自豪感。

　　1 同意　　0 不同意　　2 不確定

1.2 藝術節所呈現的藝術會對社會造成傷害與麻煩，因為其對我們的生活方式太挑剔了。

　　1 同意　　0 不同意　　2 不確定

1.3 藝術節應該持續下去，這樣居民和孩子就可以選擇將來參加。

　　1 同意　　0 不同意　　2 不確定

1.4 表演和節慶對於社區教育有益。

　　1 同意　　0 不同意　　2 不確定

1.5 藝術節僅對那些購票前往的人有益。

　　1 同意　　0 不同意　　2 不確定

2.出席&花費

2.1 您今年是否出席了藝術節？　1 是 → Q2.3　0 否

2.2 您去年是否出席了藝術節？　1 是 → Q2.3　0 否 → Q4

在今年（去年）的藝術節上，您看了多少場需購票的演出？_____

出席過至少一場的受訪者：

2.3 您在門票上花費了多少？＿＿＿＿＿

門票消費大於 0 的受訪者：

2.4 如果票價高出 10%，那麼原 R30 票漲至 R33，您還會看同樣多的
演出嗎？

　　1 是 → Q2.5　0 否 → Q2.6

2.5 如果票價提高了 20% ／ 50%，那麼原 R30 票價就是 R36 ／ R45，
您還會去看同樣多的演出嗎？

　　1 是　0 否

2.6 您參加了多少場免費演出，包括藝術展覽、街頭戲劇和 Sundowner
音樂會？＿＿＿＿＿＿＿＿＿＿＿

2.7 在上次（或 2002 年）的活動中，您去了多少次手工藝品市集？

＿＿＿＿＿＿＿＿＿＿＿＿

2.8 您在工藝品市集購物的花費是多少？R＿＿＿＿＿

2.9 節慶期間，您外出用餐（包括酒水）的花費是多少？R＿＿＿＿＿

2.10 您在節慶期間的花費比平時多嗎？

　　1 同意　0 不同意　2 不確定

2.11 如果沒有節慶，您認為您會把錢花在 Grahamstown 地區以外的地
方（比如在海灘度假），還是在這裡消費？

　　1 花在這裡　0 花在別處　2 不確定　3 不花錢

3.收入

3.1 您是否透過藝術節賺取到一定資金？例如，提供住宿、運營攤位，
或在常規工作外加班？

　　　　1 是　　0 否 → Q5

3.2　您做怎樣的工作？

　　　1 提供食宿　2 小吃攤位　3 藝術 & 工藝品　4 加班　5 其他____

3.3　您從中收益多少？R_____

針對從藝術節中賺取到資金的受訪者：

3.4　您的家庭主要把節慶收入花在什麼地方？

　　　1 食物、交通及其他每月支出　2 節慶活動

4. WTP

　　非常感謝。下一節我們將使用願付價格來衡量節慶對您的價值。類似於學校和醫院，藝術節沒有足夠的利潤維持運營，它極度依賴私人和政府的贊助。政府資金來自我們繳納的所得稅和增值稅等間接稅。

　　在像南非這樣的發展中國家，有許多事需要政府的資金投入，其中一些被認為比藝術節更重要。一些私人贊助商還認為，他們的錢最好花在體育或野生動物保護等方面。這意味著，未來的藝術節資金將會減少，演出和觀眾也會減少。

　　您是否願意每月支付一些錢來支持該節慶。我們提出的數量可能對您而言過低或過高。但它不是價格，只是一個起點，您可以選擇更高或更低的價格。

4.1　您是否願意每月額外支付 10 蘭特，以防止節慶萎縮 25% / 50%？
　　　這意味著您每個月都會失去 10 蘭特，而它可能是您的常規購物資金，例如食物、交通或娛樂。

　　　1 是　　0 否　　3 不確定

　　　如果選擇「是」：討論最高出價金額

4.2　您願意每月支付 R20 嗎？

　　1 是　　0 否

4.3　您願意每月支付 R30 來阻止節慶萎縮 25% ／ 50% 嗎？

　　1 是　　0 否

4.4　您願意每月付 R50 嗎？

　　1 是　　0 否

4.5　為防止節慶萎縮 25% ／ 50%，您願意每月支付的最高金額是多少？R＿＿＿＿

如果選擇「否」：降低出價

4.6　您願意每月支付 R5 嗎？

　　1 是　　0 否

4.7　為防止節慶萎縮 25% ／ 50%，您願意每月支付的金額是多少？

　　R＿＿＿＿

所有受訪者：

4.8　您在多大程度上認為給出的願付價格準確？

　　1 完全不確定　　2 一般確定　　3 非常確定

對於 WTP 值為正的受訪者：

4.9　您為什麼願意花錢來支持這個節慶？

　　＿＿＿＿＿＿＿＿＿＿＿＿＿＿＿＿＿

　　如果 4.9 中有多個原因：

4.10　您提到的哪個原因最重要？

　　＿＿＿＿＿＿＿＿＿＿＿＿＿＿＿＿＿

對於那些沒有／不確定 WTP 的受訪者：

4.11 您不願意出錢支持該節慶的原因是？

_____

5. 人口統計資訊

最後，我們想瞭解一下您的一些情況。您的名字並不會附在這些資訊中，而您的電話號碼是從電話簿中隨機選擇，所有私人資訊都不會用於本研究之外的任何用途。

5.1　您的年齡？_____

5.2　您的母語是？

1 科薩語　2 南非荷蘭語　3 英語　4 其他_____

5.3 和 5.4 只在語言不明顯時提出 [**如有疑問可詢問**]

5.3　您的種族是？

1 黑人　2 有色人種　0 白人　3 印第安人　4 其他_____

5.4　您的性別是？

1 男　　2 女

5.5　您的受教育程度是？

1 小學至 7 年級（國中 1 年級）＝ 7 年

2 8 年級（國中 2 年級）＝ 8 年

3 10 年級（高中 1 年級）＝ 10 年

4 大學預科 12 年級（高中 3 年級）＝ 12 年

5 大學學歷＝ 15 年

6 雙學位＝ 16 年

7 文憑＝學校（12）＋文憑時間

5.6　您目前的工作是什麼？

1 專業人員（醫生、商人、講師、教師）

2 白領（祕書、店員、職員、代理商）

3 服務業（員警、陸軍、海軍、空軍、護士）

4 藍領（建築工人、廚師、清潔工、保全、工人）

5 學生

6 家庭主婦

7 已退休

8 無業

5.7 您的家庭月稅後收入是多少？＿＿＿＿＿＿＿＿＿＿＿

5.8 您家有幾口人？＿＿＿＿＿＿＿＿＿＿＿＿＿＿＿＿

　　非常感謝您的時間和幫助。關於這個節慶，您還有什麼想告訴我們的嗎？

參考文獻

Adjzen, I., Brown, T. and Rosenthal, L. (1996) Information bias in contingent valuation: Effects of personal relevance, quality of information, and motivational orientation. *Journal of Environmental Economics and Management* 30:43-57.

Alberini, A., Rosato, P., Longo, A. and Zanatta, V. (2005) Information and willingness to pay in a contingent valuation study: The value of S. Erasmo in the Lagoon of Venice. *Journal of Environmental Planning and Management* 48,2:155-175.

Alberini, A. and Longo, A. (2006) Combining the travel cost and contingent behaviour methods to value cultural heritage sites: Evidence from Armenia. *Journal of Cultural Economics* 30:287-304.

Arrow, K., Learner, E., Schuman, H. and Solow, R. (1994) *Comments on NOAA proposed rule of damage assessment* 69.

Balistreri, E., McClelland, G., Poe, G. and Schulze, W. (2001) Can hypothetical questions reveal true values? A laboratory comparison of dichotomous choice and open-ended contingent valuation with auction values. *Environmental and Resource Economics* 18:275-292.

Bennett, R. and Tranter, R. (1998) The dilemma concerning choice of contingent valuation willingness to pay elicitation format. *Journal of Environmental Planning and Management* 41,2:253-258.

Bille Hansen, T. (1997) The willingness to pay for the Royal Theatre in Copenhagen as a public good. *Journal of Cultural Economics* 21:1-28.

Bohm, P. (1972) Estimating demand for public goods: An experiment. *Scandinavian Journal of Economics* 3:113-130.

Bohm, P. (1979) Estimating willingness-to-pay: Why and how? *Scandinavian Journal of Economics* 81:142-153.

Bohm, P. (1984) Revealing demand for an actual public good. *Journal of Public Economics* 24:135-151

Boyle, L., Johnson, F. and McCollum, D. (1997) Anchoring and adjustment in single-bounded, contingent valuation questions. *American Journal of Agricultural Economics* 79,5:1495-1501.

Boyle, K. and Bergstom, J. (2001) Doubt, doubts and doubters in Bateman, I and Willis, K. (Eds.) *Valuing Environmental Preferences*. Oxford University Press: Oxford.

Brooks, A. (2001) Who opposes government arts funding? *Public Choice* 108:355-367.

Brooks, A. (2004) In search of true public arts support. *Public Budgeting and Finance* 24,2:88-100.

Carson, R. and Mitchell, R. (1993) The issue of scope in contingent valuation studies. *American Journal of Agricultural Economics* 75,5:1263-1268.

Carson, R.T., Hanemann, W.M., Kopp, R.J., Krosnick, J.A., Mitchell, R.C., Presser, S., Ruud, P.A. and Smith, V.K. with Conaway, M. and Martin, K. (1995) *Referendum design and contingent valuation: The NOAA Panel's No-Vote recommendation*. Resources for the Future Discussion Paper 96-03.

Carson, R., Mitchell, R., Conway, M. and Navrud, S. (1997) *Non-Moroccan Values for Rehabilitating the Fes Medina*. World Bank Report: Washington.

Carson, R., Flores, N. and Meade, N. (2001) Contingent valuation: Controversies and evidence. *Environmental and Resource Economics* 19:173-210.

Chambers, C., Chambers P. and Whitehead, J. (1998) Contingent valuation of quasi-public goods: validity, reliability and application to valuing a historic site. *Public Finance Review* 26,2:137-155.

Crompton, J. (1995) Economic impact analysis of sports facilities and events: Eleven sources of misapplication. *Journal of Sports Management* 9:14-35.

Dutta, M., Banerjee, S. and Husain, Z. (2007) Untapped demand for heritage: A contingent valuation study of Prisep Ghat, Calcutta. *Tourism Management* 28:83-95.

Foster, V. and Mourato, S. (2003) Elicitation format and sensitivity to scope. *Environmental and Resource Economics* 34:141-160.

Giraud, K., Loomis, J. and Cooper, J. (2001) A comparison of willingness to pay estimation techniques from referendum questions. *Environmental and resource Economics* 20:331-346.

Glass, R., Clifford, N., Harris, B., Woolsey, C. and Krider, C. (1999) *Economic scope, impact and marketing study of the Kansas Arts Commission.* The University of Kansas, Institute for Public Policy and Business: Research report number 257.

Herriges, J. and Shogren, J. (1996) Starting point bias in dichotomous choice valuation with follow-up questioning. *Journal of Environmental Economics and Management* 30:112-131.

Jorgensen, B. and Syme, G. (1995) Market models, protest bids and outliers in contingent valuation: Discussion. *Journal of Water Resources Planning and Management* Sept/Oct: 400-401.

Kealy, M. and Turner, R. (1993) A test of the equality of closed-ended and open-ended contingent valuations. *American Journal of Agricultural Economics* 75,2:321-323.

Kenyon, W. and Edwards-Jones, G. (1998) What level of information enables the public to act like experts when evaluating ecological goods? *Journal of Environmental Planning and Management* 41:463-476.

Kling, R., Revier, C. and Sable, K. (2004) Estimating the public good value of preserving a local historical landmark: The role of non-substitutability and citizen information. *Urban Studies* 41,10:2025-2041.

Krosnick, J., Holbrook, A., Berent, M., Carson, R., Hanemann, W., Kopp, R., Mitchell, R., Presser, S., Ruud, P., Smith, V., Moody, W., Green, M. and Conaway, M. (2002) The impact of 'no opinion' response options on data quality. *Public Opinion Quarterly* 66:371-403.

Krueger, S. (2002) *Assessment of contingent valuation studies with specific reference to the role of information.* Unpublished honours research thesis, Department of Economics, Rhodes

University, Grahamstown.

Lindsey, G. (1994) Market models, protest bids and outliers in contingent valuation. *Journal of Water Resources Planning and Management* Jan/Feb: 121- 129.

Maddison, D. and Mourato, S. (1999) *Valuing different road options for Stonehenge.* CSERGE Working Paper GEC 99-08.

Maddison, D. and Foster, T. (2003) Valuing congestion costs in the British Museum. *Oxford Economic Papers* 55:173-190.

McFadden, D. (1994) Contingent valuation and social choice. *American Journal of Agricultural Economics* 76,4:689-709.

Morrison, W. and West, E. (1986) Subsidies for the performing arts: Evidence of voter preference. *Journal of Behavioral Economics* 15, Fall:57-72.

Niewijk, R. (2001) *Misleading quantification: the contingent valuation of environmental quality.* The Cato Review of Business and Government. [Online] Available: http://www.cato. org/pubs/regulation/reg17n1-niewijk.html [Ac- cessed 22/01/06].

NOAA (1993) Arrow, K.J., Solow, R., Leamer, E., Radner, R., Schuman, H. *Report of the NOAA Panel on contingent valuation.* National Oceanic and Atmospheric Administration Federal Register 58,10.

Noonan, D. (2003) Contingent valuation and cultural resources: A meta-analysis. *Journal of Cultural Economics* 27:159-176.

Ozdemiroglu, E. and Mouraton, S. (2001) *Valuing our recorded heritage.* Paper presented at The Economic Valuation of Cultural Heritage conference, University College, London.

Papandrea, F. (1999) Willingness to pay for domestic television programming. *Journal of Cultural Economics* 23:149-166.

Reaves, D., Kramer, R. and Holmes, T. (1999) Does question format matter? Valuing an endangered species. *Environmental and Resource Economics* 14:365-383.

Rushton, M. (2005) Support for earmarked public spending on culture: Evidence from a referendum in Metropolitan Detroit. *Public Budgeting and Finance* 25,4:72-85.

Santagata, W. and Signorello, G. (2000) Contingent valuation of a cultural public good and policy design: The case of Napoli Musei Aperti. *Journal of Cultural Economics* 24:181-204.

Seaman, A. (2003) *Contingent Valuation vs. Economic impact: substitutes of complements?* Paper delivered at the Regional Science Association International Conference, North American Meetings: Philadelphia.

Smith, K. and Osborne, L. (1996) Do contingent valuation methods pass a 'scope' test? A meta-analysis. *Journal of Environmental Economics and Management* 31:286-301.

Snowball, J. (2000) *Towards more accurate measurement of the value of the arts to society: Economic impact and willingness to pay studies at the Standard Bank National Arts Festival.* Unpublished Masters Thesis: Department of Economics, Rhodes University, Grahamstown, South Africa.

Snowball, J. and Antrobus, G. (2001) Measuring the value of the arts to society: The importance of the value of externalities to lower income and education groups in South Africa. *South African Journal of Economics* 69,4:752-766.

Snowball, J. and Antrobus, G. (2003) *Economic valuation of the 2003 Grahamstown National Arts Festival: economic impact, business and household surveys.* Department of Economics, Rhodes University: Grahamstown.

Snowball, J. (2005) Art for the masses? Justification for the public support of the arts in developing countries-two arts festivals in South Africa. *Journal of Cultural Economics* 29:107-125.

Stazzera, E., Genius, M., Scarpa, R. and Hutchinson, G. (2003) The effect of protest votes on the estimates of WTP for use values of recreational sites. *Environmental and Resource Economics* 25:461-476.

Sunstein, C. (2002) *Coherent and incoherent valuation: a problem with contingent valuation of cultural amenities.* The Cultural Policy Center at the University of Chicago: Working paper.

Thompson, B., Throsby, D. and Withers, G. (1983) *Measuring community benefits from the arts*. Research paper 261, School of Economic and Financial Studies: Macquarie University.

Thompson, E., Berger, M. and Allen, S. (1998) *Arts and the Kentucky economy*. Center for Business and Economic Research, University of Kentucky.

Thompson, E., Berger, M. and Blomquist, G. (2002) Valuing the arts: A contingent valuation approach. *Journal of Cultural Economics* 26:87-113.

Throsby, D. and O'Shea, M. (1980) *The regional economic impact of the Mildura Arts Centre*. School of Economic and Financial Studies: Macquarie University Research paper number 210.

Throsby, D. and Withers, G. (1985) What price culture? *Journal of Cultural Economics* 9,2:1-33.

Throsby, D. and Withers, G. (1986) *Strategic bias and demand for public goods: theory and application to the arts*. Towse, R. (Ed.) *Cultural economics: The arts, the heritage and the media industries*. Vol. 2, Edward Elgar: Cheltenham.

Vossler, C. and McKee, M. (2006) Induced-value tests of contingent valuation elicitation mechanisms. *Environmental and Resource Economics* 35:137-168.

Whitehead, J. and Finney, S. (2003) Willingness to pay for submerged maritime cultural resources. *Journal of Cultural Economics* 27:231-240.

Willis, K. (2002) Iterative bid design in contingent valuation and the estimation of the revenue maximizing price for a cultural good. *Journal of Cultural Economics* 26:307-324.

第六章　選擇實驗法及其使用方法

　　第 4、5 章論證了願付價格法（WTP）可證明文化資源確實產生了顯著的正外部性或非市場效用。但是，我們有必要對其價值進行更詳細的分析，包括構成商品的具體屬性及其對不同人口群體的價值。相對新興的選擇實驗法（choice experiment, CE）或聯合分析（conjoint analysis method）法也是一種條件評估陳述性偏好法，但與願付價格研究相比具有顯著優勢。在經濟學研究的其他分支中，聯合分析法已被引入，但在文化經濟學領域，這一方法仍是新生力量。該方法會要求受訪者在構成文化品不同層次的屬性之間進行選擇，而非詢問他們是否願意為某情境付費。價格通常是屬性之一，可以透過它計算出每個屬性的邊際願付價格，這與WTP 研究測量的整體綜合價值有所區別。

　　例如，評估某考古遺址的屬性可能會包含文物的保存程度、遺址周圍的基礎設施、其他設施（如餐館和幼兒中心）和資訊提供（視聽資料、印刷品等），其屬性層級的水準可用質（高、中、低）或量（保存的公頃數、道路公里數、餐館數目等）來定義。價格屬性可以是遊客的票價，也可以是更廣泛人群的稅收增長。研究者使用統計設計程式，為每個屬性構造顯示不同層級的選擇。然後，調查對象被要求在兩組資料中做出選擇，包括「現狀」或「不變」選項。

　　雖然少有研究者透過選擇實驗評估文化財的價值，但它的確被成功地應用於各種情景下。包括文化活動（Louviere, Hensher, 1983; Snowball, Willis, 2006），文化資產如約克郡山谷（Yorkshire Dales）（Garrod & Willis, 1999）、聖安妮廣場（St Anne's Square）（Alberini et al., 2003）和華盛頓紀念碑（Morey et al., 2002），考古遺址如克里特島希臘遺址（Greek heritage in Crete）（Apostolakis & Jaffry, 2005）、丹麥的石器時代遺址（Bille et al., 2006），文化機構如博物館（Mazzanti, 2003）。大多數研究都相當成功，且對選擇實驗法在文化經濟學中的應用持肯定態度。

　　下一章我們將討論選擇實驗法的方法論及其在文化經濟學中的應

用，並與願付價格法進行比較。需要指出的是，關於模型設計和選擇實驗法資料分析的實踐仍然存在較大爭議〔參見這期的 *Environmental and Resource Economics*（34）中 Hensher（2006）和 Louviere（2006）的文章〕。本章並不在探討這個爭論，而是討論在文化價值評估中如何使用這一方法，以及可以獲得哪些結果。

6.1 選擇實驗在文化經濟研究中的案例

雖然條件評估法已被廣泛用於評估環境商品中（參見 Navrud & Ready, 2002），但在分析文化商品的保護與供給方面，選擇實驗法的應用相對較少。隨著這一方法愈加流行，有關研究的數量肯定會增加，附錄表 6.1 已顯示出這一趨勢。下一節我們將梳理這一領域的已發表論文。

文化節慶

Louviere 和 Hensher（1983）最早進行（也是最具開創性的）選擇實驗法，他們研究了屬性與票價對澳大利亞 200 週年國際博覽會提案的參與影響。屬性包括文化展覽、技術展示、來自不同國家的食物和飲料，表演和娛樂（乘騎項目和遊戲）、地理區位。研究者會基於不同屬性與票價，詢問受訪者更願意參加哪個展會。這項研究能夠考量屬性層級的變化，從而預測出席率。社會人口統計資訊可說明預測怎樣的群體會參加特定的展覽。例如，比起小家庭與女性，大家庭和男性參加意願較低。如果提供更多的表演、娛樂和食品飲料，年輕人就更有可能參加，而老年人則更青睞文化展覽。儘管這項節慶並沒有實際舉行，實驗結果因而無法得到驗證，但 Louviere 和 Hensher（1983）認為，選擇實驗法是預測消費者對多屬性文化事件需求的一種有效方法，特別是在事件是唯一，沒有市場資料存在的情況下。

研究者也針對南非國家藝術節進行了兩項選擇實驗（Snowball & Willis, 2006a, 2006b）。第一個研究於 2003 年進行，他們將藝術節節目的不同部分作為屬性，即主要節目、藝穗節、免費節目和街頭劇場、藝術展覽和手工藝品市集。票價屬性為票價成本，層級以演出或展覽數量和工藝品市集攤位數量的百分比變化來表示。當樣本被分成不同的社會經濟

組時，結果顯示，這些組別從不同的節慶屬性中得到的效用有顯著差異。
研究結果也被用作財務成本效益分析。研究的結論是，這些資料可以說明
節慶主辦單位決定不同領域的金額投入分配，同時透過提供更多節目以吸
引先前被排除在外的群體，為其提供更高的實際效用（Snowball & Willis,
2006a）。

　　2004 年第二次國家藝術節研究（Snowball & Willis, 2006b）的樣本比
上一次大（共進行了 230 次訪談，此前為 78 次）。這次研究基於相同的
屬性（除了票價被排除在外），但使用了實際演出、展覽和攤位數量的變
化，而不是百分比的變化作為水準標準。研究者採用了包含交互項的二次
多項式評定模型來分析資料，該模型將社會經濟差異（如收入、教育水準
和性別）納入考量。透過分析不同節慶遊客群體的屬性權衡和對節慶的市
場可接受性變化，實驗結果用以分析福利變化的影響。

文化資產及城市景點

　　Santos（1997）早期在約克郡山谷（Yorkshire Dales）進行了一項文化
資產選擇實驗（Garrod & Willis, 1999）。由於集約化的現代農業發展，
風景如畫的約克郡鄉村壓力重重，該山谷在 1987 年被指定為環境敏感地
區。傳統的耕作方法雖然效率較低，但卻不會對土地產生有害影響。而這
裡擁有著重要的歷史與文化意義，如石牆、田野穀倉、豐饒的乾草草甸和
闊葉林等。

　　這項研究被分為兩個階段進行。首先，他們進行了條件排序實驗，
隨後是一個開放式的願付價格問題，實驗中，研究人員會向受訪者展示不
同的土地使用方案，要求他們選出最支持的三種方案並進行排序。大多數
受訪者最傾向於選擇保持現狀，這說明存在一定的偏誤。然而，「今日景
觀」的效益成本比是公眾維護成本的四倍。在後續研究中，Santos（1997）

透過條件排序選擇實驗法分別評價了山谷景觀的屬性。結果顯示，石牆、
穀倉是其中最為重要的項目。

　　Alberini、Riganti 和 Longo（2003）對貝爾法斯特（Belfast）聖安妮
廣場（St Anne's Square）的文化資產價值進行了選擇實驗。研究側重於重
建這一兼具文化與歷史意義的廣場的價值，使用建築高度、開放空間的數
量以及住宅和零售使用之間的分布作為變數屬性。廣場圖片經由數位技術
重建，以顯示不同屬性層級和相關的一次性成本，並向受訪者進行口頭描
述（不包括現狀選項），隨後要求他們進行選擇（選項將成對呈現）。

　　聖安妮廣場的研究結果顯示，選擇的屬性的確解釋了受訪者的選
擇——一般來說，人們更喜歡開放的空間和較低的建築高度。然而，與經
濟學理論相悖，價格係數的符號為正且顯著。研究者給出了造成異常的各
種原因，包括價格可能被解釋為所提議的重建品質的一個指標。

　　Boxall 等人（2003）將選擇實驗法與顯性偏好法（旅行成本法）相
結合，考察了加拿大 Precambrian Shield 地區荒野獨木舟路線選擇的決定
因素，並特別研究了原始象形文字的岩畫發現是否會影響路線的選擇。
他們將陳述偏好資料與受訪者的實際旅行成本相結合，以檢查二者間的
潛在相關性。陳述偏好選擇實驗法的屬性為路線的旅行成本、最近燒毀面
積的公頃數、黑雲杉面積、白雲杉面積、原始象形文字和損壞的象形文
字。結果顯示，42% 的受訪者會改變路線去看原始的象形文字岩畫，但
僅有 10% 的人會改變路線去看受損的象形文字岩畫。他們估計，原始象
形文字將平均為每趟旅行增值 61.31 美元至 77.26 美元，具體取決於旅行
路線。然而，一旦象形文字被破壞，增值將降至 3.96 美元到 8.39 美元之
間。Boxall 等人（2003）認為，研究結果顯示，資源應投注於象形文字的
保護，此外，顯性偏好法可成功地與選擇實驗法這樣的估值研究結合。

　　在一項研究中，Tuan 和 Navrud（2006）使用願付價格和選擇實驗方
法調查了聖子修道院（My Son Sanctuary）世界文化遺產的價值。該遺址

一直受自然環境退化及人類活動的威脅。研究者利用四種屬性計算了遺址修復對外國遊客和當地居民的價值：價格（外國遊客的門票和當地居民的稅收增加）、一項保護計畫規劃書、基礎設施升級和附加服務。他們發現，價格變數顯著，對選擇有負面影響，修復和基礎設施都是積極且顯著，額外服務為不顯著的選擇決定因素。此外，他們還透過使用交互項將社會經濟變數納入。當選擇實驗和 WTP 資料被合併時，研究發現這兩種方法產生了非常相似的結果。

考古遺址

選擇實驗法也被成功應用於考古遺址評估。Apostolakis 和 Jaffry（2005）就用此方法評價了希臘克里特島（Greek island of Crete）上的克諾索斯宮殿（Knossos Palace）和伊拉克利翁博物館（Heraklion Museum）。該研究特別聚焦於確定各類景點屬性對不同遊客群體和潛在遊客的價值。受訪者被要求在以下兩個選項中做出選擇：促銷方式（酒店展覽和廣告）、景點人數、促銷激勵（如學生折扣和夜間時段優惠）、餐飲設施和其他設施（如視聽器材和兒童保育設施），以及不參觀選項。他們也將社會經濟特徵，如年齡和原籍國納入考量，並考察了改變景點特徵的福利效應。調查結果顯示，受訪者願意額外支付 3.6 英鎊，在他們的飯店裡觀看博物館文物複製品，並願意支付費用，以減少現場的堵塞。

在一篇使用相同資料集的相關論文中，Apostolakis 和 Jaffry（2006）調查了文化資本（使用年齡、教育和收入等社會人口統計變數作為屬性）對在克里特島參觀文化遺址的意願的影響。研究發現，對所有遊客而言，價格是決定出遊最不重要的因素，而景點的特質（如交通擁擠程度、資訊設施和飲食設施）則重要得多。廣告宣傳或提前提供的資訊對常客和處於平均收入水準的遊客具有顯著正向影響。如果風景區提供餐飲設施，年長

的遊客前往的意願會更強，而年輕遊客可能會因擁擠而猶疑。

Bille 等人（2006）在丹麥舉行的第 14 屆國際文化經濟協會年會（Conference of the Association of Cultural Economics International）上發表了一篇關於石器時代文物價值評估的論文。有趣的是，文物保護需要透過重建發現它們的那片濕地，而這片濕地曾淹沒了這些文物。這也就意味著其價值是百分百的非使用價值，也就是說，它只涉及到存在和遺贈價值，因為一旦這些文物被淹沒，人們就無法看到它們。濕地修復工程屬性包括：改善生物多樣性、文物保護程度、公眾設施和休閒設施。價格屬性來自年稅收中的額外支付。「現狀」選項也被包含在內。另一個有趣的點是，該研究透過網路進行，事實證明這一方法比郵政調查更划算，也更快。結果顯示，丹麥人口保護文物的 WTP 顯著積極：為減少文物破壞平均每人每年的 WTP 為 800 丹麥克郎，對其進行永久保護的 WTP 為 1,200 丹麥克郎。然而，Bille 等人（2006）認為這一數字被高估了並做出了解釋，例如「溫情效應」會導致人們缺乏對專案範圍和支付工具等問題的理解，這類偏誤也出現在第 4 章的討論中。

Willis 和 Kinghorn（2007）調查了英國哈德良長城（Hadrian's Wall）文德蘭達（Vindolanda）羅馬城堡的價值。該遺址內含正在作業中的考古發掘現場和保存良好的博物館（透過文本、文物與視聽資料向遊客進行展示）。該研究採用以下屬性採訪了現場遊客：挖掘和研究、現場提供的講解、博物館內文物展示、重建和遊客設施。結果顯示，遊客從正在進行的考古發掘中收穫了最大效用，博物館也給予了他們一定效用。價格和兒童遊樂區的引入反而會降低效用。後者與 Apostolakis 和 Jaffry（2005）的發現類似，即提供幼兒設施不會增加遊客的效用。Bille 等人（2006）也提出了類似現象，即遊客更感興趣的是保護景區的完整性，而不是引入更多的娛樂設施。同樣，與克里特研究相似，當社會經濟選項被包含入文德蘭達研究中時，價格屬性將變得不顯著。此外，附近的替代性景區與文德蘭

達門票（價格）之間的交互作用是顯著負向。

博物館和紀念碑

　　Mazzanti（2003）也使用了選擇實驗法來評估羅馬博爾蓋塞美術館（the Galleria Borghese Museum in Rome）。他認為，設置增加文化資產公共資金的各個階段「應以評估和鑑定工作為基礎，旨在評估文化部門發展的最有價值的選擇是什麼。」（2003:600）屬性包括門票（三個水準）、保護措施（二個水準）、參觀政策（二個水準）、附加服務，包含多媒體和音像服務以及臨時展覽（三個水準）。

　　結果顯示，在所有模型中，保護措施和價格係數的變化都顯著。年齡較大、收入較高的外國遊客和擁有大學學位的遊客願意為保護博物館付出最多，而受教育程度較低的遊客則對附加服務更感興趣。參觀政策最次要。年齡和收入與 WTP 呈正相關，外國人願意支付比義大利人更多金額。總體經濟盈餘的計算方法，是平均 WTP 乘以每年的付費遊客人數。Mazzanti（2003:600）的結論是，選擇實驗法「看似鼓舞人心」，是一種評估文化資產資源價值和指導政策制定者合理支出的方法。然而它也相當薄弱，因為其屬性水準極低，可以說 CV 研究也能夠提供相同的資訊，此外，它的適切度也很差，所有模型的校正決定係數（adjusted R-squared）都很低（0.067、0.0076 和 0.074）。

　　Morey 等人（2002）對華盛頓特區 100 座大理石歷史雕像的保護價值進行了評估。雕像的損壞是由空氣中的二氧化硫（通常被稱為酸雨）所造成。透過提供文字描述、兩座雕像的照片以顯示它們目前的狀態，以及電腦生成的腐爛圖像（包括現狀），研究要求受訪者在不同程度的解決措施和相關價格之間做出選擇，以延緩雕像的腐爛。結果顯示，所有的方案都存在顯著的正 WTP 值，非使用價值或遺產價值是紀念碑價值的重要組成

元素。

　　問題在於，這項研究並未考慮到這種可能性，即在某種情況下，年輕的非白種人群體可能根本就不期望雕像得以保存，換句話說，出於他們所支持的文化和遺產，其 WTP 為負。Morey 和 Rossmann（2003）將多項 Logit 模式（MNL）與隨機參數 logit（RPL）模型結合，形成混合模型，進一步分析樣本中的次母群體，以凸顯這種偏好上的差異。

廣播和寬頻

　　針對加拿大廣播公司（Canadian Broadcasting Corporation, CBC）出品的英語與法語節目價值，Finn 等人（2003）做了相關研究。透過開放式 WTP 問題與郵件分發的選擇實驗，他們得出了關於 CBC 的總價值、各種類型節目的相對價值，以及兩個母群體組別的外部性存在與否等相關結論。他們發現，戲劇和體育節目最受歡迎，法語和英語家庭在偏好上存在顯著差異。Finn 等人（2003）的結論是，將選擇實驗法與 WTP 研究相結合，就可從公民那裡獲得關於廣播價值等資訊，這種方法相較於依賴積極分子參與各種聽證會有了巨大改進。

　　後來的一項研究（Finn et al., 2006）對阿爾伯塔（Alberta）省的 SuperNet 進行了評估，該網路由省政府建造，旨在造福省內學校、醫院和圖書館等公共機構，也可用於家庭。他們特別想要研究這項服務的公共與私有財價值，因為在 CBC 研究中發現，CE 方法測量的公共財價值不顯著。除了使用各種網路服務（如電子郵件、線上新聞、線上學習、線上政府、網路購物和娛樂）作為屬性外，他們還提出了兩個版本的選擇問題——一個強調「只能自己使用」，另一個則指出了「所有阿爾伯塔家庭能夠高速上網的好處」。研究並未發現非使用價值，而像電子郵件、電子交易和電子檔這樣的私有財在決定選擇時有重要作用。改善後的地方與省

級政府服務（超級網路）每月每戶的價值不到 15 美元，這讓人們對花費 1.93 億美元建設網路的意義產生了懷疑。

6.2 選擇實驗的基本理論

　　瞭解了選擇實驗法在文化經濟學中的一些應用實例後，我們來探討該方法的理論基礎。選擇實驗法最初被應用於市場行銷和交通運輸研究，產生於這些領域的陳述偏好法，但與一般分析不同，受訪者被要求在「捆綁（bundles）」選項中進行選擇，而不是對它們進行評級或排序（Adamowicz et al., 1998:64）。在選擇實驗中，研究者會為受訪者呈現一組「商品」屬性（或特徵）的可選組合，並要求他們進行選擇。受訪者做出的選擇顯示了他們在商品屬性間的權衡。

　　選擇模型建構是基於 Lancaster（1966）的特徵價值理論，該理論指出，一種商品的效用是其屬性或特徵的效用之和。「效用或偏好次序被假設對屬性集合進行排序，且僅透過它們所具有的特徵間接地對商品集合進行排序。」（Lancaster, 1966:133）由於每個個體都需要從選項集（由商品屬性的不同水準組成）中選擇一個，那麼我們可以用隨機效用理論（Random Utility Theory, RUT）將選擇建模為屬性層次函數。根據 Hanley 等人（2001:438）的研究，選擇模型有四個主要選擇，選擇實驗、條件排名、條件評級和配對比較。

　　CE 法最初是由 Louviere 和 Hensher（1983）所提出，與 RUT 理論中的二分選擇條件估值有共同理論框架，它假設個體將根據屬性和屬性水準（對研究者來說是一個客觀的可觀察的因子）並在一定程度上隨機（隨機、不可觀察的因子）做出選擇。隨機性的出現源於個體偏好的隨機性，或由於研究設計中遺漏了某些商品屬性。方程 (1)：個體 i 從選項集 j 中獲得的效用為 V_{ij}（系統、可觀察的）和 ε_{ij}（隨機、不可觀察的）（參見 Train, 2003）。

$$U_{ij} = V_{ij} + \varepsilon_{ij} \tag{1}$$

如果假設 V_{ij} 是線性效用函數，那麼商品 j 對個體 i 的效用等於商品 β_0 的基本效用水準加上商品 j 的屬性之和，再加上隨機成分。β_j 係數表示每種屬性對商品 j 總效用的貢獻。

$$U_{ij} = \beta_0 + \sum \beta_j X_{ij} + \varepsilon_{ij} \tag{2}$$

假設每個受訪者都將效用最大化並從每一屬性中獲得了一定的效用，那麼選擇某一選項而非另一個就顯示，從所選選項中獲得的效用大於從備選方案中獲得的效用。也就是說，如果 $U_{ij} > U_{ik}$，則個體 (i) 將選擇商品 j 而非 k。因此，任何個體選擇 j 而不是 k 的概率都可以表示為商品 j 的效用（可觀察的屬性加不可觀察的隨機成分）大於 k 的可觀察和隨機效用的概率。選擇替代表示為：

$$U_{ij} > \max_{k \ Ci \neq kj} U_{ik} \tag{3}$$

為計算受訪者對屬性之間的權衡，研究者使用了條件多項式 logit 模型（conditional multinomial logit model, CLM）（Willis, 2002b）。CLM 是透過對效用的隨機分量進行限制性假設而得到的：假設誤差干擾具有分布函數的類型 1 極值（Weibull）分布

$$\exp(-\exp(-\varepsilon_{ij})) \tag{4}$$

從類型 1 極值分布來看，在個體 i 的選項集 n 中選擇 j 的可能性為

$$P_i(j) = P[x'_{ij}\,\beta + \varepsilon_{ij} \geq \mathbf{max}_{k\,Ci}(\mathbf{x'}_k\,\beta + \varepsilon_k) = \exp(\mathbf{x'}_{ij}\,\beta)/\,\Sigma_{k\,Ci}\exp(\mathbf{x'}_{ik}\,\beta)\quad（5）$$

（Willis & Garrod, 1999）

　　假設 CLM 具有不相關變數獨立性（independence of irrelevant alternatives, IIA），該屬性指出，「選擇的兩種觀點的相對概率不受其他替代引入或移除的影響」（Hanley et al., 2001:439）。IIA 假設所有的交叉效應都相等，因此，如果某一屬性獲得了良好的效用，它就會根據這些部分當前的市場份額從其他屬性中吸取份額。關於誤差項的不同假設也會導致不同的多項式 logit 模型。獨立且不相同的 ε_{ij} 分布會導致異質性一般化極值模式（heteroskedastic extreme value, HEV）模型；隨機誤差分量具有不同的分布因而混合對數（mixed logit, MXL）具有參數異質性。

6.3 選擇實驗與願付價格的比較

選擇實驗法（CEs）相較於 WTP 法〔也稱條件評估（CV）法〕有諸多優勢。首先，與條件評估法（CVM）相比，它可以更準確地描述商品屬性及其之間的權衡，「能夠讓研究者分別或結合『評估』屬性以及情境變化」（Adamowicz et al., 1998:65）。Hanley 等人（2001:447-8）也認同這一觀點，並補充說，雖然 WTP 法在問卷中包含著一些不同屬性的 CV 情境，也可以獲得相同的結果，但它比 CE 法更「昂貴且繁瑣」。你可以使用 WTP 來評估商品各種屬性水準的變化，但只能在每個問卷中納入多個不同的情境，或使用多個不同的問卷。因此，CE 法更適合測量特定情境中變化的邊際效用，因而在多面向政策設計和稅收設置方面可能更有效（Hanley et al., 2001:452）。

其次，選擇實驗法具有高於或低於當前值的屬性，使人們可以制定出願意接受損失補償（WTA）的意願，而不會出現 CV 的稟賦效應問題（Adamowicz et al., 1998:66）。如第 4 章所述，NOAA 小組（1993）不建議採取 WTA 法，因為這些不受預算的限制，且可能無限。但是 WTA 法，例如以減稅來換取某些公共商品供應的減少，在作預算分配決定時可能非常有用。

Hanley 等人（2001:448）和 Adamowicz 等人（1996）也指出，由於受訪者更關注選擇間的權衡而不是願付價格，CE 法會限制一些問題的出現，如溫情效應、抗議出價、戰略行為，CVM 方法「還未被證明」有這些優勢。Willis 和 Garrod（1999:75）發現，與 CV 法相比，使用選擇實驗法來評估緩解英國某些河流的低流量專案對休閒遊客的價值時，策略性偏誤和搭便車現象減少了。Morey 等人（2002）也認為 CE 法鼓勵受訪者將注意力集中在商品屬性，而不是諸如環境政策這類情緒化的問題上，從而

減少溫情效應帶來的影響。

　　然而，Ding 等人（2005）的一項實驗顯示，選擇實驗法可能仍將導致假設性偏見。作者比較了用於評估中餐特色菜和小吃的假設性和「激勵對齊」（incentive aligned）法的選擇實驗結果。激勵對齊法的形式是，如果受訪者所陳述的價值小於或等於隨機抽取的價格，那麼他們就必須實際購買該商品（價格從他們的參與費用中扣除）。研究發現，激勵一致和假設選擇所揭示的偏好結構與真實情況下的偏好結構存在顯著差異，這時人們的「價格敏感度更高，風險尋求和嘗試新事物的意願更低，更不容易做出社會希望的行為。」（Ding et al., 2005:76）在文化經濟學環境下，這是一個令人擔憂的結果，因為在這樣一個非常現實的激勵一致的環境中，具有非使用價值的公共財不易被評估。Ding 等的結果顯示，與 WTP 研究一樣，由於缺乏預算約束，選擇實驗法可能仍易受到假設性偏誤的影響，並伴隨一定的溫情效應。

　　眾所周知，CV 研究中的假設性偏見（第 4 章已有討論）可能也存在於 CE 研究中，但由於 CE 法是二分選擇 CV 的一種形式，CE 法的優勢之一可能在於其具有「自然的內部範圍測試」。雖然內部測試比外部測試弱，但 Foster 和 Mourato（1999 引用 Hanley et al., 2001:451）的研究發現，與類似的 CV 研究相比，CE 對範圍的敏感性更高。

　　Willis 和 Garrod（1999:75）認為，由於 CE 法中對商品的描述更為詳實，並以一種類似消費者日常的價格－數量權衡形式呈現，所以 CE 法可提供比 WTP 法更準確的價值評估。

　　已經有一些文化經濟學研究同時使用 CE 和 CV 方法來評估商品價值，旨在確定兩種方法是否提供相似的結果。其中最早的一項研究是 Morey 等人（2002）關於保護華盛頓特區的大理石紀念碑免受酸雨侵蝕的研究。在小組中，受訪者被告知專案資訊，並被要求在各種保護選項和價格之間做出選擇。一些受訪者會被問及他們願意為最全面的保護方案支付

的最大金額。結果顯示，選擇實驗的 WTP 中位數和平均數介於兩張支付卡片的預測中。Morey 等人（2002）得出結論，選擇實驗法是一種有效的商品評估方法，特別是針對具有非使用價值的商品。

然而，Finn 等人（2002）對加拿大廣播公司（CBC）節目價值的研究發現，雖然 CV 和 CE 法下的使用價值相似，但受訪者表示 CV 格式下非使用價值比他們在 CE 法中要高得多。〔他們使用了開放式願付價格問題（CV 格式）和選擇實驗法〕當單獨估計時，CV 研究顯示每個家庭的月價值為 5.03 美元，其中 26% 為非使用價值。CE 研究顯示，英國家庭為 5.76 美元，法國家庭為 5.46 美元。然而，CE 法並未發現非使用價值。

Tuan 和 Navrud（2006）在對越南的聖子修道院遺址進行評估時，使用了分組樣本來測試 CV 和 CE 方法的差異，以檢驗聚合效度。研究詢問受訪者是否願意為提議的保護計畫支付一個固定的價格。CE 受訪者被要求在給定價格的各種保存方案中進行選擇。結果顯示，在大多數情況下，CE 和 CV 的回答沒有太大差異，但 CV（願付價格）估值高於 CE 估計值。在檢驗兩種方法的統計學差異時，他們發現，他們無法拒絕「CE 和 CV 願付價格間沒有差異」的原假設，只有一種情形例外。

6.4 選擇屬性和層級水準

由於大部分選擇實驗的方法與 WTP 方法相同，這些方法已經在第 4、5 章中討論過，我們在此將只討論研究設計中顯著不同的領域。其中最重要的是，選擇實驗法用屬性和層級來描述商品，而這些需要仔細選擇和測試。

Hanley 等人（2001）為選擇實驗法的各階段提供了有效指導（見表 6.1）。其中，屬性應為實際、易理解，就像它們的層級一樣。在整個過程中，預先測試和／或使用焦點團體必不可少。雖然研究人員可能會試圖增加屬性和層級的數量，以便更全面地描述商品優點與變化，但這可能將導致大量的選項和複雜性問題。例如，Willis 等人（2005）使用 14 個屬性來評估使用者對生活用水的偏好與 WTP。Hanley 等人（2001）認為，在標準的研究設計中，如果超過 7 個屬性，排序就會變得非常困難，且會增加不一致和不準確性。

表 6.1　選擇建模階段分解

階段	描述
屬性選擇	識別商品的相關屬性。文獻綜述和焦點團體篩選相關的屬性，而專家顧問則幫助確定將受策略影響的屬性。貨幣成本通常是估計 WTP 的屬性之一。
層級分配	屬性層級應該是可行、實際、非線性間隔，並涵蓋受訪者的偏好。焦點團體、試點調查、文獻綜述和與專家磋商有助於選擇適當的屬性層級。通常包含基線「現狀」水準。
選擇實驗設計	運用統計學設計理論將屬性層級組合成許多可供選擇的情境，以呈現給受訪者。全因子設計包含評估屬性對選擇的全部影響：包括每個單獨屬性的影響（主要影響）和行為與不同屬性組合的變化（交互作用）程度。這些設計通常包含大量非實際的待評估組合：例如，27 個選項將由 3 個屬性（每個屬性有 3 個水準）的全因子設計生成。部分因子設計能夠減少伴隨估計能力損失的情境組合的數量（即部分或全部交互將不會被檢測到）。這些設計可以透過專門的軟體獲得。

（續下表）

選項集建立	實驗設計所確定的檔案會被分成選擇組合，提供給受訪者。設定檔可以單獨、成對或分組顯示。例如，由部分因子設計確定的 9 個選項可以分為 3 組 4 向比較。
偏好衡量	選擇測量個人偏好的調查程式：評級、排序、選擇。
評估過程	OLS 回歸或最大似然估計（logit、probit 模型、有序 logit、條件 logit、嵌套 logit、面板資料模型等）。不隨備選方案而變化的變數必須與特定選項的屬性交互。

（來源：Hanley et al., 2001:437）

　　使用部分因子設計（Fractional Factorial Design），可以部分解決生成選項的數量。在 Tuan 和 Navrud（2006）對越南聖子修道院遺產價值的研究中，只有 4 個屬性，每個屬性有 2 到 4 個水準（見表 6.2）。該項全因子設計中給出 32 個選項組合，其中 4 個被刪除，因為其中一個占主導地位（明顯以更低的價格提供更多）。剩下的 28 個選項組合被分成 4 個版本的問卷，每個問卷包含 7 個選項組合——也就是說，受訪者需要在 7 對選項中做出 7 個選擇。

表 6.2　聖子修道院遺址研究中運用的屬性與水準

屬性	描述	層級水準
價格	外國遊客門票費（如果選擇了替代方案）。目前票價是 4 美元（現狀 -SQ）和四個替代水準。	$4（現狀），$5，$9，$14，$19
保護計畫	從當前現狀（SQ）到新擬保護計畫。	現狀，提出的計畫
基礎設施升級	從基礎設施現狀（SQ）到擬議基礎設施升級水準：修護 30 公里的道路，開通高速公路，橋梁建造，升級排水系統。	現狀，基礎設施升級
附加服務	現有的基本服務（SQ）、多媒體視聽互動服務以及臨時展覽。	現狀，附加服務

（Tuan & Navrud, 2006）

　　當存在更多的屬性和水準時，可使用部分因子設計，但它並不會檢測所有的交互項，而是每個屬性的主要效用，而不論屬性水準的變化。例如，Willis 和 Kinghorn 對 Vindolanda（2007）的研究提出了六個屬性，其

中五個屬性有兩個水準，一個（價格）屬性有三個水準。一個全因子設計將產生 96 種組合。因此，他們選擇使用部分因子設計，這一設計擁有 48 個選項、14 對隨機選擇的選項和一個現狀選項。

有時，選擇屬性相當簡單。例如，南非國家藝術節研究（Snowball & Willis, 2006a, b）簡單地將節慶的不同部分作為屬性。這些活動包括：重金贊助的主節目、更多實驗性的藝穗節、街頭戲劇、藝術展覽和工藝品市集。雖然後三種免費，但是票價作為支付手段有兩個原因：大部分遊客不是來自本地，所以當地稅收不可行，入城入口點的價格也不實際；其次，絕大多數遊客至少買了一張票。受訪者可以選擇提高更多節目的票價（包括補貼免費節目），或將票價降到最低、減少節目。

	選項 1	選項 2
主節目	增加 25%	減少 25%
實驗性節目	減少 25%	增加 25%

（續下表）

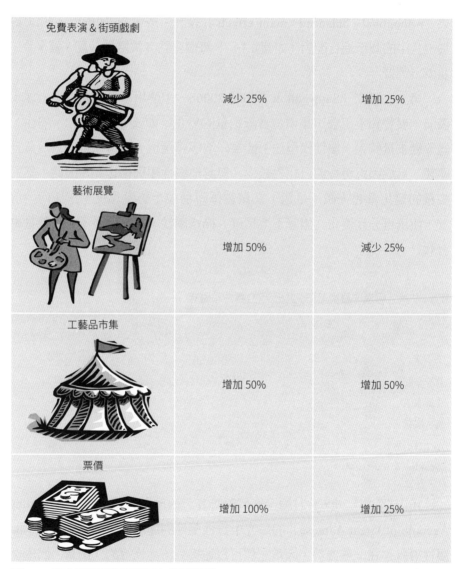

免費表演 & 街頭戲劇	減少 25%	增加 25%
藝術展覽	增加 50%	減少 25%
工藝品市集	增加 50%	增加 50%
票價	增加 100%	增加 25%

圖 6.1 南非國家藝術節選項卡使用範例

在第一次國家藝術節研究（Snowball & Willis, 2006a）中，屬性層級水準是由表演、展覽和攤位數量的百分比變化給出的。正交（平衡）主效

果〔orthogonal（balanced）main effects〕設計生成了 26 個選項，並以 13
張卡片中的圖示進行配對（如圖 6.1）。每個受訪者被隨機分配 3 張卡片，
並做出選擇。

　　第二次研究（Snowball & Willis, 2006b）中使用了量化屬性層級展示
表演、展覽和手工藝市集攤位實際數量的變化（如表 6.3 所示）。然而，
儘管樣本量較大，屬性模型並不能很好地解釋選項，免費節目係數爲負且
顯著。可能因爲免費節目相對較少（與其他屬性類別相比），因此，絕對
數量的變化看起來微不足道，在做選擇時易被受訪者忽視。在任何情況
下，使用百分比變化（儘管不太精確）描述屬性層級都比展示活動數量更
有效。

表 6.3　第二屆南非藝術節研究中使用的屬性和層級

屬性	層級 -1（減少 10%）	現狀	層級 +1（增加 10%）	層級 +2（增加 25%）
主表演	180	200	220	250
實驗性節目	225	250	275	313
免費表演	9	10	11	13
藝術展覽	31	35	39	44
手工藝品市集	240	267	294	334

（Snowball & Willis, 2006b）

　　Bille 等人（2006）討論了他們對丹麥大阿摩斯石器時代遺址（Stone
Age site of Great Aamose）的研究中質性屬性的運用。他們承認給量化的
屬性層級存在一些優勢，因爲它們可以連接到濕地恢復的「劑量－回應函
數（dose-response functions）」，但這樣的資訊很難獲得。在文化經濟學
研究中尤其如此，商品品質和供應的改善往往無法直接量化。在大阿摩
斯石器時代遺址的研究中，像保護面積（公頃）的大小和額外稅收（丹麥

克朗）原本就是量化的數字，而其他像生物多樣性的水準（低、一些、高），工藝品的保存（破壞持續，破壞減緩，現在和未來的保護）以及准入原則（限制，寬鬆）則是質性。

在第 4 章和第 5 章中討論過，WTP 研究的一個主要問題是起點、定錨與偏誤，這些偏誤來自初始問卷。Hanley 等人（2005）對英格蘭北部河流水質改善效用的研究，開始在選擇實驗中測試價格屬性的水準（數量）是否影響估值或福利預估。令人欣慰的是，他們發現，儘管較高的價格會導致更少的人選擇該選項（更多人保持現狀），儘管他們也指出偏好異質性等問題，但對偏好或願付價格沒有統計學上的顯著影響。因此，價格屬性層級的選擇不太可能導致重大偏誤。

最後，受訪者在訪談中做出選擇的次數也很重要。Sattler 等人（2003）對 22 個選擇實驗進行了分析，以確定選擇次數是否會影響結果的有效性。研究發現，隨著訪談的進行，人們的偏好會發生變化——尤其是，受訪者會對價格更敏感，而對其他屬性層級不那麼敏感。更多的任務也增加了對「無」選項的選擇，因為受訪者開始感到無聊或疲憊，並試圖盡快結束訪談。一項預測效度的測試發現，6 個選擇時（對於帶有 4 個屬性的商品），偏好是穩定的（預測效度不會增加），並且這是最佳水準。然而，Sattler 等人（2003）的研究是市場行銷選擇實驗，只關注有使用價值的商品。被要求評價不熟悉的非使用品可能在認知上更加困難，而且在文化經濟學中很少有選擇實驗會在每次面試中給出多達 6 次的選擇任務。

6.5 選擇實驗中的潛在偏誤

　　雖然選擇實驗法在許多方面都對 WTP 研究有所改善，但偏誤仍然無法避免，其中一些與 WTP 研究相同，另一些則是選擇實驗方法特有的偏誤。我們將重點討論三種主要形式的偏誤：現狀與稟賦效應；複雜性與選擇一致性；以及獨立估計值與求和問題。

6.5.1 現狀與稟賦效應

　　Adamowicz 等人（1998:73）發現，「脫離現狀（當前存在的商品）的效用是消極且顯著的」，要麼維持現狀，要麼顯示出稟賦效應偏誤。類似地，Willis 和 Garrod（1999:76）透過選擇實驗和其他方法來確定英國某些河流流量增加對公眾的效用價值時，發現超過 40% 的受訪者選擇了維持現狀。其他選項的係數為負，在統計上顯著，這顯示「從當前情況改變到另一種選擇的變化具有消極效用——這可能與受訪者對這些選項屬性擁有的效用無關。」

　　多項文化經濟學研究都發現了這一效應，當模型包含「替代方案特定常數（alternative specific constant）」時，即描述對現狀偏好的虛擬變數，這一效應很容易被發現。例如，在 Bille 等人（2006）的考古價值評估研究中，ASC 值為 -0.73852，在統計上具有顯著性，顯示在脫離當前情境時存在一些消極效用。Willis 和 Kinghorn（2007）在他們對 Vindolanda 羅馬遺址的研究中也發現「其他條件不變，遊客更喜歡維持現狀」。然而，並非所有研究都發現這一點：第二次南非藝術節研究（Snowball & Willis, 2006b）發現，積極效用與擺脫當前狀況相關。據推測，在南非政治和社

會發生巨大變化的情況下，從現狀轉向更廣泛、更具包容性的節慶可被視為一種積極的變化。

針對這類消極效用（也見於條件評估中）的一種解釋是，人們不相信政府會將這筆錢用於既定目的，或者相信他們擁有足夠資源落實計畫。也可能是因為選擇太複雜，或受訪者很累，就選擇了維持現狀，因為他們「不確定做出權衡的價值」，或將其作為一種抗議的形式（如 CVM 中的「以零抗議」）（Adamowicz et al., 1998: 73）。Willis 和 Garrod（1999:78）認為，受訪者可能只是對事物的現狀存有一種心理上的偏好，透過全面細緻的試點測試可以發現，選擇維持現狀也可能是由於選擇實驗的混亂。

Adamowicz 等人（1998:74）注意到，透過刪除現狀選項，就能夠避免偏誤的出現〔如 Alberini 等人（2003）的城市用地案例研究〕。然而這將使福利分析愈加困難，因為沒有可以比較變化的「基礎」。總的來說研究者都認同：雖然維持現狀這一選項可能會帶來一些偏誤，但如果想要有計算福利變化的起點，它就有必要。

6.5.2 複雜性與選擇一致性

多項實驗顯示，CE 法的另一個重要的潛在問題是，如果使用了太多的選項或屬性，受訪者將對權衡計算邊際效用這項複雜的腦力任務產生厭倦感，並將開始使用啟發式或經驗原則來回答問題，從而導致不合理選項和隨機錯誤的增多。因此，在 CE 法中納入一些一致性檢驗並對屬性的數量和層級水準做出限制很重要（Hanley et al., 2001:448-50）。

DeShazo 和 Fermo（2001）進一步探討了複雜選擇如何影響受訪者決策的一致性。他們發現，屬性的數量和層級變化可能對「複雜性導致的選

擇不一致性」產生顯著影響，這種不一致性可能會高估或低估多達 30%
的利益。換句話說，隨著選擇實驗變得愈來愈精細，超過一定的閾限值水
準，結果的可靠性就會下降。

　　Abley（2000）認為，如果受訪者使用「簡化的經驗法則（simplifying
rules of thumb）」來做出複雜的選擇（例如，為最重要的屬性選擇具有最
高值的選項組合，而不考慮其他屬性層級），會對受訪者所使用的資訊層
級產生影響。也就是說，雖然研究人員可能提供了自認為最優水準的資訊
來促使受訪者做出明智的選擇，但受訪者可能會忽略大部分資訊，導致明
顯不合理或不一致的選擇。Abley（2000）還援引了其他案例，指出受訪
者會利用過去的經驗和自身知識來補充或「修飾」所提供的資訊（尤其是
文本或口頭資訊）。這與 David Hensher 正在進行的關於實驗設計對結果
影響的研究有關。雖然不是本文的重點，但他也調查了受訪者忽略某些屬
性的影響（Hensher, 2005, 2006），指出這可能導致 WTP 結果的顯著差
異。

　　「專家和高度投入的受訪者可能在早期（開始疲勞前）給出最準確的
　回答，新手和不太投入的受訪者可能會在最後……在他們形成明確的偏好
　結構之後給出有用的回答。」（De Sarbo et al., 2004:204）

　　然而，Adamowicz 等人（1994）發現的證據顯示，在假設的選擇實
驗中引導人們選擇的潛在偏好與實際決定的偏好非常相似。他們對娛樂場
選擇的決定因素的研究結果使用了陳述與顯性偏好資料，「至少在使用
價值的測量上，為陳述偏好法的使用提供了支持。」（Adamowicz et al.,
1994:289）

　　Hensher（2006）也提供了一些令人鼓舞的結果，他研究了不同選項
組合數量、每個選擇的屬性數量、每個屬性的層級數量和屬性層級範圍的

影響。結果顯示,對平均願付價格(為雪梨居民節省旅行時間)的總體估值涵蓋了適用於全球均值的範圍,並為需求預測提供了有效借鑑價值。當對其他設計面向進行控制時,並未發現任何特定的設計會顯著影響 WTP 評估值。但是,當沒有控制其他設計因素時,屬性的數量和選擇集中備選項的數量確實會系統地影響 WTP 的平均估計值。

一直以來,關於資訊水準與使用、選擇策略的討論一直是條件估值研究的特質。例如,在第 4 章提到的 List 和 Shogren(1998; 2001)的研究中發現,受訪者對商品(專家,或那些提供更多資訊的人)知道的愈多,假設性偏誤就愈少。受訪者在 CE 上被要求重複做出選擇,只是讓其重新關注這些假設的選擇如何做出,以及它們是否可能具有一致性。CE 為研究消費者選擇提供了新的機會,多數評論者認為這個領域需要更多的研究。

6.5.3 獨立評估與加總

為計算一件商品的總 WTP,必須假設該商品的價值等於其各部分的總和,即沒有替代效應,也沒有遺漏主要的效用屬性。然而,這可能不實際,在約克郡山谷(Yorkshire Dales)研究中,就發現屬性之間存在顯著的替代性。Hoehn 和 Randall(1989)研究了 CV 研究中使用獨立評估與加總的結果,即分別評估獨立公共財,然後簡單地將它們的價值相加,結果發現估計值過高。他們採用一個直觀有效的例子來解釋其理論——瀕危物種的價值評估。單獨評估的話,每個物種的成本/收益比可能為正,但是,考慮到有成千上萬的瀕危物種,由國際野生物保護組織獲得的保護所有物種的集體 WTP 值,可能會讓最熱心的野生動物支持者打退堂鼓。

Hoehn 和 Randall(1989:550)的結論是,錯誤出現在資源有限而需求無限,而且考慮到我們的生產能力也有限,由此產生了替代效應。他們

建議，如果沒有太多的熱情，排序估計可能會提供更好的選擇，但正如 Willis（2002b:639）所指出，排序估計會帶來其他問題，因為首先被估計價值的商品往往比那些靠後的商品被賦予更高的價值。

選擇實驗同時關注許多不同的屬性，也許可以有效解決 CV 相關問題。然而，Hanley 等人（2001:449）建議也應該將完整 CV 研究納入，並與附加 CE 值進行比較。事實上，這是在 Morey 等人（2002）的華盛頓紀念物研究中完成的，結果顯示，使用支付卡時（紀念碑保護）的選擇實驗結果介於正常和對數正常的預期平均 WTP 值之間。然而，約克郡山谷（Yorkshire Dales）研究（Garrod & Willis, 1999），屬性之間存在顯著的替代效應，因此，用傳統的 CV 研究對每個屬性的獨立估計值相加，會高估其價值。

雖然一些特定實驗解決了替代效應的問題，但它們仍未回答 Hoehn 和 Randall（1989）提出的其他替代品更廣泛的問題。人們可能會認為，文化商品每一個都是獨一無二，沒有替代品存在，但消費者可不會這樣看待它們。例如，Willis 和 Kinghorn（2007）在他們對 Vindolanda 羅馬考古遺址的研究中顯示，參觀或有意參觀 Vindolanda 附近的哈德良長城（Hadrian's Wall）沿線的其他羅馬城堡，會使受訪者對 Vindolanda 的門票價格更加敏感。他們得出的結論是，「Vindolanda 遺址的價值取決於向遊客開放的鄰近的四個類羅馬城堡的可用性與特質」。Bille 等人（2006）對丹麥石器時代遺跡的研究也得出了過大的 WTP 數字。原因之一是，受訪者沒有考慮丹麥國家公園在該國的其他替代項目，因而在保護古代文物方面「掏空了他們的銀行帳戶」。

因此，與 CV 法相比，CE 方法似乎有很多優點，可以解決一些偏誤問題，但在設計研究時，也有其他需要注意的問題。然而，CE 法所能提供的結果類型要比 CV 的更詳細、更具資訊性，如下一節所示，這極大激勵了研究者在文化財和節慶評估中使用該方法。

6.6 結果解讀

　　CE 法資料的分析與解讀明顯比 WTP 研究更爲複雜。一般會使用條件 logit 模型（CLM），異質性一般化極值模式（HEV）和混合 logit 模型（MXL）也很常見。雖不是本章的重點，但應該注意，關於選擇實驗的設計和分析，包括可用於控制各種形式偏誤的措施，仍存在相當大的爭議。*Journal of Environmental and Resource Economics* 的特刊（第 34 卷，2006 年）對這一議題感興趣的人來說是一個很好的起點。本節將旨在解讀結果及其在文化經濟學（而不是計量經濟學）中的應用。

6.6.1 概率解讀與願付價格

　　屬性係數爲消費者從每個屬性獲得的效用排序提供了直接的方法。例如，從表 6.4 中 Willis 和 Kinghorn（2007）的研究結果可以看出，最大效用來自於對場地的持續挖掘和研究，其次是博物館文物的展示和重建。價格係數爲負表示價格愈高，選擇該選項的概率就愈低。

表 6.4　Vindolanda 研究 heteroskedastic extreme value, HEV 法結果

屬性	係數
ASC（替代特定常數）	0.4827***
挖掘 & 研究	2.7042***
解讀	0.2328**
博物館文物	1.8560***
重建	0.6131***

便利設施	-0.2928**
價格	-0.0995*
範圍級別 3	22.9529***

*** 在 1% 的水準上顯著
** 在 5% 的水準上顯著
* 在 10% 的水準上顯著
（Willis & Kinghorn, 2007）

　　當屬性水準發生變化時，係數也可用於計算受訪者選擇特定選項的概率。例如，從第一屆南非國家藝術節研究的結果來看，如表 6.5 所示，主節目的節目數量增加 1%，受訪者選擇這一方案的概率將增加 1.01%。

表 6.5　南非國家藝術節屬性係數的概率解讀

主節目屬性係數	0.0114***
主節目屬性概率解讀	數量增加 1%，受訪者的選擇概率增加 1.01147%
實驗性節目屬性係數	0.007358
實驗性節目屬性概率解讀	數量增加 1%，受訪者的選擇概率增加 1.0074%
免費表演屬性係數	0.005132
免費表演屬性概率解讀	數量增加 1%，受訪者的選擇概率增加 1.005145%
藝術展覽屬性係數	0.008223*
藝術展覽屬性概率解讀	數量增加 1%，受訪者的選擇概率增加 1.00825%
手工藝品市集屬性係數	0.0102***
手工藝品市集屬性概率解讀	數量增加 1%，受訪者的選擇概率增加 1.0252%
價格屬性係數	−0.0110***
價格屬性概率解讀	數量增加 1%，受訪者的選擇概率增加 1.01106%

　　可以透過估計特定屬性和價格屬性之間的邊際替代率來計算每個屬性變化的 WTP 估計值。這是受訪者願意用金錢換取特定屬性增加的比率。透過將屬性係數除以價格屬性係數得到估計值（Eftec, 2002）。也就是說，任何一個屬性變化的邊際 WTP 是比率 $-\beta_k/\beta_\eta$，其中 β_k 為屬性係數，

β_n 為價格屬性係數（Tuan & Navrud, 2006）。

　　例如，在 Bille 等人（2007）關於保護 Great Aamose 石器時代遺址的 WTP 研究結果顯示，受訪者願意每年以增加稅收的方式支付 1,192 丹麥克朗（7.3 歐元）來使這些文物永久地得以保護（現在和將來）。透過將文物屬性的係數（–1.13179）的負值除以價格係數（–0.00095）得到數字，然後將每個屬性的 WTP 總和乘以丹麥人口，計算出全體人口對三種不同保護方案的總 WTP。由於這一數值非常大，部分敏感性分析將只包含 18 歲以上的公民，WTP 將以家庭而非個人為單位計量，然後將其與居住在該區域的個人 WTP 進行比較。例如，保護遺址的人均 WTP 約為 800 丹麥克朗，18 歲以上的所有丹麥人（4,184,858 人）合計為 34 億丹麥克朗，但如果假定這一數字是每戶（2,498,621 戶）而不是每個人，則會減少至 20 億丹麥克朗。居住在風景區附近的居民（28,000 人）願意為保護方案一支付 3,100 萬丹麥克朗。較高的保護水準（情境二和情境三）會催生較高的平均願付價格（每戶 37 億丹麥克朗和 46 億丹麥克朗）。

　　一旦計算出某商品各種屬性變化的 WTP，就能夠有效使用這些資料進行成本效益分析。例如，在評估阿爾伯塔 SuperNet 的屬性時，Finn 等人（2006）發現，所有服務（如電子郵件、電子交易和電子檔）的高速接入費用是每家每月 39.85 美元，而撥號接入費用僅為 2.43 美元。然而，由於並未發現非使用價值，所以對於 SuperNet 是否該由公共資金資助就存在一些爭議。政府支出的理由可能是 SuperNet 可以改善省級／地方政府服務，但每個家庭每月僅需為這些服務支付不到 15 美元。阿爾伯塔省政府花費了 1.93 億美元來建造這個超級網路，雖然 Finn 等人（2006）並沒有具體計算這一比例，但還是認為它的收益大於成本。

　　在第一次南非國家藝術節研究（Snowball & Willis, 2006a）中，由於各屬性的成本差異較大，因此對每個屬性都進行了成本效益分析。例如，從表 6.6 可以看出，雖然 WTP 對主要節目的數量增加作用遠高於其他任

何屬性（實驗性節目、藝術展覽、免費表演和街頭劇場、手工藝市集的攤
位數量），但另外提供一個主要節目的成本約為 16.7 萬蘭特。雖然每場
演出的門票收入約為 11,700 蘭特，但主要節目增加 10%（18 場節目和 50
場演出）的成本將遠超過該屬性的 WTP（增加成本為 3 百萬南非蘭特，
WTP 約 58 萬南非蘭特）。然而，增加 10% 的實驗性節目只需花費約 9
萬蘭特，卻能帶來約 44 萬南非蘭特的收益。增加免費表演的數量也合
理，但藝術展覽的增加並不合理。

表 6.6　2003 年南非國家藝術節舉辦的不同活動價格上漲 10% 的估計成本和收益

邊際變化 （10%）	節目數量	表演數量	成本 （蘭特）	WTP（蘭特）
主要節目	18	50	3,000,000	579,536
實驗性表演	17	129	90,000	441,347
免費表演	1		80,000	159,791
藝術展覽	3		360,000	251,100
手工藝品市集		26 個攤位	[a] 非常高	311,190

[a]　由於「綠色鄉村」（Green Village）目前已負荷滿載運營，因此很難估計額外的手工藝品市集攤位
的邊際成本。 因此，進一步擴大它會涉及額外的帳篷、水力發電廠、廁所設施等方面的巨大固定成
本。相反，減少攤位數量所節省的邊際成本對於本次活動來說非常小。（Snowball & Willis, 2006a:
53）

6.6.2 社會人口統計變數

　　不同品味而產生的不同偏好會對文化財的需求產生影響，這些偏好可
以透過社會經濟變數被納入這些模型中。多項 logit（MNL）模型可以顯
示與可包含的此類變數相關的品味差異，但是（因為它們對於所有選擇均
保持相同）僅作為交互項（虛擬變數）。如上一節所述，可以對每個屬性
的 WTP 進行估算，並估算每個屬性的個人效用（即部分價值）以及整個

過程的價值（各種屬性價值的總和）（Willis, 2002b:643）。但是，由於品味不同，這些值在各組受訪者之間可能存在顯著差異。

條件評估研究的可靠性之所以如此重要，原因之一在於，有時我們會將一項研究的結果轉移到另一項案例研究或總體研究中，以便不重複昂貴的調查並做出決策。這個過程被稱為「利益轉移」（benefit transfer）。Jiang 等人（2005）進行了一項有趣的研究，他們對羅德島和麻薩諸塞州的沿海土地利用方案進行了兩次選擇實驗，並利用羅德島調查來預測麻薩諸塞州的結果，將假設與實際結果進行比較，以此來檢驗利益轉移的有效性。結果顯示，轉移預測以統計學顯著相似的方式對屬性進行排序（根據偏好），而且它們在預測麻薩諸塞州上相當出色。預期 WTP 值和實際 WTP 值之間也存在顯著的相關性。但是，改善轉移模型的一種重要方法是透過納入受訪者的社會人口統計變數及其對商品的（環境）態度，為偏好異質性做好準備。這顯示，要針對同樣複雜的文化財進行成功的利益轉移，不僅要考量商品的差異，還要考慮人口特徵和環境的差異。Tuan 和 Navrud（2006）在他們對越南聖子修道院遺址的研究中也提出了這一觀點。

探索不同受訪者群體價值之間的差異的一種方法是分割樣本。例如，在南非國家藝術節的第一次研究中，非洲裔和歐洲裔、不同性別的觀眾對於藝術節參與，存在著顯著差異。如下表 6.7 所示，各組的四個模型顯示，分割樣本確實揭示了組間偏好方面的一些有趣差異。

例如，主節目更吸引女性和非裔觀眾，而藝術展覽則受到女性和歐洲裔觀眾的青睞。鑑於許多作品（包括芭蕾、歌劇、交響樂團、戲劇等等）都是以歐洲為中心，這一結果相當令人驚訝。然而，藝術節總監（Marais, 2004）表示，非裔群體對主節目的偏愛，可能是因為他們才開始參與節慶活動。面對如此多的幾乎不知名的藝術家，新人會自然地選擇主節目，因為它們是由主辦單位挑選（品質就有了保障），場地更大，更容易找到，贊助也更多（確保物有所值）。相比之下，實驗性活動的數量和品質都令

人眼花繚亂，沒有可靠保障。南非在過去 10 年間才成爲一個民主國家，非洲裔中產階級也是近期崛起，該群體中的大多數對藝術節的體驗還是相當陌生。Marais（2004）推測，非裔可能需要整整一代人的時間（再過 10 到 15 年）對於藝術節的接受度才能像歐裔一樣。非裔也願意爲所有屬性增長 10%（票價增長 57%）買單，其次是男性（47%）。

表 6.7　南非國家藝術節研究分割樣本結果

	模型 1：女性	模型 2：男性	模型 3：歐裔	模型 4：非裔
McFadden R-squared	0.2583	0.1166	0.2668	0.1210
「主」節目屬性係數	0.0155*	0.008073	0.007086	0.0173*
為主節目增加 10%，上漲門票價格（WTP）	10.62%	10.2%	4.72%	21.33%
實驗性節目屬性係數	0.003877	0.0102	0.0151	0.001145
為實驗性節目增加 10%，上漲門票價格（WTP）	2.66%	12.89%	10.07%	1.41%
免費表演屬性係數	0.002992	0.006436	0.004313	0.0118**
為免費表演增加 10%，上漲門票價格（WTP）	2.05%	8.13%	2.88%	14.55%
藝術展覽屬性係數	0.0111*	0.005206	0.0101*	0.04973
為藝術展覽規模增長 10%，上漲門票價格（WTP）	7.60%	6.58%	6.73%	6.13%
手工藝品市集屬性係數	0.0140*	0.007459	0.0107	0.0112
為工藝品市集規模增長 10%，上漲門票價格（WTP）	9.59%	9.42%	7.13%	13.81%
價格屬性係數	-0.0146***	-0.0079**	-0.0150***	-0.00811**
增加所有屬性的 10% 時的 WTP	32.52%	47.22%	31.08%	57.23%

*** 在 1% 的水準上顯著
** 在 5% 的水準上顯著
* 在 10% 的水準上顯著

檢驗社會經濟變數對選擇的影響的另一種方法是在模型中納入交互

項。Tuan 和 Navrud（2006）對越南聖子修道院世界遺產的研究包括屬性
（價格、保護計畫、基礎設施升級）以及諸如性別、年齡和收入等變數。
在第三個模型中，他們添加了「品味」變數，例如對景點的瞭解以及訪問
滿意度。儘管適切度在各個模型中變化不大，但確實顯現出一些有趣的差
異（年輕人比年長者更有可能支持保護計畫），尤其是可以用來檢驗效
度。例如，受訪者的收入愈高，他們對景點的瞭解愈多，支援保護計畫的
可能性就愈大。

　　Willis 和 Kinghorn（2007）在研究英國 Vindolanda Roman 考古遺址的
價值時，也指出偏好異質性和交互條件的重要性。包括屬性和年齡、訪
客態度與是否曾去過其他類似景點之間的交互作用，以及探索屬性之間
的交互作用，都極大地提高了 HEV 模型的適切度。例如，他們發現現場
重建的效用會隨著受訪者年齡而增加，而博物館與重建之間存在顯著的正
相關，這顯示這兩個因素相互促進。另一方面，改善設施（例如兒童遊樂
區）與挖掘、與博物館之間則存在負相關。

　　這些方法的確有用，但是即使是在具有相同社會經濟屬性的人群
中，品味也可能會有所不同，混合 logit 模型（MXL）能夠捕獲這種「品
味異質性」（Eggert & Olsson, 2004:6）。華盛頓特區大理石紀念碑的研
究（Morey et al., 2002; Morey & Rossmann, 2003）使用了這一模型。該研
究探索了保護華盛頓特區約 100 個室外歷史古蹟免受酸雨損害的價值。他
們發現，WTP 結果基本上取決於社會人口統計學變數，例如性別、年齡
和種族。

表 6.8　華盛頓紀念碑保護的預期 WTP 和個人負價值的百分比

增加保護時間		模型 20 歲，低收入的非白人男性		
		Classic	RPL	Mixture
25%	E[CV]	$9	$38	$14
	% CVs 負	0%	13%	32%
50%	E[CV]	$10	$53	$16
	% CVs 負	0%	14%	36%
100%	E[CV]	$11	$88	$16
	% CVs 負	0%	16%	42%

（Morey & Rossmann, 2003:226）

　　混合模型（在 Morey & Rossmann, 2003 中進行了討論）結合了多項 logit 模型（MNL）和隨機參數 logit（RPL）模型。「簡單來說，假定參數爲隨機變數，而這些隨機變數是個體可觀察特徵的函數。結果模型是混合模型：總體由子總體構成。」（2003:220）研究顯示，允許次樣本中的異質性會產生有趣的估計值差異。例如，在傳統的 MNL 模型中，對於所有組別來說，更多的保護與更高的價值相關聯。而使用 RPL 模型時，對於年輕的非高加索人來說，更多的保存與負值相關。在 MXL 模型中，允許各組之間的差異，並能夠證明並非所有 20 歲的低收入、非高加索男性 WTP 均爲負值，且隨著保護水準的提高，負 CV 值也會增加（參見表 6.8）。

6.6.3 福利變化和市場接受度

　　選擇實驗模型的參數估計值代表屬性之間的邊際替代率。如果屬性之一是價格，則可以計算願付價格（受訪者權衡金錢和附加屬性規定的比

率）。但我們也可以計算屬性之間的邊際替代率，以調查商品供應變化的福利影響。

南非國家藝術節的第二次研究（Snowball & Willis, 2006b）沒有包含價格屬性，因為其中三個屬性（免費和街頭表演，藝術展覽和手工藝品市集）不需要門票（其餘兩個是門票演出）。但是，為不同的經濟群體計算屬性之間的邊際替代率（包括社會經濟變數，如教育、性別和收入作為交互項，並將樣本分為非裔和歐裔的次樣本）。事實證明，此資訊對節慶主辦單位非常有用，他們希望使節慶更具吸引力，特別是對於過去種族隔離政策中被排除在外的非洲人。

例如，表 6.9 顯示了非洲家庭節慶遊客的屬性權衡，其平均家庭月收入為 15,000 南非蘭特，並接受過高等教育。橫向看，實驗性表演數量下降 1% 可以與其他節慶屬性的小幅增長進行權衡，但是藝術展覽數量下降 1% 則需要更大的增長來彌補。收入和教育水準較低的非裔遊客對手工藝品市集更感興趣，而收入和教育水準較高的歐裔遊客則對實驗性的展覽有強烈偏好（Snowball & Willis, 2006b）。

表 6.9 南非國家藝術節上，家庭平均收入為 15,000 南非蘭特、接受高等教育的非裔觀眾的屬性權衡

	主節目	實驗性節目	藝術展覽	手工藝品市集
主節目	1	1.94	0.13	0.55
實驗性節目	0.51	1	0.07	0.28
藝術展覽	7.32	14.23	1	4.02
手工藝品市集	1.82	3.53	0.25	1

我們可以透過計算某些群體選擇特定選項而不是維持現狀的可能性，來估計文化財成分變化後的市場接受度。

　　「CL模型中的因變數是概率比的對數。如果選項k爲現狀，而新屬性
級別爲選項j，則$\exp(\Sigma_i b_i \Delta_{ij}*x_i)$表示當屬性從$x_{ik}$變爲$x_{ij}*$時，選擇屬性j的
概率與選擇k的概率比。概率比的變化或選擇另一種方案的機率是遊客偏
好更改節慶組成的特徵。」（Snowball & Willis, 2006b:31）

表 6.10　南非國家藝術節的非裔、歐裔及所有觀衆的屬性增加 10% 的概率解讀

屬性	變化（10%↑）	非裔受訪者	歐裔受訪者	所有受訪者
主節目	↑ 20 表演	19.02	1.93	2.26
實驗性節目	↑ 25 表演	4.18	18.36	8.60
藝術展覽	↑ 4 展覽	59.48	2.59	6.90
手工藝品市集攤位	↑ 27 攤位	14.78	1.46	3.10

家庭平均收入爲 R15,000 南非蘭特；受高等教育；性別＝男（Snowball & Willis, 2006b:31）

　　如上表 6.10 所示，將藝術展覽和主展覽的數量增加 10%，將會大大
增加男性、非裔、平均家庭月收入爲 15,000 南非蘭特，且受過高等教育
的遊客的可能性。同一類別（男、收入 15,000 南非蘭特、受過高等教育）
的歐籍遊客更有可能選擇增加實驗性節目。

6.7 組合方法

使用顯性偏好法（如旅行成本和享樂價格）的優勢在於，價值是由市場（價格）確定的，因此不容易出現上述方法中的多種形式的偏誤。但是，顯性偏好法僅適用於已經存在的商品，不適用於未來將推出的商品，此外，它們也無法衡量非使用價值。

Boxall 等人（2003）進行了一項創新性研究，將顯性和陳述偏好法的優點（使用選擇實驗）結合起來，以確定未來可能會發現的土著岩石繪畫對加拿大馬尼托巴（Manitoba）荒野獨木舟路線選擇的影響。研究只針對那些曾經到場的遊客，並只測量使用價值。他們使用旅行成本法蒐集顯性偏好資料，以確定獨木舟路線當前的價值。然後用選擇實驗法（即陳述偏好）資料來進行補充，在獨木舟之旅的屬性中添加岩畫這一維度，即如果未來在這條路線上發現了岩畫。在考慮了顯性與陳述偏好資料之間的相關性後，將模型結合，利用這些資料評估發現原始象形文字的福利效益及其保護水準。

儘管對評估非使用價值沒有產生直接的說明，但這種組合是使用陳述偏好結果的另一種方式，它結合了顯性和陳述偏好法的優勢，並且在將來可能會被更頻繁地使用。

6.8 結論

　　雖然選擇實驗法（也稱爲聯合分析）在文化經濟學中仍是新的方法，但多項實驗證明，它能夠成功地評估各種文化財的價值，包括文化活動、遺產、博物館、考古遺址等。相對於條件價值評估（即在第 4、5 章中討論的傳統 WTP 研究），它的一大優勢是，可以爲整個商品與所有的商品屬性提供估計值。這些屬性估計（也稱爲部分價值）對政策制定者和利益轉移非常有用，因爲可以被用於評估多個情境，而無需重複。這些資料還可用於計算福利和市場接受度的變化，以及偏好異質性。

　　選擇實驗法似乎也能解決條件估值中存在的一些偏誤，例如透過提供內置範圍測試。由於受訪者關注的是商品屬性，這一方法會減少溫情效應或其他情緒反應。然而，這些實驗的設計比條件估值要複雜得多，也有其自身的困難，比如如何選擇最佳的屬性和水準來描述一種商品，以及確定選項的數量。計量經濟學模型的選擇也被證明對結果有顯著影響，而這方面的研究還在進行中。

附錄表6.1　文化經濟學研究中的選擇實驗法案例

年分	作者	領域	商品	來源
1983	Louviere & Hensher	展覽	Bicentennial exposition, Australia	Journal of Consumer Research 10,3:348-361
1997	Santos	遺址	Yorkshire Dales（約克郡山谷）	Book: Economic Valuation of the Environment (1999) Garrod and Willis (Eds.)
2001	Mazzanti	博物館	Services in Galleria Borghese, Rome	Journal of Economic Studies 30,6:584-604 (This case study also discussed in Journal of Socio-Economics (2003) 32:549-569)
2002	Morey et al.	歷史遺址	Reducing damage to DC monuments	Book: Valuing Cultural Heritage (Navrud, Ready Eds.) Journal of Cultural Economics (2003) 27,3-4:215-229
2002	Boxall et al.	遺址	Aboriginal rock painting, Nopiming Provincial Park, Manitoba, Canada	Book: Valuing cultural heritage Navrud, Ready (Eds) (This case study also discussed in Journal of Environmental Economics and Management (2003) 45:213-230)
2003	Alberini et al.	城市景點	St Anne's Cathedral Square, Belfast	Journal of Cultural Economics 27,3-4:193-213
2003	Finn et al.	廣播	Canadian television programme language	Journal of Cultural Economics 27:259-274
2005	Apostolakis & Jaffry	考古學	Knossos Palace and the Heraklion museum, Crete	Journal of Travel Research 43,3:309-318
2006	Finn et al.	網路	Canadian broadband, the Alberta SuperNet	14th Association of Cultural Economics International Conference, Vienna

（續下表）

2006	Bille et al.	考古學	Stone-age village, Great Aamose, Denmark	14th Association of Cultural Economics International Conference, Vienna
2006	Apostolakis & Jaffry	考古學	Effects of cultural capital on visits to sites on Crete	14th Association of Cultural Economics International Conference, Vienna
2006	Tuan & Navrud	遺址	My Son World 遺址，越南	Environmental and Resource Economics, 35 [Published online: Springerlink]
2006a	Snowball & Willis	藝術	南非國家藝術界成本─收益分析	Leisure Studies25,1:43-56
2006b	Snowball & Willis	藝術	南非國家藝術界市場接受度與福祉變化	South African Journal of Economics
2007	Willis & Kinghorn	考古學	Vindolanda on Hadrian's Wall, UK	Journal of Cultural Economics (forthcoming)

參考文獻

Abley, J. (2000) *Stated preference techniques and consumer decision making: New challenges and old assumptions*. [On line] Available: https://dspace.lib.cranfield.ac.uk/bitstream /1826/664/2/SWP0200.pdf

Adamowicz, W., Louviere, J. and Williams, M. (1994) Combining revealed and stated preference methods for valuing environmental amenities. *Journal of Environmental Economics and Management* 26:271-292.

Adamowicz, W., Boxall, P., Williams, M. and Louviere, J. (1998) Stated Preference Approaches for Measuring Passive use Values: Choice Experiments and Contingent Valuation. *American Journal of Agricultural Economics* 80 (1): 64-75.

Alberini, A., Riganti, P. and Longo, A. (2003) Can People Value the Aesthetic and Use Services of Urban Sites? Evidence from a Survey of Belfast Residents. *Journal of Cultural Economics* 27:193-213.

Apostolakis, A. and Jaffry, S. (2005) A choice modeling application for Greek heritage attractions. *Journal of Travel Research* 43:309-319.

Apostolakis, A. and Jaffry, S. (2006) *The effect of cultural capital on the probability to visit cultural heritage attractions*. Paper presented at the 14th Association of Cultural Economics International Conference, Vienna 6-9 July.

Bille, T., Lundhede, T. and Hasler, B. (2006) *Economic valuation of protected archaeological artifacts in Great Aamose*, Denmark Paper presented at the 14th Association of Cultural Economics International Conference, Vienna 6-9 July.

Boxall, P., Englin, J. and Adamowicz, W. (2003) Valuing aboriginal artifacts: a combined reveal-stated preference approach. *Journal of Environmental Economics and Management* 45:213-230.

DeSarbo, W., Lehmann, D. and Hollman, F. (2004) Modeling dynamic effects in repeatedmeasures experiments involving preference/choice: an illustration involving stated preference analysis. *Applied Psychological Measurement* 28,3:186-209.

DeShazo, J. R. and Fermo, G. (2002) Designing Choice Sets for Stated Preference Methods: The Effects of Complexity on Choice Consistency. *Journal of Environmental Economics and Management* 44: 123-143.

Ding, M., Grewal, R. and Liechty, J. (2005) Incentive-aligned conjoint analysis. *Journal of Marketing Research* 62:67-82.

Eftec (2002) *Valuation of benefits to England and Wales of a revised bathing water quality directive and other beach characteristics using the choice experiment methodology*. [On line] Available: www.defra.gov.uk/environment/ water/quality/bathing/bw_study4.htm [Accessed 8/07/04].

Eggert, H. and Olsson, B. (2004) *Heterogeneous preferences for marine resources*. [On line] Available: www.handels.gu.se/epc/archive/00003393/ [Accessed 6/07/04].

Finn, A., McFadyen, S. and Hoskins, C. (2003) Valuing the Canadian Broadcasting Corporation. *Journal of Cultural Economics* 27:177-192.

Finn, A., McFadyen, S. and Thomas, D. (2006) *Use and non-use values of Super-Net enabled broadband content and services*. Paper presented at the 14th Association of Cultural Economics International Conference, Vienna 6-9 July.

Garrod, G. and Willis, K. (1999). Economic Valuation of the Environment. Edward Elgar, Cheltenham.

Hanley, N., Mourato, S. and Wright, R. (2001) Choice Modeling Approaches: A Superior Alternative for Environmental Valuation? *Journal of Economic Surveys* 15 (3): 435-462.

Hanley, N., Adamowicz, W. and Wright, R. (2005) Price vector effects in choice experiments: an empirical test. *Resource and Energy Economics* 27,3:227- 234.

Hensher, D. (2005) The implication of willingness to pay of respondents ignoring specific attributes. *Transportation* 32,3:203-222.

Hensher, D. (2006) Revealing difference in willingness to pay due to the dimensionality of stated choice designs: an initial assessment. *Environmental and Resource Economics* 34,1:7-44.

Hoehn, J.P. and Randall, A. (1989) Too many proposals pass the benefit cost test. *American Economic Review* 79,3:544-551.

Jiang, Y., Swallow, S. and McGonagle, P. (2005) Contest-specific benefit transfer using stated choice models: specification and convergent validity for policy analysis. *Environmental and Resource Economics* 31:477-499.

Lancaster, K. (1966) A new approach to consumer theory. *Journal of Political Economy*, 74, 134-57.

List, J. and Shogren, J. (1998) Calibration of the difference between actual and hypothetical valuation in a field experiment. *Journal of Economic Behavior and Organization* 37:193-205.

List, J. and Gallet, C. (2001) What experimental protocol influences disparities between actual and hypothetical stated values? *Environmental and Resource Economics* 20:241-254.

Louviere, J. and Hensher, D. (1983) Using discrete choice models with experimental design data to forecast consumer demand for a unique cultural event. *Journal of Consumer Research* 10,3:348-361.

Louviere, J. (2006) What you don't know might hurt you: some unresolved issues in the design and analysis of discrete choice experiments. *Environmental and Resource Economics* 34:173-188.

Mazzanti, M. (2003) Valuing cultural heritage in a multi-attribute framework-microeconomic perspectives and policy implications. *Journal of Socio- Economics* 32:549-569.

Mazzanti, M. (2003) Discrete choice models and valuation experiments. *Journal of Economic Studies* 30,6:584-604.

Morey, E., Rossmann, K., Chestnut, L. and Ragland, S. (2002) *Modeling and Estimating WTP for Reducing Acid Deposition Injuries to Cultural Resources: Using Choice Experiments in a Group Setting to Estimate Passive-Use Values.* Valuing Cultural Resources in Navrud, S. and Ready, R. (Eds.) Edward Elgar Publishing.

Marais, L. (2004) Personal communication (Interview) 10/04: Grahamstown. Morey, E. and Rossmann, K. (2003) Using Stated-Preference Questions to Investigate Variations in Willingness to Pay for Preserving Marble Monuments: Classic Heterogeneity, Random Parameters and Mixture Models. *Journal of Cultural Economics* 27: 215-229.

NOAA (1993) Arrow, K.J., Solow, R., Leamer, E., Radner, R. and Schuman, H. *Report of the NOAA Panel on contingent valuation.* National Oceanic and Atmospheric Administration Federal Register 58, 10.

Sattler, H., Hartmann, A. and Kroger, S. (2003) *Number of tasks in choice-based conjoint analysis.* Research paper 013 on Marketing and Retailing, University of Hamburg.

Snowball, J. and Willis, K. (2006a) Estimating the marginal utility of different sections of an arts festival: the case of visitors to the South African National Arts Festival. *Leisure Studies* 25,1:43-56.

Snowball, J. and Willis, K. (2006b) Building cultural capital: transforming the South African National Arts Festival. *South African Journal of Economics* 74,1:1-14.

Tuan, T. and Navrud, S. (2006) Valuing cultural heritage in developing countries: Comparing and pooling contingent valuation and choice modelling estimates. *Environmental and Resource Economics* 35: Dec 7 online publication.

Willis, K. and Garrod, G. (1999) Angling and Recreation Values of Low-Flow Alleviation in Rivers. *Journal of Environmental Management* 57: 71-83.

Willis, K. G. (2002) Stated Preference and the Estimation of Environmental Values. *International Journal of Environmental Studies* 59: 635-646.

Willis, K and Kinghorn, N. (2007) *Managing an archaeological site: site characteristics, preference heterogeneity, two-factor interactions, and substitute site effects.* Mimeo: School of Architecture, Planning and Landscape, University of Newcastle upon Tyne'.

第七章　總結

「美麗鮮少以溫柔或撫慰的面目示人。相反的，真正的美麗往往令人擔憂。」

我看著卡蜜拉，她的臉龐在陽光下閃閃發亮，讓我想起《伊利亞德》裡那句我深愛的臺詞，關於雅典娜和雅典娜那對可怕的眼睛閃閃發亮。

——唐娜·塔特（Donna Tart），《祕史》（*The Secret History*）

本書旨在探索以文化財為代表的文化價值如何被衡量，如藝術節、劇院、博物館、圖書館、遺產等。這門學科最初以經濟學為基礎，更具體地說，是文化經濟學。後來很快擴展到了其他各個領域，如哲學、文化研究、社會學、歷史學，甚至神學。這並不是一件壞事。相反，它代表了經濟理論往更加多元與跨學科方向轉變，雖漸進但明確。

Anderson（1993:xiii）認為，將研究限制在市場（即價格）所提供的價值尺度內，是一種貧瘠的選擇。

「我們對珍視的東西除了渴望或快樂，還應包括愛、欽佩、榮譽、尊重、喜愛和敬畏等種種情感。這也讓我們看到，商品可以是多種多樣，在種類或品質上可以有巨大的差異；不僅體現在我們對它們的重視程度，還在於應該如何重視它們。」

她認同 Klamer（2004b）和 Throsby（2001）的觀點，即價值是透過對話和互動在社會中構建和決定——探討我們的價值判斷也有助於他人看到並評價它們。將效用或欲望滿足作為衡量這些價值的終極標準並不夠多元化，不足以回應我們所珍視的事物。

經濟學中常用商品一詞表示人們期望得到的物品——可以提供效用。古希臘語中，「kalos」意為商品，同時也表示美。在古希臘人的心中，

二者間存在一種不可改變的聯繫，在現代依然存在。但就像《祕史》中的學生一樣，我們可能會因為美或商品而震顫，想去珍惜它，但卻並不享受或想要所有的美麗。

我們的價值判斷很大程度是基於對文化本身好與壞的理解，這也使得評估文化或文化表達更成問題。如果將文化和藝術理解為一種意義創造、解釋現實的手段，那麼它對我們必將具有終極價值。但如何衡量這種價值呢？從某些方面看，就如同打開一個帶有鐵撬的盒子。

本書一開始就指出，市場雖然為政策制定者提供了有用的指導，但針對外部性較大的文化財仍然不足。此外，在特定情況下，即使是非市場評估也不夠完美。G. K. Chesterton 在 1901 年發表的文章《胡說八道的辯護》（*A Defense of Nonsense*）中也承認了這一點。他認為，雖然藝術不一定與其背景有直接聯繫，但卻能從中獲得靈感。「如果強調大地和扎根於大地的樹木之間至關重要的區別，那麼為藝術而藝術是很好的原則；但如果強調樹木可以像根莖一樣生長在空氣中，那這就是一個糟糕的原則。」（1915:126）

因此，對複雜的文化財評估價值的最佳方法是結合各種方法，盡可能全面地描繪。表 7.1 總結了我們先前所討論的四種評估價值的方法、衡量內容及方法的優缺點。對於特定的文化財來說，正確方法的選擇基本上取決於人們衡量的價值是什麼。

表 7.1　文化財的評估方法

方法	衡量內容	優勢	劣勢
質性／歷史研究	歷史、社會和政治重要性	提供背景與長期視角。不依賴於單一的貨幣指標，而是考慮更多的指標。特別強調藝術和文化的重要性。	目前還沒有產生普遍指標，比其他方法更具爭議性的主觀測量方法，無法得出容易比較的數字。

（續下表）

經濟效益法	對該地區實際國內生產毛值、稅收、就業和個人收入的貨幣增量效應	可為公共資金宣導提供易於溝通和使用的貨幣數據。 有助於比較納稅人在不同項目中的投資回報比。 文化機構或節慶不需要質性評估，避免提及可能具有政治敏感性的問題。	該方法看起來並不那樣科學、客觀，易受多種偏誤影響。 數據本身容易被歪曲。經濟效益本身並不是提供公共資金的有效理由。沒有考慮到文化工作者或其商品的目的。
願付價格法	節慶產生的使用和非使用貨幣價值，特別是市場外部價值	考慮了與文化工作者的目標更密切相關的非市場價值。 能夠確認外部性之於不同群體是否存在。是測量非使用價值的唯一方法。 可以得到易於結合與溝通經濟效益的貨幣資料。	因為是假設，因此產生一些研究方法上的問題。 可能會重複計算經濟效益中已記錄的經濟數據。 將商品作為一個整體來評估，而不是部分價值屬性。
選擇實驗法	節慶產生的使用和非使用貨幣價值（同上）	具有與 WTP 法相同的優點，及相關改進（例如內置範圍測試，減少假設性偏誤）。商品的每個屬性都是獨立的。可衡量 WTA 和 WTP。	仍然受到一些方法論問題的困擾。可能導致極其複雜的選擇和相關問題。受訪者必須對每個屬性有相當詳盡的瞭解（實驗顯示 CE 更善於衡量使用價值而不是非使用價值）。

　　McCarthy 等人（2004）為考量藝術可能提供的利益提出了非常有用的框架。將潛在利益劃分為與特定藝術品直接相關的本質利益，以及不太密切相關的工具利益，在某種程度上，這些利益也可由替代品所提供。本質利益包括個人價值，如對藝術的迷戀、情感吸收、快樂或滿足，及認知的增長。一些本質利益更具公共特質，如建立社會聯繫，表達觀點和不同意見。同樣，工具利益也可以包括私人利益，如提高學習能力、態度和健康，及更多的公共性利益，如更好的社會關係和直接／間接的經濟效益（McCarthy ex al., 2004）。

　　研究者所進行的研究取決於其試圖量化哪些利益。正如 McCarthy 等人（2004）所指出，本質利益和工具利益都包含私人利益到公共利益的連續性。其中一些價值可以用市場（經濟效益）或條件市場（願付價格和選擇實驗）法來有效衡量，而另一些價值只能在偏向歷史、質性的研究中獲取。

7.1 以南非國家藝術節為例

南非國家藝術節（NAF）的價值研究是混合方法的典型案例，本書討論的所有方法都已應用到該藝術節之中。NAF 大約自 1974 年成立，它涵蓋了南非從種族隔離到民主政治的動盪時期，是非常有趣的案例研究。它以愛丁堡藝術節為模型，由藝術節籌委會挑選的高度贊助的主節目和更具實驗性的藝穗節所組成。手工藝市集、藝術展覽和街頭戲劇也是為期 10 天活動的一部分，該活動每年在小城 Grahamstown 舉行。最初是為了慶祝英國文化資產，後來很快涵蓋了所有南非的藝術和文化。

從政治經濟和歷史角度來看，NAF 可以說為政治抵抗提供壓力閥，特別在 20 世紀 80 年代種族隔離的鼎盛時期，發揮了相當重要的功能。儘管一些評論家（如 1993 年的 Grundy）對委員會致力於邀請多元背景的藝術家（特別是非裔和南非混血）的努力表示質疑，但到 1985 年，該節慶的確包含了許多不同文化團體的表演。儘管市場考量和資金缺乏會產生諸多限制，至新南非時期的情況依然如此。在沒有大型國家資助委員會支持的情況下，藝術節的觀眾愈加多元化，建設新的文化資本也成為藝術節最重要的作用之一。

用以判斷 NAF 價值的其他文化指標包括：其在維護南非多樣性文化資本中的作用、作為政治和社會評論管道的價值，及其在藝術家、中介組織和觀眾對新作品評估或增值的作用（Klamer, 2002）。特別是考慮到發展中國家經歷了重大社會和／或政治變革的文化活動或商品的價值時，使用此類文化指標對文化和遺產進行質性評估，可以展現其歷史進程及隨著時間推移可能發生的變化。然而，在使用何種文化指標及如何衡量指標達成更多共識之前，這類分析仍是高度的質性導向。因此，若要在決策中使用量化資料，就需要對其進行補充。

Throsby（2001）指出，公共政策已由經濟政策及其主要效率目標所主導。在這一框架內，特別是在對公共資金有諸多要求的發展中國家，NAF 的經濟（即財務）效益是遊說公共資金時的重要考慮因素。儘管學者從方法論和概念上都對其提出了強烈的批評，但有一些證據（NAF 和其他機構的案例中）顯示，經濟效益數據可以激勵藝術公共資金的增長。

NAF 對 Grahamstown 的經濟效益在 2006 年為 3,850 萬南非蘭特，2004 年約為 3,550 萬元。按實際價格計算（2000 年價格），兩年中節慶的效益略有下降。作為一項短暫的季節性活動，它並不會創造很多額外的就業機會，因為其中一些工作是由外地學生或已就業的人力接手。然而，毫無疑問的，如果沒有這個藝術節，該地區的財政狀況將會嚴重惡化。

問題在於，當人們重新審視誰從節慶中受益時，很快就會發現，比起最需要錢的貧窮非裔居民，更為富有的歐裔居民獲益更多。因此，從平等角度來看，用經濟效益數據來爭取公眾支持存在問題。此外，使用這種評估方法時，支持者並未將注意力集中在自己珍視的商品屬性上，因為藝術的目的──通常與創造的經濟利潤無關。這些價值通常在市場外部，它們對藝術品評估價值更為重要，而且正如許多評論家所指出，僅憑市場數據無法對它們進行估價值。

正如 Klamer 等人指出，藝術品的市場價值往往會隨著時間的推移而變得不穩定。Schneider 和 Pommerehne（1983）及 Baumol（1986）在文化經濟學發展的早期就證明了這一點。檢視幾個世紀以來藝術品市場資料，他們都得出了這樣的結論：儘管藝術品的價格部分由供求關係決定，但不存在均衡的價格水準，隨著研究週期的延長「價格或多或少會無目的地浮動」（Baumol, 1986:10）。儘管這種批評適用於所有短期研究，包括既定的偏好方法，但某種程度上，條件評估確實解決了使用純市場資料對藝術品進行評估價值的問題。

條件評估法的價值取決於所提出的方案，包括願付價格和選擇實驗法

（或聯合分析）研究。與顯性偏好法相比，它最大的優勢在於可以測量非使用價值。但是，如同經濟效益分析，這種假設的衡量方法也存在著重大的方法論與概念問題，儘管文化經濟學中關於願付價格（WTP）研究數量大量增加顯示，但至少在功能上，條件評估方法已被普遍接受。

雖然 NAF 的 WTP 研究所得到的價值遠低於經濟效益調查（WTP 價值 280 萬元南非蘭特，或願意支持 28 萬元以阻止節慶規模縮減 25%），但在檢驗 Grahamstown 各個階層人口的非市場收益方面卻非常成功。與主要由富裕階層獲得的經濟利益不同，WTP 研究顯示，節慶確實創造了顯著的非市場利益，並且同樣流入了高收入與低收入階層。

在過去，WTP 和經濟效益數據僅僅被研究者簡單相加，得出商品的總體價值（即市場價值＋非市場價值＝總價值）。然而，正如 Seaman（2003a）指出，這種做法存在兩個問題。首先，WTP 通常是部分衡量（如 NAF 案例所示），例如，為了避免節慶規模縮減（NAF 為 25%）或促進增長的願付價格。由於替代效應，簡單地將 WTP 乘以 4 來估計節慶縮減 100% 的非市場價值總值並不可行。因此，將 WTP 作為節慶規模的部分縮減，添加到總經濟效益數據中毫無意義。

Seaman（2003a）在 NAF 案例研究（Snowball, 2005）中指出的第二個問題是，WTP 數字也可能包含了文化活動當前或未來預期的經濟效益。簡單相加會導致對文化財或活動價值的重複計算。Grahamstown 研究中，這一問題在低收入居民中尤為明顯，任何 WTP 和經濟效益資料的組合都需要對 WTP 資料進行折現，以便將其考慮在內。

NAF 的兩次選擇實驗（Snowball & Willis, 2006a; 2006b）研究了不同社群和種族如何評價節慶的不同屬性。選擇實驗法雖然存在與 WTP 研究相同的方法論問題，但它確實為如何評估文化商品的不同屬性提供了借鑑。他們還提供內部範圍測試和深入瞭解受訪者決策以改進 WTP 研究方法。

　　使用選擇實驗法可以對 NAF 的各種屬性進行成本效益分析。考慮到門票銷售收入和社會邊際福利（願付價格），研究得出結論，增加實驗性和免費演出的數量將促使福利增加，而增加主節目和藝術展覽則不會（Snowball & Willis, 2006a）。但是，由於非裔觀衆對主節目最感興趣，因此繼續資助先演出也有充分理由背書。

　　選擇實驗結果還可用於計算市場接受度，即特定遊客群體願意做出的屬性權衡。例如，非裔遊客（家庭月收入爲 1.5 萬元南非蘭特，具有高度學歷）會願意以減少 1% 的實驗性節目爲代價，以增加其他屬性的數量（主節目、藝術展覽和手工藝品市集），但主節目數量下降 1% 也可以與其他屬性的增長進行權衡（Snowball & Willis, 2003b）。這樣的資訊對於文化商品提供者非常有用，尤其是期望吸引先前被排除在外的遊客群體的參與。

　　因此，就其在維護和建設南非文化資本所作的歷史性持續貢獻而言，NAF 似乎具有相當大的價值。它爲 Grahamstown 經濟帶來了積極的效益，並爲先前被排除在外的所有居民提供了可觀的非市場利益。儘管沒有在這項研究中進行衡量，但它一定也有諸多非使用價值，特別是考慮到媒體對這一活動的廣泛報導，日後將發展成眞正包括不同種族藝術形式的全國性節慶。就節慶的屬性構成而言，選擇實驗顯示，所有屬性都得到了節慶參與者的積極評價。實驗性節目與免費表演的數量增加，將增加參與者的效用。節慶在推動觀衆的多樣化，包括更多的非裔遊客上也相當成功。

7.2 結論

　　Throsby（2001:67）認為，「從人的角度重新定義發展的概念，將文化從發展思維的邊緣帶到了中心舞臺。」（Throsby, 2001:67）如果確實如此，那麼我們期望人們對藝術和文化產生更大的興趣，並找到某種方式來展現其價值，以便能夠做出有效和公平的資源配置。

　　本書討論評估價值的方法，羅列了目前在文化節慶、遺產、博物館、圖書館和紀念碑等研究中使用的一些市場和非市場方法。從理論和實踐的角度出發，思考了每種方法的優缺點。

　　基於市場價格（經濟效益）或假設市場（願付價格和選擇實驗方法）的評估最為有效，能夠有效遊說公眾的支持。然而，一些新興且有趣的研究，更偏向質性方法，如文化資本的概念也正在湧現。這一領域前景可期，儘管藝術的本質價值總是難以量化，但它們通常沒有完美替代品，也沒有考慮到文化利益的藝術目標。近期，經濟學正從單純以物質衡量人類福祉的方向轉變，未來將促使質性的文化指標成為文化商品價值的一部分。

參考文獻

Anderson, E. (1993) *Value in Ethics and Economics*. Harvard University Press: Cambridge, Massachusetts.

Antrobus, G. and Snowball, J. (2004) *The National Arts Festival Festino Survey*. Commissioned by the National Arts Festival.

Baumol, W. and Bowen, W. (1965) On the performing arts: the anatomy of their economic problems. *American Economic Review* 55,2:495-509.

Chesterton, G. K. (1941) *In defence of nonsense*. Stories, Essays and Poems: G. K. Chesterton J.M. Dent and Sons: London.

Grundy, K. (1993) *The Politics of the National Arts Festival*. Rhodes University Institute of Social and Economic Research: Occasional Paper 34.

Klamer, A. (2002) Accounting for social and cultural values. *De Economist* 150,4:453-473.

Klamer, A. (2004b) *Art as a common good*. Paper presented at the Association of Cultural Economics International, 13th conference: 2-5 June 2004.

McCarthy, K, Ondaatje, E., Zakaras, L. and Brooks, A. (2004) *Gift of the Muse: Reframing the debate about the benefits of the arts*. Rand Corporation: Santa Monica, Arlington and Pittsburgh.

Schneider, F. and Pommerehne, W. (1983) Analyzing the market of works of contemporary fine arts: an exploratory study. *Journal of Cultural Economics* 7,2:41-67.

Seaman, B. (2003a) *Contingent Valuation vs. Economic impact: substitutes or complements?* Paper delivered at the Regional Science Association International Conference, North American Meetings: Philadelphia.

Snowball, J. and Antrobus, G. (2001) Measuring the value of the arts to society: the importance of the value of externalities to lower income and education groups in South Africa. *South African Journal of Economics* 69,4:752-766.

Snowball, J. and Willis, K. (2006a) Estimating the Marginal Utility of Different Sections of an Arts Festival: The case of visitors to the South African National Arts Festival. *Leisure Studies* 25,1:43-56.

Snowball, J. and Willis, K. (2006b) Building cultural capital: Transforming of the South African National Arts Festival. *South African Journal of Economics* 74,1:20-33.

Snowball, J. and Antrobus, G. (2006) *The National Arts Festival Festino Survey.* Commissioned by the National Arts Festival.

Snowball, J. and Webb, A. (forthcoming) Breaking into the conversation: Cultural value and the role of the South African National Arts Festival from apartheid to democracy. *International Journal of Cultural Policy*.

Throsby, D. (2001) *Economics and Culture.* Cambridge University Press: Cambridge.

國家圖書館出版品預行編目資料

文化價值的衡量／Jeanette D. Snowball著；
李康化譯. -- 初版. -- 臺北市：五南圖書
出版股份有限公司, 2021.02
　　面；　公分
　　譯自：Measuring the value of culture: methods
and examples in cultural economics.
　　ISBN 978-986-522-456-1（平裝）

1.文化經濟學　2.文化資產　3.文化價值

541.2016　　　　　　　　110001006

4Y15

文化價值的衡量

作　　者 — Jeanette D. Snowball

譯　　者 — 李康化

責任編輯 — 唐筠

文字校對 — 許馨尹、黃志誠

封面設計 — 王麗娟

發 行 人 — 楊榮川

總 經 理 — 楊士清

總 編 輯 — 楊秀麗

副總編輯 — 張毓芬

出 版 者 — 五南圖書出版股份有限公司

地　　址：106台北市大安區和平東路二段339號4樓

電　　話：(02)2705-5066　　傳　　真：(02)2706-6100

網　　址：https://www.wunan.com.tw

電子郵件：wunan@wunan.com.tw

劃撥帳號：01068953

戶　　名：五南圖書出版股份有限公司

法律顧問　林勝安律師事務所　林勝安律師

出版日期　2021年2月初版一刷

定　　價　新臺幣450元

Cover Picture: Roman Statue of Minerva (Louvre), Photo
by Warren Snowball

First published in English under the title
Measuring the Value of Culture: Methods and Examples
in Cultural Economics
by Jeanette D. Snowball, edition: 1

13
$450
<X